기독교문서선교회(Christian Literature Center: 약칭 CLC)는 1941년 영국 콜체스터에서 켄 아담스에 의해 시작되었으며 국제 본부는 미국 필라델피아에 있습니다.
국제 CLC는 59개 나라에서 180개의 본부를 두고, 약 650여 명의 선교사들이 이동 도서차량 40대를 이용하여 문서 보급에 힘쓰고 있으며 이메일 주문을 통해 130여 국으로 책을 공급하고 있습니다. 한국 CLC는 청교도적 복음주의 신학과 신앙 서적을 출판하는 문서선교기관으로서, 한 영혼이라도 구원되길 소망하면서 주님이 오시는 그날까지 최선을 다할 것입니다.

추천사

김광신 목사
은혜한인교회 원로, GMI 총재

이번에 이창수 박사님의 『성령의 능력 받아 땅끝까지』라는 저서를 접하게 되어 매우 기쁘고 감사합니다.

선교는 교회의 궁극적 목적의 구현입니다. 이 총체적인 작업을 분석하고 종합한다는 것은 결코 쉬운 일이 아닙니다. 우리가 선교할 때 그 모든 것을 알고 하는 것은 아닙니다. 성령님의 충동과 주님의 뜻을 이루고자 하는 열망이 합쳐져 단순히 복음을 전하려 열심을 내서 선교를 해 온 것에 불과합니다. 그러한 선교를 분석하고 원리를 도출해 내는 것은 결코 쉬운 일이 아닐 것입니다. 이창수 박사님이 탁월한 관찰력과 학문적 소양으로 은혜한인교회의 선교와 선교사들의 연구 및 그들의 교훈적 선교 내용을 여러 가지 은혜로운 에피소드와 함께 펼쳐 보인 것을 진심으로 감사드립니다.

본서에 실려 있는 내용들은 모두 정확한 사실임을 증명하며 본서로 말미암아 세계 선교에 도움이 되기를 바랍니다. 그동안 수고한 이창수 박사님의 노고와 선교에 대한 지혜가 모든 교회에 전달되어서 좋은 열매를 거두길 축원합니다.

김 태 윤 목사
한국성경공회 사무총장

이번에 이창수 박사님의 선교 간증 저서 『성령의 능력 받아 땅끝까지』를 접하여 매우 기쁘게 생각하는 바입니다. 본인은 오래전부터 저자와 자주 교제해 왔고, 책에 언급된 김태원, 이인호 두 선교사님은 은퇴 후부터 저자와 함께 정기적으로 만나 교제해 왔습니다. 그때마다 단편적으로 듣던 두 분 선교사님의 은혜로운 선교 간증을 이번에 저자가 체계적으로 정리하여 책으로 엮어 낸 것을 진심으로 축하합니다.

두 선교사님은 50세가 넘어 선교사로 파송 받은 분들입니다. 본서의 간증은 선교 현장에서 성령의 역사하심을 몸소 겪으며 수십 년간 하나님의 선교에 쓰임 받은 분들의 간증이라 더욱더 은혜롭습니다.

딱딱하기 쉬운 선교 현장의 이야기를 쉽게 풀어서 쓴 본서는 일반 교인들에게는 믿음을 더욱 굳게 다질 수 있는 책이며, 또 성령의 역사하심을 직접 목격하듯 읽을 수 있어 성도들이 불신자에게 전도용으로도 활용할 수 있는 책입니다. 본서가 우리 기독교계와 특히 선교에 관심이 있는 분들에게 큰 참고 자료는 물론 선교의 지침서가 되리라 믿어 의심치 않습니다.

선교는 근본적으로 하나님이 하시고, 선교사는 하나님의 선교에 쓰임 받는 분들입니다. 저자는 그러한 선교 간증 내용을 학문적으로 정리해 설명하고 있으며, 선교 현장에서 적용이 가능한 내용이 많아 선교사님들에게도 큰 도움이 되리라 믿습니다.

하나님은 저자를 늦게 부르셨지만, 신학교 교수로서 훌륭히 사역하게 하시고 이런 역작을 내게 하셨습니다. 본서를 기독교계는 물론 일반 독자들에게도 기쁜 마음으로 추천하는 바입니다.

한 기 홍 목사
은혜한인교회 담임, GMU 이사장

주님이 이 땅에 교회를 세우시는 궁극적인 목적은 복음이 온 땅에 전파되어 열방이 주께 돌아와 경배하도록 하기 위함입니다. 예수님이 제자들에게 부탁하시고 위임령을 이루도록 이 땅에 교회를 세우셨습니다.

주님의 말씀 따라 주님의 지상 명령을 수행하는 교회가 된다는 비전을 갖고 세워진 교회가 바로 은혜한인교회입니다. 본서가 다루는 김광신 목사님은 세 가정으로 교회를 개척하고, 목회를 시작하실 때부터 주님의 심정을 분명하게 깨달아 영혼 구원을 위해 혼신의 힘을 쏟아 복음을 전파했습니다. 그래서 은혜한인교회는 세계 선교에 총력을 다하는 교회로 세워지게 되었습니다.

주님이 열매로 좋은 나무인지 알 수 있다고 하셨듯이 그간 목회 사역에 하나님의 은혜로 풍성한 열매가 맺어져 세계에 단일 교회로서는 선교지에 가장 많은 교회를 개척하는, 주님이 기뻐하시는 선교하는 교회로 세워 주셨습니다.

'선교는 전쟁, 선교는 기도, 선교는 순교'를 외치며 이 시대의 사도 바울처럼 선교를 위해 헌신하는 김광신 목사님은 지금은 건강이 쇠약해져 휠체어에 몸을 의지하고 세계 선교지를 다니는 진정한 선교사입니다.

GMI(Grace Ministries International, 은혜국제선교회)의 세계 선교 사역의 역사는 성령님의 강력하신 역사가 현장에 일어났던 사도행전적 역사입니다. 김광신 목사님은 철저하게 성령의 지시를 따라 순종해 왔고 이러한 성령의 역사는 GMI 선교의 방향을 결정해 왔습니다. 순교적 영성으로 오직 성령님의 인도하심에 따라 순종하며 사역을 감당하는 김광신 목사님의 영성을 본받아 현재 많은 제자가 GMI의 영성으로 사역하고 있습니다.

은혜한인교회 1호 선교사로서 유럽에 파송 받으신 김태원 선교사님과 베트남의 이인호 선교사님은 김광신 목사님의 영성 DNA를 전수받아 끝까지 충성하며 오직 성령님이 원하시고 계획하신 대로 순종하며 놀라운 선교 사역을 감당하시고 은퇴하신 선교사의 모델입니다.

GMI의 선교에 엄청난 족적을 남기신 세 분의 간증을 중심으로 『성령의 능력 받아 땅끝까지』라는 제목으로 귀중한 자료를 남기고자 열정적으로 본서를 집필한 이창수 박사님께 감사드립니다.

본서를 읽으시는 모든 분은 사도행전에서 역사하신 성령님이 오늘날도 동일하게 이 땅에 역사하고 계시는 뜨거운 성령님의 은혜를 경험하는 시간이 되실 것입니다. 요즘 전 세계적으로 어려운 환경 가운데 선교가 점점 위축되어 갈 때 본서를 읽으시는 분마다 살아 계신 하나님의 역사를 경험하고, 믿음이 더 한층 성장하며, 선교에 뜨거운 부흥이 일어나기를 기대하며 본서를 강력하게 추천하는 바입니다.

성령의 능력 받아 땅끝까지

To the Ends of the Earth with Empowerment of the Holy Spirit
Written by David Changsoo Lee
All rights reserved.
Korean Edition Copyright ⓒ 2020 Christian Literature Center, Seoul, Korea

성령의 능력 받아 땅끝까지

2020년 4월 10일 초판 발행

| 지은이 | 이창수 |

편집	곽진수
디자인	김진영
펴낸곳	(사)기독교문서선교회
등록	제16-25호(1980.1.18.)
주소	서울특별시 서초구 방배로 68
전화	02-586-8761~3(본사) 031-942-8761(영업부)
팩스	02-523-0131(본사) 031-942-8763(영업부)
이메일	clckor@gmail.com
홈페이지	www.clcbook.com
송금계좌	기업은행 073-000308-04-020 (사)기독교문서선교회

ISBN 978-89-341-2119-0 (03230)

이 도서의 국립중앙도서관 출판예정도서목록(CIP)은 서지정보유통지원시스템 홈페이지(http://seoji.nl.go.kr)와 국가자료공동목록시스템(http://www.nl.go.kr/kolisnet)에서 이용하실 수 있습니다. (CIP제어번호: CIP2020010891)

이 책의 저작권은 저자와 (사)기독교문서선교회가 소유합니다. 신저작권법에 의하여 한국 내에서 보호받는 저작물이므로 무단 전재와 무단 복제를 금합니다.

To the Ends of the Earth with Empowerment of the Holy Spirit

성령의 능력 받아
땅끝까지

김광신(GMI 총재), 김태원, 이인호 선교사의
은혜로운 선교이야기

| 이 창 수 지음 |

성령의 역사하심이 없이는 도저히 일어날 수 없는 일들이
이분들의 선교지에서 많이 일어났다!

이인호 선교사님은 베트남에서
"정보부 귀빈용 숙소에서 3년간 머물며
별이 달린 정보부 장군차를 타고 선교를 하고…"

CLC

목 차

추천사 … 1
김 광 신 목사 | 은혜한인교회 원로, GMI 총재
김 태 윤 목사 | 한국성경공회 사무총장
한 기 홍 목사 | 은혜한인교회 담임, GMU 이사장

저자 서문 … 12

제1장 김광신 선교사님의 사역과 선교 … 15
1. 김광신 목사님의 성장 배경과 회심 … 15
2. 김광신 목사님의 리더십 … 24
3. 김광신 목사님의 선교 철학 … 34
4. 김광신 목사님의 구소련 선교 준비 … 41
5. 문이 열리는 구소련 선교 … 52
6. 구소련 선교와 여호와 이레 … 58
7. 구소련에서의 선교 대회 … 69
   1) 알마티의 'Follow Me 선교 대회' … 70
   2) 상트페테르부르크의 Grace Festival '93 선교 대회 … 71
   3) 소련에서의 대형 선교 대회 개최 목적: 김광신 목사님의 소련 선교 철학 … 75
   4) 모스크바의 Grace Festival '94 선교 대회 … 77
   5) 세계가 놀라다 … 80
8. 어느 소련 선교사님의 간증 … 83
9. 김광신 목사님의 구소련 선교 전략 및 이의 선교학적 의미 … 87
   1) 김광신 목사님과 은혜한인교회의 선교는 초기 오순절적 선교였다 … 87
   2) 김광신 목사님과 은혜한인교회의 선교는 초대교회식 선교였다 … 94

10. 김광신 목사님 선교의 결론   103
11. 은혜한인교회와 성전   112

제2장 김태원 선교사님의 선교   119
1. 김태원 선교사님의 성장 배경과 회심   119
  1) 적지 침투작전 - 매복조에게 기습을 당하다   120
  2) 제대 후의 사회 생활, 아내의 독일행   124
  3) 파독 광부 훈련소장에서 독일 간호사로   127
  4) 미국에서의 이민 생활   131
    (1) 미국 이민 생활의 시작 - 날라리 크리스천   131
    (2) 부흥회에서 무슨 일이?   138
    (3) 진복에 눈먼 가족, 경찰에 체포되다   144
    (4) 김태원 집사가 없으면 은혜가 안 돼   149
    (5) 유럽 선교의 꿈을 품고   153
2. 김태원 선교사님의 선교   157
  1) 독일 선교사 시절   157
    (1) 내가 지시할 땅으로 가라 - 유럽으로   157
    (2) 풍성한 열매   161
    (3) 북한 정무원 총리 사위 강명도가 주님을 영접하고   166
    (4) 물적 자원을 동원하시는 하나님의 은혜   172
  2) 복음을 땅끝까지 - 남미에서의 사역   177
  3) 3개월 시한부 삶이 10년으로   182
3. 김성녀 선교사님의 선교   189
  1) 결혼과 파독 간호사로   189
  2) 독일에서 미국으로, 그리고 믿음의 생활로   193
  3) 유럽 선교사로 파송받고 다시 독일로   198

제3장 이인호 선교사님의 선교 _____ 204
1. 이인호 선교사님의 성장 배경과 미국 이민   204
2. 유니언신학교의 서덜랜드(Southerland) 교수님   207
3. 베트남 선교지에서 있었던 일들   208
   1) 베트남에서의 첫 밤을 노숙자로   208
   2) 유치장에서   210
   3) 민박집에서   212
   4) 구충제 이야기   216
   5) 군 중앙정보국 게스트하우스를 숙소로   218
   6) 기적과도 같이 하나님의 사람을 만나다   224
      (1) 후에 목사님을 만나다   224
      (2) 신실한 동역자들을 만나다   229
   7) 베트남 선교의 문이 열리다   233
   8) 민박 집 탄 씨네가 걱정이 되어   238
   9) 별이 달린 정보부 장군용 세단을 타고 선교를   242
   10) 아! 성경책   246
   11) 청소년 수양회   249
   12) 베트남의 오토바이와 커피   253
   13) 정보부 숙소 직원들과 공안과의 교제   256
   14) 뚜엣 사모님과 키니네 4알   258
   15) 빈증성, 칸터성 선교   266
   16) 베트남의 한국교회 그리고 탄 씨네 카페   270
   17) 김광신 목사님이 베트남 방문하다   276
      (1) 이인호 선교사님의 미국 본 교회 방문   276
      (2) 김광신 목사님의 베트남 방문   278

18) 산족 선교의 문이 열리다: 람동성 꺼호 산족	284
(1) 서덜랜드 교수의 부탁에 의해 냐짱으로	284
(2) 뜻밖에 꺼호 산족의 추장을 만나다	288
19) 피를 빠는 거머리 떼, 죽을 뻔한 산 속에서의 오토바이 사고	292
(1) 피를 빠는 거머리 떼	292
(2) 죽을 뻔한 산속에서의 오토바이 사고	297
20) 선교비를 기다리며	299
4. 선교 후반기	306
1) 음력 설에 김광신 목사님이 방문하다	306
2) 베트남의 교회 건축 현황	310
3) 은퇴를 저울질하며	315
에필로그	322
참고 문헌	325
부록 1 오순절 성령 강림 사건이 솔로몬 행각에서 일어난 정황 연구	327
부록 2 사진	341
1. 김광신 목사님 사진	341
2. 김태원 선교사님 사진	344
3. 이인호 선교사님 사진	348
4. 예루살렘 성전과 솔로몬 행각	352

저자 서문

이 창 수 박사
미국 그레이스미션대학교 선교학 교수

42세에 구원의 은혜를 받고, 44세에 신학 공부를 했으며, 47세에 미국 LA 근교 오렌지카운티에서 은혜한인교회를 개척한 김광신 목사님은 늦은 나이에 시작한 목회 활동에도 불구하고 어느 목회자 못지않게 선교지에서 수많은 영혼을 구원하고 수많은 제자를 양육했다. 김광신 목사님은 80세 중반의 나이인 지금도 은혜한인교회의 선교 단체인 GMI 총재로서 은퇴 없이 세계 선교 사역에 열중하고 계신다.

은혜한인교회의 본격적인 파송 선교사 1호인 김태원 선교사님과 이인호 선교사님은 세상에서는 은퇴할 나이인 53세와 57세에 선교사로 파송 받아 헌신했다. 이분들의 수십 년간의 선교 활동은 너무나 **은혜로우며, 성령의 역사하심이 없이는 도저히 일어날 수 없는 일들이 이분들의 선교지에서 많이 일어났으며**, 수십만 명의 영혼을 구원했다.

선교나 복음의 전파는 근본적으로 하나님이 하시고, 선교사는 하나님의 선교에 쓰임 받는 사람들이다. 선교는 그저 순종하는 자세, 겸손한 자세, 사랑으로 섬기는 자세로 임하면 하나님이 크게 들어 쓰신다는 것을 세 분을 통해 보여 주고 있다. 성경에도 사도 바울이 그랬고, 성령의 인도로 에티오피아 여왕 간다게의 내시에게 복음을 전한 빌립도, 성령의 인도로 이방인 고넬료에게 복음을 전한 베드로도 그러했다.

김광신·김영진 부부 선교사님, 김태원·김성녀(소천) 부부 선교사님, 이인호·이수복 부부 선교사님은 후대 선교 및 선교사의 모델이라고 할 수 있는 분들이다. 하나님의 선교에 크게 쓰임 받은 세 분 부부의 은혜로운 간증적 선교 이야기를 후세의 선교사들이나 우리 교계가 참고할 수 있는 자료로 남길 수 있게 됨을 하나님께 감사드린다.

김광신 목사님은 어려운 성장 과정에도 불구하고 사랑으로 베풀고 섬기는 그의 목회 활동이나 선교 활동 과정을 되돌아보면 참으로 은혜롭다. 그의 제자들도 모두 그의 DNA를 이어받아 사랑으로 섬기고 베푸는 선교로 큰 열매들을 거두었다.

김광신 목사님의 이 은혜로운 간증적 이야기는 57세에 은혜 받고 62세에 부름 받아 신학 공부를 한 필자에게는 너무나 감동적이다. 김광신 목사님의 은혜로운 목회와 선교 이야기는 기독교계는 물론 일반 독자들에게도 감동적으로 다가가리라 믿는다.

2019년 12월까지 은혜한인교회에서 파송한 선교사는 58개국에 344명이며, 김광신 목사님이 제자들과 함께 창설한 교단인 국제총회 전체로는 70여 개국에 700여 명의 선교사를 파송하고 있다. 또 19개의 신학교를 선교지에 설립하여 운영하며 수많은 제자를 양육하고 있다.

본서가 빛을 볼 수 있도록 힘써 주신 세 분 선교사님들께 감사드리며, 세 분의 선교 이야기를 필자가 학문적으로 정리하며 쓰게 된 것은 필자에게도 큰 영광이었다.

신념으로 뭉친 한 사람은 자기 이익만 좇는 100만 명의 사람들보다 더 크고, 더 많은 영향력을 인류에게 끼칠 수 있음을 김광신 목사님은 우리에게 보여 주고 있다.

일러 두기

성경 인용은 "바른성경"을 사용했다.

제1장

김광신 선교사님의 사역과 선교

1. 김광신 목사님의 성장 배경과 회심

　김광신 목사님은 1935년 부산에서 모태 신앙으로 태어나 유아 세례를 받았다. 그의 아버지가 경남 마산으로 이사하는 바람에 김광신은 주로 마산에서 성장했다. 그러나 그의 할아버지 대까지는 충청도에서 살았다. 한번은 충청도에서 할아버지가 외출하고 돌아오는데 동네에서 멍석말이[1]를 하고 있었다. 그래서 할아버지가 동네 사람들에게 그 연유를 물었더니 어떤 '양코백이'(서양인)가 와서 동네 여자를 희롱하여 멍석말이한다고 했다.
　이에 할아버지는 외국 사람을 너무 심하게 치지 말라고 하면서 자신이 그 연유를 물어볼 테니 풀어 주라고 했다. 할아버지는 그 서양인을 집으로

---

[1] 예전에, 권세가나 동네에서 죄인을 누가 치는지 모르게 멍석에 말아 놓고 뭇매를 치던 형벌이다.

데리고 갔다.

집에서 그 서양인과 이야기를 해 보니 그는 미국에서 온 선교사였다. 동네에 들어와 복음을 전하려고 여자에게 접근해 말을 걸었던 것이었다. 이에 할아버지는 한국에서는 그렇게 하면 안 된다고 하면서 꼭 전할 말이 있으면 자신이 자리를 만들어 주겠다고 했다. 그러면서 사랑방에다 가운데를 천으로 커튼처럼 가리고는 남자와 여자를 구분해 앉게 했다. 그리고는 서양 선교사님이 하고 싶은 말을 하게 했다.

서양 선교사님은 거기서 복음을 전했고, 이것이 계기가 되어 할아버지는 이 미국인 기독교 선교사님으로부터 전도를 받아 구원을 받게 되었다.

그 이후 믿음 생활을 하던 할아버지는 제사를 거부했고 이로 인하여 할아버지는 아버지와 형제들로부터 모진 박해를 받았다. 한번은 형제들이 할아버지를 혼인 때 신랑의 발을 천장에 달아매듯 할아버지를 달아매고 매를 때린 후 밤에 그대로 내버려 두었다. 이를 보다 못한 할아버지의 어머니가 이러다가는 자식 하나 잃어버리겠다는 생각이 들어 밤중에 몰래 들어와 할아버지를 풀어 주었다. 그러면서 옷 몇 벌을 괴나리봇짐에 싸서 노자 몇 푼과 함께 주면서 '너는 너 갈 대로 가서 살라'며 피난을 보냈다.

그 길로 할아버지는 남으로 남으로 내려가 부산까지 와 영도에서 정착해 살았다. 할아버지가 영도에 살면서 1896년에 교회를 개척했는데 그 교회가 부산 영도교회로 지금은 제일영도교회가 되었고, 이 교회는 1995년에 교회 개척 100주년을 맞이했다.

마산에서 성장하던 김광신은 아버지가 장로로서 성가대 지휘까지 했으나 이혼을 하는 바람에 그 영향으로 정작 자신은 하나님을 믿지도 않았고 교회도 다니지 않았다고 한다. 이러한 가정 사정으로 김광신은 가출하여 여관에서 종업원으로 일했다. 여관에서 일하며 김광신은 한 푼 두 푼 돈을 모았다. 낌새를 맡은 어느 손님이 감언이설로 김광신을 꾀어 돈을 빌려 달라고 하면서 사기를 쳐, 어렵게 모은 돈을 몽땅 날려버리는 일도 당했다.

그러던 중 마침 1950년 6.25 전쟁이 터져 김광신은 중학교 2학년을 중퇴한 후 군대 입대를 지원했다. 모병관이 나이를 물어 15살이라고 했더니 나이가 적어 입대가 안 된다고 하면서 입대를 시켜 주지 않았다. 주변 사람들에게 몇 살이 되어야 입대가 되냐고 물어보니 16살이 되어야 입대가 된다고 했다.

이에 김광신은 몇 달 후 다시 지원하여 한 살을 올려 16살이라고 말한 후 입대했다. 김광신은 미군의 탱크부대에 배속을 받아 어린 나이에 미군들에게 마스코트처럼 귀여움을 받으며 군대 생활을 했다.

김광신이 미군 부대에서 제대한 후 아버지는 아들 김광신을 마산고등학교 1학년에 입학시켰다. 중학교를 중퇴한 후 군대 생활을 한 김광신은 도저히 공부하려고 해도 앉아 있을 수가 없었다. 그래서 그는 앉아 있는 연습을 하려고 소설을 잔뜩 빌려다가 하루에 열 시간씩 앉아서 소설을 읽었다.

그 후 김광신은 중학교 2학년에서 고등학교 1학년으로 건너뛰어 못한 공부를 따라가기 위해 열심히 공부했다. 김광신은 고등학교에 다닐 때도 아버지의 지원이 별로 없고 가정 형편이 어려워 학비는 물론 생활비 등으로 어려움을 많이 겪었다. 한번은 학생들이 말을 안 듣는다고 추운 겨울에 학도호국단(교련) 선생님이 반 학생들 전부 겉옷을 벗고 내복 차림으로 운동장으로 나오라고 집합시켰다.

당시 김광신은 가정 형편이 어려워 내복을 못 입고 겉옷만 입고 있던 터라 팬티만 입고 맨몸으로 운동장에 나갔다. 그랬더니 호국단 선생님은 김광신이 반항으로 내복까지 벗고 맨몸으로 나왔다고 하면서 시범으로 김광신만 발로 차며 때렸다. 변명이나 말할 기회도 없이 실컷 두들겨 맞은 김광신은 앞으로 자기는 절대 남을 함부로 판단하지 않겠다고 결심했다. 그는 이 결심을 나중에 사회 생활을 할 때나 목회를 할 때도 지켰다고 한다.

고등학교 3학년 초에 한번은 담임 선생님의 심부름으로 교무실에 갔다. 교무실에 있던 김남조[2] 국어 선생님이 김광신을 보더니 옆 선생님에게 "저 학생이 이번에 전교에서 1등을 한 학생이지 아마?"라고 했다.

이에 김광신은 '누구에게 한 말이지?'라고 생각하며 주변과 앞뒤를 살펴보았으나, 자기밖에는 없었다. 중학생 때 군대에 갔다 오고, 중학교 3학년을 건너뛴 학생이 드디어 전교에서 1등까지 하게 된 것이다.

김광신이 서울대학교 영문학과에 진학하여 학창 생활을 할 때 짓궂은 친구들은 김광신에게 일부러 편지를 보내 봉투에 이름을 '金狂神'이라고 써서 보내기도 했다.[3] 그러면 우체부가 문을 두들겨서 나가면 "진짜 이름을 이렇게 씁니까?"라고 묻기도 하는 광경이 벌어지기도 했다.

대학 생활 중 김광신은 가정 형편이 어려워 고생을 많이 했다. 어떤 때는 칫솔 하나 뒷주머니에 꽂고는 친구들의 집을 동가식서가숙할 때도 있었다.

---

[2] 이 국어 선생님이 나중에 유명한 시인이 된 김남조 시인이다.
[3] 실제 이름은 '金光信'이다.

한번은 무료해 다방에 죽치고 앉아 있는데 저쪽에 앉아 있는 사람이 불러서 갔더니 "학생, 내가 학생의 관상을 꼭 한번 봐주고 싶은데"라고 했다. 이에 김광신은 자기는 관상 볼 돈도 없고 괜찮다고 했다. 그러니까 그 사람이 하는 말이 "학생, 6개월 후면 확실히 의식주가 해결되겠는데 …"라고 했다.

당시 지내는데 형편이 몹시 어려운 김광신에게는 정말 반가운 말이 아닐 수 없었다. 그러고 6개월이 지나고 나니까 입대 영장이 나왔다. 군대 가면 확실히 의식주는 해결이 되는 것이었다. 그러나 김광신은 이미 군대를 갔다 오지 않았던가.

그때부터 김광신은 병무청과 국방부를 찾아다니며 자기의 6.25 전쟁 중의 군대 생활 기록을 찾으려고 필사적으로 노력했으나 도저히 찾을 수가 없었다. 전쟁의 혼란 와중에 입대를 해 미군 부대 배속을 받으면서 군번도 제대로 받지 못하고 군대 생활을 했고 또 전쟁 중에 군적도 없어져 버렸다. 군대 생활을 함께한 한국인 군인도 없었기에 군 복무를 도저히 증명할 방도가 없었다. 하는 수 없이 그는 다시 군대를 갔다 오는 수밖에 없었다. 김광신은 한국 군대 복무를 두 번씩이나 한 특이한 경력의 소유자이다.

1961년 서울대학교 영문과를 졸업한 후 김광신은 숭문고등학교를 거쳐 숙명여자고등학교에서 교편 생활을 했다. 김영진과 결혼을 하려고 할 때 김영진의 부모는 딸의 담당 의사를 먼저 한번 만나 보라고 했다. 김광신이 그 의사를 만나 보니, 의사는 아내 될 사람이 건강이 약해 오래 살지 못할 사람이니 결혼을 하지 말라고 권유했다. 그러나 김광신은 결혼했고, 김영진은 하나님의 은혜로 지금껏 건강하게 김광신을 잘 보조하며 지내고 계신다.

김광신은 신혼 중에 셋방살이하면서도 몸이 약해 공부를 많이 못 한 아내를 열심히 집에서 독학으로 공부를 시켰다. 집에서 아내를 가르친 후 학교로 출근을 할 때는 숙제를 잔뜩 내주곤 했다. 한번은 아내가 푸념하기를 내가 동대문 시장 지게꾼과 살았으면 살았지, 당신과는 힘들어 못 살겠다고 투정을 하기도 했다.

김광신은 남미의 아르헨티나에 이민했다가 다시 미국으로 와서 시애틀을 거쳐 LA 남쪽 오렌지카운티에 정착했다. 미국에서는 조경 사업을 했는데 꽤 성공했다. 본인의 표현대로 백만장자가 곧 눈앞에 보였다고 한다.

그때까지도 믿음이 없이 오렌지카운티에서 사업을 하고 있던 김광신은 목사 안수를 받은 어떤 분이 사역은 안 하고 쉬다가 일을 하다가를 반복하는 것을 보았다. 김광신은 그에게 한 달에 얼마만 있으면 일을 하지 않고 목회를 할 수 있느냐고 물어보았다. 김광신은 신앙이 없었지만, 그때부터 그 목사님에게 생활비를 제공해 주고, 그 목사님를 위하여 주변에 아는 사람들 40여 명을 모아 함께 교회를 개척했다. 그 교회가 지금의 어바인 베델한인교회이다.

김광신은 영문학과를 나왔지만, 음악에 남다른 조예가 있었기에 신앙이 없이 개척한 베델한인교회의 예배에 참석해 찬양대 지휘만 한다는 조건으로 찬양 지휘 봉사를 몇 년간 하기도 했다. 주일 날 찬양 봉사를 하러 일찍 교회에 나와서는 교회 의자를 정리하는 등 교회의 봉사도 열심히 했다. 그러나 예배가 끝나면 찬양 대원들과 함께 집으로 가 맥주를 마시며 포커를 하고 놀았다.

1977년 42세 때, 대학 친구인 동서가 미국에 와서 김광신에게 간절히 전도했다. 김광신은 친구들과 라스베이거스에 놀러 가기로 되어 있었는데 동서가 잡고 자꾸 전도를 하여 약간 짜증이 났다. 한 손에는 맥주 캔을 들고, 다른 손에는 담배를 들고 피우면서 동서의 말을 재촉했다.

결국, 라스베이거스행을 포기하고 동서로부터 전도를 받은 그날 저녁, 김광신은 다음과 같이 혼자서 간절히 기도했다.

> 하나님, 정말로 하나님이 계신다면 나에게 하나님의 모습을 보여 주든지 아니면 '광신아 내가 하나님이다'라고 음성이라도 들려주든지 아니면 나를 한번 번쩍 들어 올렸다가 내려놓든지 무슨 흔적을 보여 주십시오.

그렇게 간절히 기도한 다음 날인 8월 20일 새벽에 그는 극적으로 하나님을 만났다. 아침에 일어나 보니 세상이 모두 변해 있었다. 여태까지의 세상이 흑백이었다면 그날 아침은 세상의 모든 것이 총천연색으로 새롭게 변해 있었다. 살랑살랑 흔들리는 나뭇잎이 말을 걸어오고, 새의 지저귐도 말을 걸어오는 것이었다. 온 세상이 어제 보던 세상이 아니라 완전히 변한 새로운 세상이었다. 그때부터 김광신은 눈물로 회개를 하며 완전히 변화된 새로운 삶을 살기 시작했다.

김광신의 대학 친구인 동서가 바로 서울대학교 교수와 국립국악원장을 역임한 한만영 교수이다. 한만영 교수도 삶에서 여러 어려운 고비를 만날 때마다 하나님께 한 번만 이 고비를 넘게 해 달라고 여러 번을 기도하면서도 그 고비가 지나고 나면 또 믿음 생활을 게을리하곤 했다. 그러던 중 그는 그만 후두암에 걸리고 말았다. 그는 그때 이런 생각이 들었다고 한다.

'아, 내가 그렇게 하나님을 여러 번 속여 먹었으니 이제는 하나님이 나를 데려가시려나 보다.'

그래도 한만영 교수는 다음과 같이 서원했다고 한다.

'마지막으로 하나님, 이번에 한 번만 더 살려주시면 저는 모든 걸 내려놓고 신학 공부를 해, 주의 종이 되겠습니다.'

그리고 극적으로 후두암이 치유가 되었다. 이에 한만영 교수는 즉시 서울대학교를 사임하고는 신학 공부를 하여 주의 종이 되었다. 한만영 목사님은 서울 강남구 대치동에서 교회를 개척하여 목회 활동을 하다가 소천하셨다.

한편, 이전에 베델한인교회의 주일 예배 후 김광신의 집에서 함께 맥주를 마시며 포커를 하고 놀던 멤버들도 김광신이 회심한 후 모두 중생하고 성령으로 충만케 되는 역사가 일어났다. 이들이 함께 모임을 하고 식사를 위하여 김광신이 **간절히** 식사 기도를 할 때는 온통 눈물바다가 되기도 했다.

김광신은 회심한 후 얼마 안 되어 LA에 있는 아가페교회에서 열린, 서울에서 온 이천석 목사님의 부흥 집회에 참석했다. 부흥 집회는 꽤 요란할 정도로 열기에 찼다. 참석한 신자가 손뼉을 치며 열심히 찬송가를 부르는데 중생한 지 일천한 김광신은 나이도 있는 터라 앞쪽에 앉아서 전혀 손뼉을 치지 못하고 있었다. 이에 이천석 목사님은 "손뼉도 안 치고 은혜 받겠다고 와 앉아 있어?"라고 큰소리로 질책하기도 했다.

나중에 김광신은 목사 안수를 받고 은혜한인교회를 개척한 후 성령으로 충만하게 된 교인들로 하여금 찬송가를 부를 때 손뼉을 치게 했을 뿐만 아니라 율동팀까지 만들어 모든 신자가 율동하도록 인도했다.

김광신은 아가페교회 부흥 집회 후 이천석 목사님을 LA 공항에 모셔다 드렸다. LA 공항 수속 후 게이트 앞에서 앉아 탑승을 기다리고 있는데 이때 이천석 목사님은 갑자기 김광신의 아내를 마치 자기 부인 부르듯이 "여보, 여보" 하고 불렀다. 아내 김영진이 가까이 오니 그는 다음과 같이 말했다.

당신 남편은 말이야, 마치 미친 개처럼 선교한다고 온 세상을 돌아다닐 테니까 그리 알고 당신은 혼자 살아!

이때 은혜 받은 지 일천한 김광신은 신학교에는 갈 생각도 하지 않고 있을 때였다. 김광신도 놀라지 않을 수 없었다.

또 그로부터 3개월 후 척 스미스 목사님의 갈보리채플(Calvary Chapel)에서 게이니 성도란 분이 김광신에게 머리에 손을 얹으며 다음과 같이 기도했다.

하나님, 참으로 감사합니다. 이 아들을 통하여 구원 받을 영혼이 하늘의 별과 같이 많게 해 주심을 감사드립니다.

게이니는 미국인 의사로서 예언의 은사가 있는 분인데 나중에 목사가 되었다. 이때도 김광신은 신학 공부는 생각도 않고 있을 때였다. 그러나 지금 와서 보면 이 예언들이 모두 이루어짐을 보고 있다.

2. 김광신 목사님의 리더십

김광신은 서울대학교 영문학과를 졸업한 후 첫 직장으로 숭문고등학교에서 교편 생활을 했다. 이때의 제자가 지금도 은혜한인교회에서 교도소 선교 사역을 하는 김운년 목사이다.

김광신이 부임하자 숭문고등학교에서는 제일 문제가 많은 반, 속칭 '돌반'의 담임으로 배정했다. 그러나 김광신은 이 학생들과 함께 놀고 뒹굴며 솔선수범으로 정성껏 지도했다. 방과 후에는 자비로 함께 과외 공부까지 했다. 그래서 나중에는 '돌 반'이 가장 우수한 '우수반'이 되었으며, 거의 전원이 대학교까지 진학했다.

이후 김광신은 숙명여자고등학교로 직장을 옮겼다. 숙명여자고등학교에서 교사로 생활할 당시의 제자들이 지금 은혜한인교회에 세 명이 있다.

그때 제자들의 증언이나 김광신 목사님의 성경 강좌 테이프에 나오는 간증 및 회고담을 들어 보면, 김광신 선생님은 아주 인기 최고의 선생님이었다. 김광신 선생님은 교사로서의 리더십이 뛰어났을 뿐만 아니라, 문제 학생의 선도에 열심이었으며 성적이 부진한 학생들은 별도로 과외 공부를 시키는 등 학생들에 대한 사랑도 남달랐다.

학교에서 수학여행을 가면 혼자서 먼저 그 수학여행 전 코스를 학생들 모르게 한두 번씩 답사해 코스의 요소마다 학생들을 재미있고 즐겁게 인도하기 위한 프로그램을 구상하는 등 만반의 준비를 했다. 실제로 수학여행 때는 모든 학생들이 기억에 남을 정도로 아주 즐겁고도 감동적인 수학여행을 인도했다고 한다.

당시 김광신 선생님은 '내가 담당한 학생들이 나보다 더 훌륭한 선생으로부터 배울 수 있는 기회를 내가 빼앗는 것은 아닌가?'라는 생각을 늘 하면서 학생들의 지도에 열심히 임했다고 한다. 그래서 학생들을 가르치고 지도하는 일에 온갖 정성을 다하고, 자기가 할 수 있는 최선의 노력을 경주했다. 은혜한인교회를 개척하여 목회를 하면서도 그는 같은 생각을 했다고 한다.

'이 교인들이 나보다 더 훌륭한 목사와 함께 신앙생활을 할 기회를 내가 빼앗는 것은 아닌가?'

김광신 목사님은 이런 생각을 하면서 교인들이 하늘나라에 최대의 상급을 쌓는 데 중점을 두면서 목회를 했다.

1978년, 김광신은 드디어 부르심을 받고는 신학 공부 결정을 하게 되었다. 아내 김영진에게 신학 공부를 하여 주의 종이 되어야겠다는 결심을 이야기했더니 그날로 아내 김영진은 식음을 전폐하고 이불을 뒤집어쓰고는 드러누웠다. 김광신은 일을 하고 들어와서 혼자서 밥을 먹곤 했다.

하루는 일과 후 집에 들어오니 아내가 창밖을 내다보고 서 있었다. 아내가 다가오더니 신학 공부를 하라고 했다. 놀란 김광신은 웬일이냐고 물었더니 아내는 다음과 같은 일이 있었다고 했다.

아내 김영진이 이불을 덮어쓰고 누워 있는데 갑자기 예수님이 방안에 들어오시더니 물으셨다.

"네가 여태껏 한 일이 무엇이 있느냐?"

아내는 아무리 곰곰이 생각해 봐도 아이들을 낳은 것 외에는 자기가 한 일이 없는 것 같았다.

"예수님, 애 둘 낳은 것밖에는 한 일이 없네요."

그랬더니 예수님이 다음과 같이 말씀하셨다.

"이제 내가 네 남편을 좀 들어 쓰려고 하는데 네가 도와줘야겠다."

김광신은 샌프란시스코에 있는 어느 신학교에 입학하려고 온 가족과 함께 답사한 후, 입학 서류를 제출하고는 이사할 준비까지 했다. 그러나 아무리 기다려도 신학교에서 입학 허가가 나오지 않아 알아보았더니 입학 신청 서류가 분실되어 접수가 안 되어 있었다. 그래서 고심하던 중 마침 서울에서 온 한국의 유명한 신학자 박윤선 목사님을 만나서 상의를 했다. 그랬더니 박윤선 목사님은 그에게 멀리 갈 필요가 없다고 하면서 가까이에 있는 바이올라(Biola)대학교의 탈봇(Talbot)신학교가 명망 있는 복음주의 신학교이니 그곳에 입학하라고 권유했다.

1979년, 44세에 김광신은 바이올라대학교의 탈봇신학교에 입학했다. 김광신이 탈봇신학교에 다닐 때 새벽 기도를 하고 싶은데 당시 탈봇신학교 가까이에 소재하고 있던 오렌지한인교회에는 새벽 기도회가 없었다. 그래서 김광신은 오렌지한인교회 담임 목사님을 찾아가 새벽 기도를 하고 싶으니 교회 문을 열어 주든지 아니면 예배당 열쇠를 하나 달라고 부탁했다. 이에 담임 목사님은 장로들과 협의하여 김광신에게 예배당 열쇠를 하나 주었다.

신학교 공부를 열심히 하면서도 김광신은 담배를 끊지를 못하고 있었다. 한번은 집에서 담배를 피우면서 신학교의 과제물 작업을 하는데 어떤 젊은 여자 집사님이 찾아왔다. 담배 연기가 자욱한 방에 들어오더니 대뜸 그 젊은 여인이 김광신에게 손가락질을 하며 다음과 같이 고함치듯 큰 소리로 이야기했다.

아니 전도사님, 다른 사람이 전도사님 담배 피우는 모습을 보고 실족하면 전도사님이 책임지겠습니까?

졸지에 기습을 당하듯 젊은 여자로부터 손가락질과 함께 심한 질책을 당한 김광신은 그때부터 담배를 끊게 되었다고 한다.

김광신은 탈봇신학교 입학 3년 후 졸업과 동시에 목사 안수를 받았다. 그는 목회를 시작하기에는 좀 늦은 나이라고 할 수 있는 47세 때인 1982년 2월, 남가주 오렌지카운티의 풀러턴시에서 미국 교회를 빌려 성경 공부반을 시작했다. 그해 5월 9일, 77명의 축하객과 함께 세 가정으로 은혜한인교회 개척 예배를 드림으로써 목회를 시작했다. 곧 출석 교인은 40명 정도로 늘어났다.

김광신 목사님은 목회자의 좌우명으로서 '첫째로 열심히 기도하고, 둘째로 성령 충만한 가운데 최선을 다해서 열심히 목회 활동을 하기'로 했다. 그렇게 하면 우리 속담에 '심은 대로 거둔다'는 말처럼 성령님이 모든 것을 채워 주시고, 이루어 주신다고 믿었다.

또 김광신 목사님은 교인들이 최대의 상급을 쌓는 방법은 선교라고 생각하고, 개척과 동시에 예산의 반은 무조건 선교비로 책정하고 교인들과 함께 선교에 전력을 다했다.

김광신 목사님과 함께 개척 교인 중 한 명인 현 은혜한인교회 허영조 증경장로님의 증언에 의하면 김광신 목사님은 처음부터 선교를 목적으로 교회를 개척했으며, 교회의 모든 헌금 및 재정의 2분의 1은 무조건 선교 헌금으로 배정했다고 한다. 말이 반 이상이지 김광신 목사님의 눈에 보이는 돈은 거의 선교비로 들어갔다고 한다. 김광신 목사님은 그의 원대한 선교 비전처럼 선교에 쓰고 싶은 자금도 엄청나게 많아 선교비가 늘 쪼들리기는 마련이었다.

교사로서나 목회자로서의 김광신 목사님의 지도와 인도 방침은 자기의 모든 능력과 생명을 학생들과 신자에게 나누어 주는 것이었다. 풀러신학교의 마크 래버튼(Mark Labberton) 전 총장은 다음과 같이 말했다.

> 리더십은 주변에 생명을 주는 방식으로 능력을 사용하는 것이다. 성품과 비전이 삶으로도 구현되는 것이다.

개척 초기 몇 명 안되는 교인들이었지만 김광신 목사님은 온갖 정성으로 교인들을 돌봐주었으며 이들과 함께 열심히 성경 공부를 하고, 금요일에는 철야 예배를 드렸다. 한번은 아침 일찍 교회에 나와서 성경 공부 준비를 하다가 마침 점심때가 되었는데 그날따라 주머니를 아무리 뒤져도 햄버거 하나 사 먹을 돈 3달러가 없어 굶은 적도 있었다.

김광신 목사님의 성경 공부에 감명받은 교인들은 그의 성경 강해를 모두 녹음하여 주변의 친지나 지인들에게 나누어 주었다. 현 은혜한인교회의 박승일 증경장로님은 일부러 휴가를 내 다른 주까지 다니면서 성경 공부 테이프를 나누어 주었다. 김광신 목사님의 성경 강해 테이프를 들은 사람들 중 여러 가정이 김광신 목사님과 함께 신앙생활을 하기 위하여 다른 주에서 남가주로 이사를 왔다. 또 어떤 사람들은 멀리서 와서 은혜한인교회의 GTD[4]를 통해 큰 은혜를 받았다.

현재 국제총회 상임 총무를 맡은 김종옥 목사님은 다른 주에서 '율법과 복음'이라는 성경 공부 테이프를 듣고 은혜를 받았으며, 또 약 10년 전 교회를 개척해서 목회하는 의사 출신의 신승철 목사님도 역시 다른 주에서 와서 은혜한인교회의 GTD를 통하여 큰 은혜를 받았다.

이들은 김광신 목사님과 함께 믿음 생활을 하기 위하여 텍사스에서 남가주로 이사를 온 사람들이다. 이외에도 여러 가정이 김광신 목사님과 믿음 생활을 함께 하기 위해 다른 주에서 남가주로 이사를 왔으며, 이중 여러 명이 나중에 목사가 되었다.

김광신 목사님은 선교에 관한 한 꿈과 스케일이 아주 큰 분이다. 그러다 보니 일반 목회자들과는 달리 김광신 목사님은 성도들에게 헌금 강조를 많이 하는 편이다. 그러나 성도들은 이에 적극 화답했다.

한번은 스웨덴에서 사업을 하며 본 교회의 설교를 영상으로 보며 예배를 드리는 'Video Church'로 선교 활동을 하는 김명자 여선교사님이 노회 참석차 와서 꽤 많은 돈을 김광신 목사님에게 개별적으로 특별 헌금을 했다.

그 헌금 봉투를 그대로 안주머니에 넣은 김광신 목사님은 노회 참석자를 둘러 보더니 어느 선교사님을 불렀다. 그러고는 "ㅇㅇ 선교사, 선교비

---

[4] Grace Tres Dias(그레이스 뜨레스 디아스)의 약자. GTD 운동의 주제는 하나님의 사랑으로서, 3박 4일 동안 100명 내외의 지원자(candidate)들이 합숙을 하면서 은혜로운 체험과 강좌로 실시되는데, 이 GTD에는 참가자들과 비슷한 숫자의 봉사자(team member)들이 일심동체로 참가자들을 정성껏 사랑으로 섬겨 참가자들이 성령 충만함을 받게 하고 이에 따른 방언의 은사도 받게 하는 등 은혜한인교회의 독특한 성령 체험 운동이다.

가 필요하다고 했지?" 하면서 그 헌금 봉투를 열어 보지도 않고 그대로 그 선교사님에게 선교비로 쓰라고 주었다. 헌금을 한 김명자 선교사님으로서는 좀 섭섭하기도 하고 어이가 없다는 생각이 들어 김광신 목사님에게 응석 어린 항의조로 다음과 같이 말했다.

아니 목사님은 어떻게 헌금 봉투를 열어 보시지도 않고 그대로 주세요?

김광신 목사님은 다음과 같이 말했다고 한다.

하나님은 다 아신다!

김광신 목사님에게는 아들(김원)과 딸(김리나) 두 자녀가 있다. 이 두 자녀는 자기들이 아르바이트를 하여 학비를 대부분 조달했고 아버지로부터는 거의 도움을 받지를 못했다. 김광신 목사님은 동부에서 공부하는 아들이 방학 때 왔다가 다시 동부로 돌아갈 때 LA 공항에 데려다주었다.

탑승구로 들어가려는 아들에게 가다가 음료수라도 한 병 사 먹으라고 용돈을 좀 주고 싶었는데 아무리 주머니를 뒤져도 그날따라 10달러짜리 한 장이 없었다. 사역에 바빠 방학 때 제대로 돌봐주지도 못해 미안한 생각도 들어 돌아서는 발길에 눈물이 핑 돌았다고 회고했다.

또 딸이 숙명여자대학교에 합격하여 한국에 가는 1월에 겨울옷 한 벌 제대로 없어 LA에서 입던 여름옷을 그대로 입고 갔으며, 서울에서는 반지하의 컴컴한 단칸방에서 어렵게 공부했다고 정강남 증경장로님은 회고했다.

김광신 목사님은 교회에서 GTD 운동을 한 이후로 교인들을 인도하는 방향이 사랑과 섬김으로 바뀌었다. 특별히 선교지에서 이 사랑과 섬김의 리더십은 훌륭한 선교의 결과로 나타났다. 이에 관한 하나의 사례로 소련에서 모스크바 은혜신학교를 개교할 때 다음과 같은 일이 있었다.

김광신 목사님은 입학한 모든 신학생에게 이들이 마음 놓고 공부에만 전념할 수 있도록 옷가지나 이발 등을 위한 비용으로 매달 350루블씩 용돈을 주겠다고 발표했다. 당시 소련의 일반 봉급자가 한 달에 1,000루블 정도를 받을 때였다. 신학교에서 모든 숙식을 제공하고도 이렇게 용돈까지 주겠다고 한 것이었다.

또 신학생 중 다수가 가족이 있는 가장이어서 생활비가 걱정되는 사람도 있을 것이니 생활비 보조가 꼭 필요한 신학생들은 생계 보조비를 지급하겠다고 했다. 이에 다수의 선교사님이 이구동성으로 반대를 하고 나섰다. 용돈까지는 이해가 되지만 공산주의 치하에서 필요한 모든 물품을 공짜로 배급받는 생활이 몸에 밴 사람들에게 생활비 보조까지 한다면 그것을 어떻게 다 감당할 수가 있겠느냐는 것이다. 이에 김광신 목사님은 다음과 같이 말했다.

우리가 힘들여서 모스크바에 신학교를 운영하는 목적이 무엇입니까?
신학생들이 필요 없는 돈을 가져가지 못하도록 하는 것이 아니라 그들을 필요 없는 돈을 가져가지 않는 목사님들로 만드는 것 아닙니까?
그런데 그들의 마음을 바꾸는 것이 무엇입니까?

사랑밖에 없지 않습니까?

약속한 토요일이 되었다. 모든 신학생에게 봉투를 하나씩 나누어 주었다. 그 속에는 '사랑하는 ○○○에게'라고 정중하게 학생 이름을 쓰고는 잔돈은 못 바꾸어 두 달치 700루블을 한꺼번에 주게 되었다고 하면서, 공부하는 동안에 가족이 굶으면 안 되니, 혹시 생계비가 꼭 필요한 사람은 필요한 액수를 써서 내라는 말도 적어 넣었다.

그런데 큰 변화가 일어났다. 두 명의 학생이 사무실로 찾아와서는 지금 자기들이 받는 사랑도 너무나 큰데 700루블까지는 받을 수 없다고 하면서 학교를 위해 쓰라고 봉투를 되돌려 주려고 했다. 이에 김광신 목사님은 여러분이 이 돈을 되돌려 주면 용돈을 꼭 써야 하는 다른 학생들의 마음은 얼마나 불편하겠는가라고 하면서, 꼭 그런 심정이면 조용히 있다가 내일 예배 시간에 헌금하는 것이 좋겠다고 했다.

이튿날이었다. 학생들에게 지급한 용돈 중 무려 37명이 봉투째 헌금하는 놀라운 일이 일어났다. 이 광경을 보고 반대했던 일부 선교사님은 옆방으로 가서 눈물로 회개했다고 한다. 학생들은 학교와 선교사들이 자기들을 진정으로 사랑한다는 것을 깨달았던 것이다. 오랜 공산주의 치하에서 섬김과 사랑을 못 느끼고 살아온 그들에게 진정으로 베푸는 사랑은 이렇게 큰 은혜의 선물로 되돌아왔다.

사람을 변화시키는 것은 힘이나 강제가 아니라 사랑이라는 것을 보여준 실증적인 사례였다. 김광신 목사님은 **사랑은 체험으로 배우지 글이나 말로서는 가르칠 수가 없다고** 했다.

김광신 목사님은 선견지명적 리더십의 소유자였다. 그는 소련 선교의 문이 열려 소련(소비에트 연방)으로 막 들어간 선교사들에게 '소련 선교의 문이 언제 다시 닫힐지 모른다. 여기에서 왕국을 건설하려 들지 말고 무슨 일이 생기면 언제라도 철수할 수 있도록 빨리 개척 교회를 현지인화 하라' 고 독촉했다.

그러면서 김광신 목사님은 소련 선교 시작 직후인 1991년 9월에 모스크바에서 제1기 뜨레스디아스(Tres Dias, TD)를 실시했고, 6개월 후인 1992년 3월에는 모스크바 은혜신학교를 개교했다. 이는 소련 선교를 시작한 지 1년 6개월 만의 일로서, 소련 현지인 사역자 양성과 소련 개척 교회의 현지인화를 위한 신속한 조치였다. 이후 소련 선교의 문이 조금씩 닫혔던 것을 보면 그의 리더십은 분명 선견지명적 리더십이었다. 앞으로 더 자세한 설명이 있겠지만 김광신 목사님의 리더십은 다음과 같이 요약할 수 있다.

첫째, 신속한 타이밍의 리더십이었다.
둘째, 과감한 결단력과 추진력의 리더십이었다.
셋째, 선견지명적 리더십이었다.

과감한 결단력의 리더십은 그의 리더십 스케일과 추진력이 뛰어났음을 말한다. 선견지명적 리더십은 김광신 목사님의 리더십과 성령의 역사하심과의 합작품이었다.

3. 김광신 목사님의 선교 철학

김광신 목사님은 2013년 9월 은혜한인교회 소속 교단인 국제총회에서 '우리는 왜 선교를 해야 하는가?'라는 제목으로 특강을 했다. 다음은 특강 내용 중 김광신 목사님의 선교 철학과 관련된 내용을 요약한 것이다.

'우리는 왜 선교를 해야 하는가?'라는 문제에 대하여 다음 세 가지로 요약할 수 있다.

첫째, 선교는 하나님이 가장 안타까워하는 마음이다.
둘째, 선교는 교회가 존재하는 궁극적인 목적이다.
셋째, 선교는 우리가 하늘나라에 가서 상급 받는 기초가 된다.

필자는 김광신 목사님의 선교 철학을 '신자의 역할,' '교회의 역할,' '하나님의 역할'로 황금 분할 된 선교 철학으로 보고 있다. 신자가 선교하기를 기다리는 하나님의 안타까운 마음, 선교해야 하는 교회의 목적, 이로 인한 하나님의 상급 등은 선교의 기본 역할 분담이라고 볼 수 있다.

여기서 선교가 '신자의 하늘나라 상급'이 되는 성경적 배경에 대해서 알아보고자 한다. 사도행전 8:26-39을 보면 성령이 빌립에게 에티오피아 여왕 간다게의 내시를 만나 복음을 전하게 하심을 볼 수 있다. 여기서 우리는 성령님이 직접 간다게에게 말씀하시지 않고 빌립을 통해 말씀하시는 것을 보게 된다.

사도행전 9:10-19에도 다메섹 도상에서 고꾸라져 눈이 먼 바울에게 성령님이 직접 말씀을 하시지 않고 아나니아를 통해서 바울에게 안수하며 말하게 하신 것을 볼 수 있다.

또 사도행전 10장에서 이방인 백부장 고넬료의 경우에도 베드로를 통해서 복음을 전하게 하셨다. 이 모든 성경의 사례는 하나님이 우리에게 전도와 선교를 통해서 상급을 받게 하려고 하신 것임을 알 수 있다.

마태복음 28:19-20에서도 예수님은 말씀하셨다.

예수님은 "너희는"이라고 말씀하시면서 우리에게 직접 복음을 전하라고 명령하신 것을 볼 수 있다.

> 그러므로 너희는 가서 모든 민족을 제자로 삼아 그들에게 아버지와 아들과 성령의 이름으로 세례를 주고, 내가 너희에게 명령한 모든 것을 가르쳐 지키도록 하라. 보아라, 내가 세상 끝날까지 항상 너희와 함께 있을 것이다(마 28:19-20).

그러므로 전도와 선교는 우리 인간의 몫이고, 전도와 선교는 우리의 상급과 관련이 있다고 보아야 할 것이다. 김광신 목사님은 이것을 '하나님은 전능하신 하나님이신데 왜 세계 복음화를 위해 직접 일하지 않으실까?'라는 자신의 질문에 대한 성경의 답이라고 했다.

이전 세기 동안 선교는 주로 영혼 구원론적으로 이해되었다. 그러나 현대에 들어와 선교는 교회론이나 구원론보다 삼위일체적 관점으로 보게 되었다. 성부 하나님은 성자 하나님을 보내셨고, 성부 하나님과 성자 하나님은 성령 하나님을 보내셨다. 따라서 선교의 주도권은 하나님에게서 온다고 김광신 목사님은 말했다. 그러므로 우리의 선교는 근본적으로 하나님의 영광을 위해 하는 것이다.

> 내 이름으로 부름을 받은 모든 자, 곧 내가 내 영광을 위하여 내가 창조한 자를 데려오라. 그들을 내가 짓고 만들었다(사 43:7).

김광신 목사님이 우리가 왜 선교를 하는지에 대해 첫 번째 이유로 든 '선교는 하나님의 안타까운 심정'이라는 말은 바로 이러한 맥락과 같다고 할 수 있다. 하나님은 그분의 영광을 위해 우리를 선교로 초청하고 계신다. 그러므로 하나님을 아는 것이 우리의 최우선 순위이다. 그렇게 되면 우리는 자연스럽게 선교를 하게 된다.

하나님은 어차피 모든 족속에게 복음을 전파할 계획을 갖고 계시며 그것은 요한계시록을 통해 우리에게 미리 보여 주셨다. 지금 우리가 선교에 동참하는 것은 그런 하나님의 계획과 하나님의 선교에 참여하는 기쁨이요 특권이다. 이것이 김광신 목사님이 말하는 상급과 연결이 되는 것이다.

> 이 일 후에 내가 보니 모든 나라와 족속과 백성과 언어에서 나온 아무도 셀 수 없는 큰 무리가 흰 두루마기를 입고 손에 종려나무 가지들을 들고 보좌 앞과 어린 양 앞에 서서 큰 소리로 외쳐 말하기를 구원이 보좌에 앉으신 우리 하나님과 어린 양께 있습니다(계 7:9-10).

김광신 목사님은 국제총회 특강에서 또 목회자와 교회의 역할에 대하여 다음과 같이 말했다. 목회자와 교회의 목적은 세 가지다.

① 하나님을 경배하는 것이다. 이것은 교회의 'Upward Activity' (UA)이다.
② 성도를 보존하는 것이다. 이것은 교회의 'Inward Activity' (IA)이다.
③ 전도를 하는 것이다. 이것은 교회의 'Outward Activity'(OA)이다.

김광신 목사님이 신학교 공부를 하면서 목회의 방향에 대해서 고민하고 있을 때 졸업을 한 달쯤 앞두고 기도 중에 갑자기 이런 생각이 들었다고 했다. 이 교회가 하늘에 있다면 혹은 교회가 하늘로 들려 올라간다면 첫 번째와 두 번째는 아무 문제가 없다. 그런데 지금 교회가 이 지상에 있는 것은 교회가 지상에 존재하는 동안 'Outward Activity,' 즉 전도와 선교를 해야 한다는 생각이 들었다.

김광신 목사님은 교사 생활을 할 때처럼 목회를 하면서도 주님이 맡겨주신 교인들이 나보다 더 훌륭한 목회자와 함께 신앙생활을 할 수 있는 기회를 내가 빼앗지 않기 위해 최선을 다했다고 한다. 그래서 은혜한인교회의 교인들이 하늘나라에 상급 쌓는 일에 최선을 다하는 목회, 최대한 선교를 하는 목회를 하게 되었다고 한다.

우리가 이 지상에 있는 동안 한 일에 대한 상급은 누가복음 19:11-27의 '므나의 비유'에서도 알 수가 있다. 주인이 종들에게 맡긴 므나에 대한 회계를 하듯이 우리 주님께서도 하늘나라에서 반드시 우리에게 회계하실 것이다. 그래서 우리는 이 지상에 있는 동안 하나님 앞에 들고 갈 믿음의 작품을 만드는 일에 최선을 다하여야 한다.

이 지상에 있는 짧은 기간 동안의 삶, 믿음의 작품이 영원한 우리의 상급이 되기 때문이다. 우리는 나가는 선교사뿐만 아니라 보내는 선교사로서도 맡은 바 역할을 열심히 감당하여 이 지상에 있는 교회의 존재 목적처럼 우리의 지상에서의 삶의 목적인 하늘나라 상급 쌓는 일에 모두가 함께 열심을 다하자고 김광신 목사님은 총회 특강에서 강조했다.

김광신 목사님의 선교지에 대한 선교 철학이라 할 수 있는 그의 선교 7대 원칙은 다음과 같다.

① 우리가 선교사를 돕는 것이 아니라 선교사가 우리를 돕는다(이는 선교사의 선교 주인 의식을 말한다).
② 선교지에서는 선교사가 1군 사령관, 본 교회는 2군 사령부이다(이는 선교사가 결정권자, 파송 교회는 후원자라는 선교사 중심주의를 말한다).
③ 파송 교회는 선교사의 사역비를 전담한다(이는 선교사에 대한 후원 교회의 전적, 전담 지원주의를 말한다).
④ 정기적인 사역 보고를 요구하지 않는다(이는 선교사 자율주의를 말한다).
⑤ 선교 사역의 진흥을 위하여 본 교회가 할 수 있는 한 최선을 다한다(이는 선교사에 대한 후원 교회의 무한 책임주의를 말한다).
⑥ 본 교회나 단기선교팀은 선교사의 사역을 돕는 방향으로 한다(이는 선교사 및 선교지 우선주의를 말한다).

⑦ 선교지에서 구입하는 부동산은 20년 이후 현지인 단체에게 무상으로 이양한다(이는 선교지 귀속주의를 말한다).

이 모든 것을 요약하면 '선교는 선교사 중심주의이고, 선교지 우선주의이며, 선교지 현지인들을 위한 선교'라는 것이다.

필자가 연구한 바로는 위 ①, ④, ⑦의 선교 원칙은 타 교회나 타 선교 단체에서는 찾아 볼 수 없는 김광신 목사님의 특징이며 독특한 선교 철학으로써 하나님을 향한 선교 원칙이다.

또 은혜한인교회가 여타 교회와 특이한 점은 본 교회의 교인들은 그냥 후방의 '지원병'이 아니라 선교에 동참하는 '보내는 선교사'들로 자부심을 갖고 있는 것이다. 그리고 은혜한인교회는 처음부터 파송 선교사들로부터 보고서를 일절 받지 않았다.

김광신 목사님의 간증에 의하면 선교 보고는 득보다는 몇 가지 폐해가 있다고 했다.

첫째, 선교 보고서 작성으로 인해 선교사들은 쓸데없는 힘과 시간을 낭비하게 된다. 그 시간에 한 영혼이라도 더 구원하는 것이 하나님의 뜻이다.

둘째, 눈에 띄는 특별한 선교 실적이나 선교 열매가 없을 때, 선교사들은 선교 보고서를 미화하거나 부풀리려는 유혹에 빠지게 된다.

셋째, 본 교회는 선교사들을 믿어야 하며, 자주 현지에 나가서 선교사들의 애로 사항을 청취하고 지원함으로써 선교 보고서를 대체할 수 있다고 했다. 이러한 방침을 실천하기 위하여 김광신 목사님 자신이 어느 누구보다도 많이 선교지를 왕래했으며 은혜한인교회의 선교사들에 대한 이러한 전통은 지금까지 이어져 오고 있다.

한편, 김광신 목사님은 한국의 활발한 해외 선교 활동에 대해 다음과 같이 언급하고 있다. 지나온 교회사를 통해서 볼 때 하나님이 선교의 나라로 쓰시기를 원했던 민족은 반드시 다음의 일곱 가지 조건을 갖추고 있다.

① 성령 운동이 뜨겁게 일어나는 민족.
② 기도 운동이 활발하게 확산되는 민족.
③ '오직 예수,' 즉 주님을 위해서는 죽어도 좋다는 신앙의 줄기가 있는 민족.
④ 신학교에 주의 종이 되고자 하는 젊은이들이 구름 떼같이 몰려드는 민족.
⑤ 국가적으로 기독교가 인정되어 있는 민족.
⑥ 경제적으로 선진국에 들어서는 민족.
⑦ 어느 곳에 가더라도 지도자로 일할 수 있는 교육 수준이 있는 민족.

이 중에 어느 한 가지 조건만이라도 결여된다면 선교의 대국으로 쓰임을 받을 수가 없다. 지금 한국은 위의 모든 조건을 갖추고 있어 주님은 바로 우리 민족을 선교의 대국으로 쓰시기를 원하신다. 그래서 우리는 기회를 놓치지 않고 열심히 선교를 해야 한다고 김광신 목사님은 강조하고 있다.

김광신 목사님은 1988년 집회 차 한국에 나갔을 때, 하나님이 이 사실을 깨닫게 해 주셔서 호텔 방에서 간절히 기도하며, 그때 다시 한번 선교에 헌신하고 생명을 드리기로 결단을 내렸다고 밝혔다.

4. 김광신 목사님의 구소련 선교 준비

김광신 목사님과 은혜한인교회의 선교를 이야기할 때 GTD(Grace Tres Dias)를 빼놓고는 이야기할 수가 없다. 은혜한인교회의 대부분의 신자는 GTD 운동을 통하여 성령 충만하게 되었고, 성령으로 충만하게 된 신자는 김광신 목사님과 함께 적극 선교에 동참했기 때문이다. 또 이 운동은 은혜한인교회의 선교지마다 전파되고 실시되어 선교 현지에서도 전도 및 하나님 나라 확장에 크게 쓰임 받았다.

은혜한인교회에서 GTD 운동을 제일 먼저 체험한 사람은 김광신 목사님이다. 김광신 목사님은 목회를 시작한 지 일 년쯤 되는 1983년 6월경에 어느덧 출석 교인이 370여 명 정도 되었다.

그런데 그의 내면에는 목회의 성공을 느끼기 전에 뭔가 확실하게 잡히지는 않았지만, 목회의 벽이 다가옴을 느꼈다. 그래서 '주님, 제가 무엇을 잘못하고 있습니까?'라고 엎드려 기도했다.

6개월 동안 간절히 기도하던 중 1984년 1월에 뉴욕주 롱아일랜드섬에서 미국인들이 하는 '뜨레스디아스'라는 프로그램에 참석하게 되었다. 3박 4일간 열린 이 프로그램에 참석하는 동안 김광신 목사님은 그가 부딪힌 목회의 벽이 무엇인지를 깨닫게 되었다. 그것은 바로 사랑과 섬김을 통한 성령 충만함의 부족이었다.

김광신 목사님은 성도들에게 지난 1년 동안 천국의 믿음과 소망과 사랑 중 믿음과 소망은 한없이 강조하고 심어 주었지만, 그리스도의 사랑을 심고 섬김을 보이는 일에는 미흡하기 짝이 없다고 느꼈다. 그는 나름대로 사랑에 대한 설교를 많이 했지만, 교인들에게 영향을 주지 못했다고 생각했다. 교인들을 변화시키지 못한 이유는 자신이 성경이 말하는 사랑을 한번도 제대로 체험하지 못했기 때문이라는 것을 깨달았다.

그래서 김광신 목사님은 자신이 하는 설교는 이론에 불과했으며 성도들의 삶에 아무런 영향을 끼치지 못한 것을 알고 한밤중에 울며 회개를 했다. 뜨레스디아스를 마친 후 김광신 목사님은 다음과 같이 간증했다.

> 모든 뜨레스디아스의 주제는 하나님의 사랑이다. 나는 지금도 생생하게 기억하고 있다. 내가 뜨레스디아스를 다녀오고 나서 첫 번째로 예배를 드리기 위해 강단에 올라갔을 때, 차마 설교를 할 수가 없었다. 좁쌀 같은 내가 하나님을 믿는다고 하나님께 큰 도움이 되는 것도 아니고, 내가 안 믿는다고 그분의 영광에 손상이 가는 것도 아닌데 아무것도 아닌 나를 사랑하셔서 침 뱉음을 당하시고, 상하시고, 가시면류관을 쓰시고, 십자가에서 죽으신 주님. 또한 사랑하는 우리 성도들이 나 같은 존재를 목사라고 인정하며 따라 준 일. 이 모든 것이 너무 죄송해서 설교를 하려고 애쓰다가 멈출 수 없는 눈물만 쏟아져서 설교를 마치지도 못하고 강단에서 내려왔던 그 주일 예배를 잊을 수가 없다.[5]

뉴욕주 롱아일랜드섬의 뜨레스디아스에서 사랑과 성령의 역사하심을 체험하고 큰 은혜를 받은 김광신 목사님은 이 뜨레스디아스를 은혜한인교회

---

[5] 편찬위원회, 『30년사. 성령의 능력 받아 땅끝까지』 (L. A.: 은혜한인교회, 2012), 78.

의 기간 프로그램으로 도입하기로 했다. 김광신 목사님은 김영식, 이도칠, 한창희, 윤민제, 이명옥 등 장로와 신자 10여 명을 롱아일랜드섬으로 보내 이들로 하여금 뜨레스디아스를 체험케 하고 이 프로그램을 연구하게 했다.

교회 개척 4년만인 1986년 12월, 드디어 은혜한인교회는 제1회 뜨레스디아스를 GTD란 이름으로 LA 북쪽 산타바바라(Santa Barbara)에 있는 수양관에서 실시했다. 두 달 후인 1987년 1월에 실시된 제2회 GTD는 LA 동북쪽 빅베어(Big Bear)에 있는 수양관(표고 2,060m의 깊은 산중에 있음)에서 실시되었으며, 그 후로 은혜한인교회는 GTD를 매 2-3개월마다 빅베어에 있는 이 수양관에서 실시하고 있다.

초기에는 지원자(candidate)들이 쇄도하여 1-2개월마다 실시했으며 현재는 매 분기에 1회씩 정기적으로 실시하고 있다. GTD를 실시하면서 느낀 감격을 김광신 목사님은 다음과 같이 간증했다.

> 부흥 집회를 인도할 때는 집회 중간에 마음 놓고 쉴 시간이 있지만 GTD를 인도할 때는 24시간을 깨어 있어야 하기 때문에 육체적으로는 GTD처럼 힘든 사역이 없습니다. 그러나 한 영혼, 한 영혼의 변화를 바라본다는 것, 굳었던 얼굴이 활짝 피어나는 것을 본다는 것, 주님을 만나서 감격해 하는 지원자들을 바라 보는 것, 선입견이나 흑암의 굴레를 벗어버리고 그 심령이 주님 앞에서 어린아이와 같이 변하는 것을 본다는 것은 아무리 힘들어도 능히 감수할 수 있는 축복이요, 기쁨입니다. 영혼들이 변화하는 것을 바라보는 것처럼 기쁜 일은 없습니다.[6]

---

6 편찬위원회, 『30년사』, 83.

은혜한인교회는 본격적인 소련 선교 시작 시기인 1991년까지 5년 동안 약 2,100명의 성령 충만한 GTD 수료자를 배출했다.[7] 이는 매년 4-5백 명의 수료자를 배출한 성령 운동으로 당시 1,500여 명의 은혜한인교회 신자 중 성인은 모두 수료했고 나머지는 타 교회 수료자들이다. 은혜한인교회로서는 1906년에 열린 '아주사 거리 성령 부흥 운'동에 비길 만한 범교회적 운동이었다.

당시 타 교회 신자가 이 GTD에 들어가기 위하여는 보통 6개월에서 1년씩 대기했다. 타 교회 수료자들도 은혜한인교회의 성령 충만한 GTD 수료자들과 함께 김광신 목사님의 인도하에 은혜한인교회의 보내는 선교사로서의 역할에 동참하기도 했다.

은혜한인교회의 GTD 운동은 구소련(舊蘇聯) 선교에서 정확한 타이밍에 쓰임 받은 성령 운동이었다. 1985년 집권한 소련의 미하일 고르바초프(Mikhail Gorbachev)는 1987년부터 '개혁과 개방'(페레스트로이카, 글라스노스트)을 시작했으며, 그렇기에 동·서독은 1990년 10월에 통일을 이룰 수가 있었다. **1991년부터 시작한 김광신 목사님의 구소련 선교도 절묘한 타이밍의 선교였다.**

선교사들은 그들의 본국을 대표하는 사람들로 여겨진다. 식민 통치를 했던 대부분의 서구 출신 선교사들은 선교지 현지인들이 그들을 식민지적 통치자로서 여겨졌다는 것은 놀라운 일이 아니다.[8] 공산주의 국가였던 소련에서의 은혜한인교회 선교사들의 GTD를 통한 사랑과 섬김은 큰 효과

---

[7] 편찬위원회, 『30년사』, 378.
[8] 폴 히버트, 『선교와 문화인류학』, 김동화 외 역 (서울: 조이선교회, 2010), 381.

를 가져왔다.

이처럼 은혜한인교회의 선교는 초기 유럽이 시행착오를 겪었던 것처럼 권력과 무력을 앞세운 힘의 선교, 식민지적 선교가 아니라 한인 특유의 인정과 사랑으로 섬기는 선교를 함으로써 시작부터 시행착오 없는 성공적인 선교의 정착과 선교의 현지인화를 이룰 수가 있었다. 이는 오로지 은혜한인교회가 GTD라는 성령 운동을 통하여 성령 충만함과 성령의 능력을 입었기에 가능한 일이었다.[9]

김광신 목사님이 은혜한인교회를 개척한 다음 해인 1983년, 한 여집사님이 대학에 다니는 자기 딸 아이가 우울증이 있는 것 같아 걱정이 크다고 하면서 은혜한인교회의 전도사님을 통하여 특별 안수 기도를 부탁해 왔다.

김광신 목사님은 전도사더러 그 학생을 데리고 오라고 한 후 교회에서 간절히 안수 기도를 해 주고는 기도 생활을 열심히 할 것을 당부했다. 그 후 이 학생은 상태가 좋아져 공부를 잘하고 있었다. 그런데 몇 달이 지나 그 학생이 다시 김광신 목사님을 찾아와 다음과 같이 상담했다.

"목사님, 제가 기도만 하면 자꾸만 저에게 러시아어과로 전공을 바꾸라는 성령님의 감동이 오는데 어떻게 하면 좋습니까?"

이 학생은 당시 명문 대학교인 UC얼바인(UC Irvine)대학교에서 의과대학에 갈 공부를 하고 있었다. 성령 세례를 체험한 이 학생은 학교 기숙사에서 공부를 하고 있었는데 교회 새벽 기도에 가기가 힘들어 매일 새벽마다 주차장으로 내려와 차 안에서 열심히 기도를 하고 있었다. 그런데 며칠을 기도

---

[9] Taichul Yang, *Called out for Witness; The Missionary Journey of Grace Korean Church* (Oxford, England: Regnum Books International, 2014), 23-26.

하는 중에 러시아어과로 전과하라는 성령의 감동이 강력하게 온다고 했다.

이 학생은 수재였다. 고등학교 때부터 대학까지 전 과목을 A학점을 받았으며, 고등학교 졸업 때는 모든 상을 휩쓸다시피 해 상을 9개나 받았다고 한다. 그런데 당시만 하더라도 아직 소련은 미하일 고르바초프에 의한 개혁과 개방이 되기 전이라 러시아어가 미국에서 특별히 각광을 받거나 쓰임을 받지 못할 때였다.

김광신 목사님은 좀 망설였지만 '정 그런 감동이 오면 어머니와 상의하여 전공을 바꿔 보는 것도 좋지 않겠느냐'고 했다. 그러고는 그 일을 까맣게 잊어버리고 있었다.

이 학생이 당시 주유소를 운영하던 삼촌에게 가서 자기가 전공을 러시아어과로 바꾸기로 했다고 말을 하니 삼촌은 버럭 화를 내며 "야 너 미쳤니?"라고 크게 질책했다. 그때 삼촌은 아직 믿음이 없을 때였는데 그분이 지금 은혜한인교회의 최윤정 증경장로님이다. 그리고 당시 그녀의 어머니는 개척 교회를 섬기고 있었는데, 담임 목사님은 왜 의과대학에 갈 아이를 러시아어과로 바꿔 멀쩡한 아이를 바보로 만드느냐고 크게 질책했다. 그러나 이 학생이 몇 년 후 은혜한인교회의 소련 선교에 눈부신 활약을 하게 된다.

김광신 목사님은 처음부터 해외 선교는 구소련 지역을 목표로 했다. 그는 기도 중에 구소련 지역의 불쌍한 한민족인 고려인들(구소련 지역에 사는 디아스포라 한민족)의 영혼들을 보게 되었다. 그 후 그는 커다란 세계 지도를 방바닥에 펴 놓고 넓은 구소련 땅에 고려인들이 많이 사는 거점 도시 다섯 군데를 정하여 놓고 기도를 했다. 다섯 곳의 거점 도시는 사할린의 유즈노 사할린스크, 소련 극동 지역의 하바롭스크, 우즈베키스탄의 타슈켄트, 카자흐스탄의 알마티 그리고 모스크바 등이었다.

김광신 목사님은 아직 종교의 자유가 완전하지 않은 소련에서의 선교를 쉽게 접목하기 위하여 넓은 구소련 지역을 우선 디아스포라 한인 밀집 지역 중심의 거점 도시에 있는 한인들에게 집중하는 선교를 구상했다.

1990년 미하일 고르바초프의 개혁과 개방 정책에 의해 소련 선교의 문이 열리자마자 김광신 목사님은 본격적으로 소련 선교를 준비했다.

그해 5월 1일 김광신 목사님은 소련의 고려인 거점 도시인 사할린, 하바롭스크, 알마티, 타슈켄트, 모스크바 등 5개 도시에 현지 답사팀을 보냈다. 그리고 그해 여름 방학을 이용해 주로 학생들로 구성된 33명의 찬양선교팀을 소련의 이 5개 도시에 보내기로 했다.

그런데 LA의 소련 영사관에 가서 비자 서류를 받아와 보니 모두 러시아어로만 되어 있었다. 상상할 수도 없는 일에 참으로 막막했다. 마침 몇 년 전에 러시아어과로 전과한 그 여학생 생각이 났다. 수소문을 해서 찾아보니 이미 그 학생은 러시아어과를 졸업하고, 상트페테르부르크(St. Petersburg: 세인트피터스버그)에 가서 러시아어 유학까지 하고 와서는 미국 회사에 취직해 소련 담당 일을 하고 있었다. UC얼바인대학의 러시아어과 동급생 40여 명 중 이 학생 한 명 만 졸업했으며, 나머지 학생들은 모두 전과하거나 탈락했다.

이 학생이 그때부터 김광신 목사님과 은혜한인교회의 소련 선교 관련 업무를 보조하고, 교회의 소련 선교 여행 중에는 통역 사역을 담당했다. 이 학생이 나중에는 하바롭스크의 은혜성경학교와 모스크바 은혜신학교에서 다년간 통역 선교사로 활약한 김정재 선교사님이다.

김정재 선교사님 집안은 온통 하나님께 헌신하는 집안이다. 그의 어머니 최정진 선교사님은 우즈베키스탄의 타슈켄트와 키르키스탄의 비쉬케크에서 선교를 하다가 현재는 알타이에서 80세가 가까운 나이에도 은퇴 없이 계속 선교 활동 중이다. 삼촌 최윤섭 선교사님은 타지키스탄의 두산베와 아프카니스탄에서 선교사로 활동 중이며, 막내 삼촌 최윤정 장로님은 지금 은혜한인교회의 증경장로로서 전도폭발 국장으로 헌신하고 있다. 참으로 은혜스러운 집안이라 하지 않을 수 없다.

은혜한인교회 선교사들이 소련 각 선교지에 교회를 개척하여 조속히 뿌리를 내리고 또 이들 개척 교회들이 폭발적으로 성장하는 데는 먼저 가슴 아픈 한민족의 역사가 있었다. 구한말과 일제 시대 때 우리나라와 가까운 소련의 극동 지역 연해 지방에 주로 농업 이민을 갔거나 항일 독립운동을 하던 한인들은 스탈린의 대숙청 시기에 소수 민족 분리 이주 정책으로 1937년 9월부터 10월 말 사이 175,000여 명이 강제로 열차에 짐짝처럼 실려 갔다. 이 한인들은 나중에 고려인들이라고 불린다.

그들은 전혀 연고가 없고 문화와 종교가 판이한 소련 중앙아시아의 회교권 연방 국가들인 카자흐스탄, 우즈베키스탄, 키르키스스탄, 투르크메니스탄, 우크라이나, 벨라루스 등지에 강제로 분산 이주되었다. 이 비극적이며 가혹한 종족 분산 정책으로 이송 도중 11,000여 명이나 되는 고려인들이 이주 도중에 사망했다.

그러나 고려인들은 강한 생명력을 바탕으로 중앙아시아의 황무지를 개척하고 집단 농장을 경영하는 등 소련 내 소수 민족 가운데서 잘 사는 민족으로 뿌리를 내렸다. 1996년 현재 중앙아시아의 소련 각 공화국에 사는 고려인 수는 약 46만 명에 달한다.

은혜한인교회의 소련 자치 공화국 디아스포라 한민족인 고려인들을 통한 소련 선교는 참으로 절묘했다. 하나님은 안타깝게 분산 이주된 이 고려인들을 중앙아시아 복음화에 크게 들어 쓰신 것이다.

김광신 목사님은 먼저 고려인들을 상대로 찬양 선교단[10] 공연하고 복음을 전했다. 또 유럽 TD 출신 유학생 선교사 및 본 교회에서 소련 각지에 파송된 은혜한인교회의 선교사들도 먼저 이 고려인들을 상대로 복음을 전했다. 성령님의 역사하심으로 복음은 먼저 이 고려인들에게 뿌리를 내렸고, 또 이 고려인들을 통하여 복음이 주변 소련 원주민들에게 신속히 들어가 교회는 급속히 성장했다.

1990년 7월 10일, 처음으로 소련 땅을 밟은 김광신 목사님과 찬양 선교단은 가는 곳마다 고려인들의 열렬한 환영을 받았다. 소련 개방이 막 시작되었지만, 아직도 소련은 모든 체제나 사상이 공산주의 시대 그대로였다. 한국에서 온 동족을 만나 본 적이 없던 소련의 고려인들은 주로 학생들로 구성된 찬양단의 공연을 보고 생애 최고의 날이라고 하며 찬사를 아끼지 않았다. 한국 가요와 민속 무용의 공연이 끝난 후, 김광신 목사님은 죽으면 죽으리라 각오하고 담대히 예수 그리스도 십자가 보혈의 복음을 선포했다.

이때, 김광신 목사님은 소련의 정보 기관원들이 분명히 주변에 있을 것

---

[10] 찬양 선교단의 단장은 김광신 목사, 지휘는 변영희 목사였다. 단원인 윤태중 3부 성가대 지휘자, 1부 성가대 피아노 반주를 하던 이미경 권사 그리고 김미미, 목원균, Kevin Han 등은 아직 은혜한인교회에 있다.

이며, 만약 종교적인 발언을 하면 체포될지도 모른다고 각오를 단단히 했다. 김광신 목사님이 복음을 선포할 때, 무대 뒤에 있는 찬양 선교단원들은 땀을 흘려 가며 열심히 중보 기도를 하고 있었다.

김광신 목사님이 복음을 선포한 후, 예수 그리스도를 믿기로 결심한 결신자 초청에는 반 이상의 고려인 청중들이 손을 들고 결신에 응해 김광신 목사님 자신도 놀랐다. 고국은 물론 외부 세계와 반세기 이상 단절되어 살던 고려인들은 동족인 김광신 목사님의 복음 선포를 마치 마른 스펀지가 물을 빨아들이듯 복음을 받아들였다.

첫 도시 사할린에서 큰 성과를 거둔 김광신 목사님은 그 후부터는 자신감을 가지고 매 도시마다 공연 후 성령의 능력으로 담대히 복음을 선포했으며, 그때마다 결신자는 계속 늘어 갔다. 그뿐만 아니라 공연 후, 김광신 목사님을 만난 고려인들은 다음과 같이 말했다.

> 목사 동무, 우리 예수 믿기로 했소. 목사 동무 빨리 또 오소. 목사 동무 안 오면 우리 예수 못 믿소.

구소련의 찬양 선교로 자신감을 얻고, 고려인들로부터 이러한 하소연을 들은 김광신 목사님은 때를 놓치지 않고 '**성령의 능력 받아 땅끝까지!**' 라는 구호(Catchphrase) 아래 바로 그해 9월, 8명의 선교사님을 소련에 파송했다.

은혜한인교회 성도들의 성령 충만함은 성령의 능력에 의해 선교로 부르심을 받았다. 이 부르심은 단지 선교에의 부르심(Power Calling)이 아니라,

선교를 위한 성령의 능력이 부여되는 부르심(Empowerment Calling[11])이었다. 그래서 은혜한인교회 성도들은 담대히 복음을 선포하며 생명을 내어놓는 선교를 할 수 있었다.

몇십 년을 조국의 반대편에 떨어져 살던 이 고려인들은 은혜한인교회 선교합창단과 파송된 선교사들을 만나면 반가워 어쩔 줄을 몰랐다. 5-60년을 조국은 물론 외국과 단절된 생활을 하던 그들은 고국의 소식과 동포의 정에 목이 마를 대로 말라 있던 것이다. 고려인들의 가슴 아픈 디아스포라는 결코, 헛되지 않고 소련과 중앙아시아 회교권 복음화를 위해 크게 쓰임을 받은 것이다. 이처럼 세계 복음화를 위한 하나님의 역사하심은 참으로 오묘한 것이었다.

처음으로 들어가는 선교지에 특히 초임 선교사들의 어려움 가운데 하나는 '언어'와 '문화 충격'의 문제이다. 선교 초기에 선교사의 현지 언어와 문화에 적응하는 태도와 관계 설정은 앞으로의 선교 사역의 성격과 선교의 성패를 좌우한다.[12]

소련 선교를 시작하면서 김광신 목사님이 고려인들을 상대로 먼저 선교를 시작한 것은 이러한 문제를 극복하면서 선교를 하기 위한 뛰어난 선교 전략이었다.

맥가브란에 의하면 현대의 선교는 열심히만 하는 선교보다는 효과적인 선교, 종족 중심의 전략적인 선교를 하여야 한다고 했다. 그는 이것을 동

---

[11] 이 용어는 마원석 영국 옥스포드선교연구원 전 원장이 2012년 은혜한인교회 선교 대회에서 행한 특강에서 먼저 사용했다.
[12] 히버트, 『선교와 문화인류학』, 337.

질 집단 원리(Homogeneous Unit Principle)라고 했으며, 언어 장벽이 없는 이 집단의 선교에는 사회 변화를 최소화하는 선교 전략으로 효과적인 선교, 열매 맺는 선교를 할 수 있다고 했다.[13]

5. 문이 열리는 구소련 선교

1982년 은혜한인교회 개척 후 김광신 목사님은 그해 괌에 협력 선교사를 파송했고 1984년에는 이재환 목사님을 아프리카 감비아에 협력 선교사로 파송했다. 그런데 그때 김태원 집사님이 독일 파견 선교사를 희망했다. 그들은 독일에서 이주해 온 사람들이었다. 그의 부인은 파독 간호사 출신으로서 아프리카 의료 선교사를 희망했다.

그러나 김태원 집사 본인은 마음이 감동하여 꼬박 사흘 동안 노력하여 독일을 중심으로 '유럽 선교 5개년 계획서'를 만들었다. 김태원 집사님의 유럽 선교 계획서를 받아 본 김광신 목사님은 즉석에서 좋다고 하면서 그 자리에서 김태원 집사님을 은혜한인교회 내에 있는 유니언신학교에 데리고 가서 입학시켰다.

김태원 집사님은 북파공작원 출신으로서 현역 복무 중 한때는 38선을 넘나들었으며 사고와 문제투성이의 군대 생활을 한 사람이었다. 그는 자기를 인정해 주는 사람에게는 목숨이라도 바친다는 의리로 살아온 사람이

---

[13] 스티븐 호돈 & 랄프 윈터, 『미션 퍼스펙티브』, 정옥배 역 (고양: 예수전도단, 2007), 225-227.

며 이는 하나님과의 관계에서도 마찬가지였다.

그의 아내 김성녀(2017년 소천함) 목사님은 남편 김태원 목사님의 김광신 목사님에 대한 태도는 순종이 아니라 맹종이라고 표현할 정도로 그는 김광신 목사님에 대해 철저히 순종했다. 이들 부부는 결혼 후 부인은 서독에서 간호사로 7년, 김태원 집사 자신은 간호보조사로 5년간 일한 경험이 있는 특이한 경력의 소유자이다. 미국 이주 후에도 부인은 간호사로, 남편은 직장 생활과 태권도 도장을 운영하면서 은혜한인교회에서 신앙생활을 하고 있었다.

드디어 1986년 10월 5일 김태원·김성녀 선교사 부부는 유럽 선교사 파송식을 은혜 가운데 마치고 서독 프랑크푸르트 주재 선교사로 떠났다. 그런데 이때는 1985년 소련 공산당의 서기장으로 취임한 고르바초프가 개혁과 개방 정책을 본격적으로 시행하기 전이었다. 이런 시점에 김광신 목사님이 후일 소련 선교에 크게 쓰임을 받을 김태원 선교사 부부를 유럽 선교사로 파송한 것은 분명 성령의 인도하심이라고 할 수밖에 없다.

김태원 선교사님은 독일로 가는 비행기에 무료로 실을 수 있는 모든 가방에는 옷 몇 벌만 넣고는 나머지 짐은 김광신 목사님의 그 유명한 '율법과 복음'을 비롯한 성경 강해 테이프와 테이프 복사기만 가지고 갔다. 중고등학교에 다니는 두 아들에게는 방 한 칸짜리 아파트를 얻어 주면서 밥은 굶지 말라고 일식당과 중식당에 각각 아르바이트로 취직시켜 놓았다.

김태원 선교사님은 선교지 부임 후 상사 주재원들과 유학생들을 중심으로 큰 전도의 결실을 맺었다. 1986-87년 김광신 목사님의 유럽 연합집회에 이어 1988년 8월 11일부터 13일까지 대망의 제1기 유럽 뜨레스디아스

(TD)를 '사랑의 불꽃'이란 이름으로 프랑크푸르트에서 실시했다. 유럽의 TD에서는 유학생들을 중심으로 엄청난 성령의 역사하심이 있었다.

한번은 프랑스 파리에서 유럽 TD '사랑의 불꽃'을 실시한 후 김광신 목사님은 돌아가기 전까지 며칠간 여유가 있었다. 이에 김광신 목사님은 그 동안 사역에 바빠 잘 돌보지 못한 자녀들 생각이 나서 아이들을 단 며칠만이라고 위로 겸 파리 구경을 시켜 주고 싶어 급히 유럽으로 불렀다. 그날 저녁이었다. 우레와 같은 하나님의 음성이 김광신 목사님에게 들려왔다.

내가 너를 선교하라고 유럽에 불렀지, 가족 여행 하라고 불렀느냐?

이렇게 청천벽력과도 같은 말씀이 내리쳐 왔다. 이에 김광신 목사님은 깜짝 놀라 즉시 국제 전화로 아이들의 유럽행을 중지시켰다.

한편, 소련에서의 찬양 선교단 순회 공연 이후 소련의 선교는 러시아뿐만 아니라 구소련의 각 자치 공화국으로 눈부시게 전개되어 나갔다. 구소련에 흩어져 사는 461,000여 명의 고려인 중 김광신 목사님이 찬양단 순회 공연을 한 5개 거점 도시의 고려인은 약 111,000여 명이다.

사할린에 35,000명, 하바롭스크에 10,000명, 카자흐스탄의 알마티에 16,000명, 우즈베키스탄의 타슈켄트에 45,000명 그리고 수도로서 상징적인 의미가 있는 모스크바에는 5,000여 명이 있었다. **미하일 고르바초프에 의한 구소련 개방 직후 은혜한인교회와 중앙아시아에 거주하는 고려인들과의 만남은 절묘한 타이밍의 만남이었다.**

찬양 선교단의 구소련 순회 공연 6개월 후인 1991년 3월에는 소련의 하바롭스크에 현지 고려인들의 요청으로 성경학교를 개설하여 김재문, 김정재 선교사님을 대표로 한 8명의 선교사들을 단기 성경학교 팀으로 하바롭스크에 파송했다. 이 성경학교에는 놀랍게도 130명이나 등록하는 일이 일어났다.

또 6개월 후인 1991년 9월 4일에는 소련 선교의 기폭제 역할을 한 제1기 모스크바 TD를 실시했고, 모스크바 TD 6개월 후인 1992년 3월 2일에는 소련 현지인 사역자 양성을 위한 대망의 '모스크바 은혜신학교'를 개교했다. 이 모스크바 은혜신학교에는 신학생이 156명이나 등록하는 경이로운 역사가 일어났다. 정말 때를 놓치지 않고 소련 복음화를 위한 신속한 대형 선교 사역들이 김광신 목사님의 신속하고도 과감한 리더십에 의해 6개월 단위로 연달아 시행되었다.

이제 유럽에서 김태원 선교사님이 선교한 열매들이 빛을 발하기 시작했다. 유럽 은혜교회와 유럽 TD '사랑의 불꽃'을 통해 은혜 받고 신학 공부를 한 유학생 중 12명이 구소련 각 지역에 선교사로 파송 받아 들어갔다. 당시 유럽 교민 사회에서는 '김태원 목사님과 손잡고 인사하면 신학 공부를 해야 된다'라는 소문이 나돌기도 하는 등 김 선교사님의 활약은 대단했다.

그중 김삼성 선교사님은 먼저 1991년 1월 3일 소련 자치 공화국 카자흐스탄의 알마티에 선교사로 들어갔다. 당시 김삼성 전도사님은 유학생 신분으로 박사학위 논문 제출을 불과 몇 달밖에 남겨 놓지 않은 상태였으나 이를 포기하고 알마티에 부임했다. 김삼성 선교사 외에도 양태철, 강형민, 한승우, 조익현, 주성길, 최승묵, 장금주, 이상열, 이성희, 김옥경, 강창호 선교사 등이 유럽 유학생 출신 선교사들이다. 이들은 부부, 가족 등 근 30여 명이 유럽에서 구소련으로 파송되어 갔다.

소련에 선교사로 파송 받아 간 이들 외에도 유럽 TD 출신들은 스웨덴과 노르웨이, 네덜란드, 프랑스 등지에서 LA 본 교회의 설교 비디오테이프를 보면서 예배를 드리는 'Video Church'를 개척하거나 현지 선교사로 활약하고 있다. 또 한국으로 귀국한 유학생들은 김태원 선교사님이 이들을 중심으로 서울에 조직한 은혜선교센터를 통해 소련 선교를 지원했다.

김태원 선교사님은 김광신 목사님보다 한 살 많은 1934년생이다. 그는 자기를 알아주고 인정해 주는 사람에게는 물불 가리지 않고 충성 봉사하는 사람이다. 김 선교사 부부는 선교에 헌신하기 위하여 오렌지카운티에서 잘 나가던 태권도 도장과 부인의 간호사 직장을 포기했다. 그들은 집과 주변을 정리, 헌금한 후 배수의 진을 치고 유럽 선교사로 떠난 것이다.

김태원 선교사님은 10년간 유럽 선교사로 헌신하면서 동시에 서울에는 주로 유럽 TD를 통해 은혜 받고 귀국한 유럽 은혜교회의 유학생 출신 성도들을 중심으로 서울에 은혜선교센터를 설립했다. 김 선교사님은 이 선교센터를 통해 서울에서도 TD 프로그램을 실시해 서울의 많은 신자가 큰 은혜를 받게 했다.

이때 은혜 받은 성도들을 중심으로 1993-94년 소련의 대형 선교 대회를 크게 지원했다. 1993년 '상트페테르부르크 선교 대회' 때는 서울에서 360명의 팀 멤버들이 두 대의 아에로플로트 항공기 전세기에 많은 물자를 싣고 가서 지원했다.

1994년 모스크바 선교 대회에도 286명이 대한항공의 전세기 두 대를 타고 가서 봉사하는 등 큰 역할을 했다. 이때의 행사 지원 활동에는 서울 은혜선교센터 임원들의 수고가 컸으며, 특히 현재 한국 연천의 'GMI선교사훈련원' 원장으로 있는 구본철 목사님과 윤명선 장로님이 전세 비행기 임차를 주선하는 등 행사 지원에 크게 활약했다.

김광신 목사님은 장래 소련의 정관계에 진출하여 소련 선교 사역을 도울 인재 양성을 위하여 상트페테르부르크에 '김나지아(Gymnagia)영재학원'을 설립하고자 했다.

김광신 목사님은 학원 설립을 위하여는 10만 달러가 필요하다고 하면서 모두에게 기도를 부탁했다. 마침 김태원 선교사님이 서울 은혜선교센터에 나가 있는데 이때 한 젊은 교인 부부로부터 8,000만 원이라는 거액의 헌금을 받았다. 처음 헌금 수표를 받아 본 순간 그는 800만 원이 8,000만 원으로 잘못 찍힌 줄 알고 엘리베이터를 타려는 그들에게 재차 확인했다.

당시 한국은 원화 가치가 높을 때라 그 금액은 정확히 10만 달러였다. 김태원 선교사님은 자기를 통해서 역사하시는 하나님께 깊은 감사의 기도를 드렸다. 그는 독일로 돌아가자마자 제일 먼저 미국 김광신 목사님에게 이 기쁜 소식을 전했다. 이 10만 달러는 '김나지아영재학원'을 세우는 데 중요한 재원이 되었다.

그 후로도 김태원 선교사님은 유럽과 서울 은혜선교센터를 겸임해서 담당하는 동안 유럽에서 월 5,000달러, 한국에서 월 13,000달러를 소련 선교 헌금으로 지원하는 등 큰 헌신을 했다.

은혜한인교회의 유럽 선교와 연해 주 한인(고려인)들의 소련 각 자치 공화국 디아스포라를 통한 김광신 목사님의 소련 선교는 참으로 절묘했다. 또 구소련에 파송되었던 유의경 선교사님과 고려인 출신으로 모스크바 은혜신학교 제1기 출신인 '가라간다'의 김이골 목사님은 지금 이스라엘에서 활발히 이스라엘 복음화 사역을 감당하고 있다. 그들은 구소련 각 지역에서 이스라엘로 귀환한 120만 유대인들을 상대로 마지막 이스라엘의 복음화 활동을 은혜한인교회와 함께 하고 있다.

소련에서 태어난 김이골 선교사님은 소련에서 태어나 이스라엘로 귀환한 120만 유대인들과는 언어와 문화풍습을 공유하고 있어 이들에게 쉽게 접근을 할 수가 있다. 또 이 유대인들은 러시아 정교회 문화와도 익숙해 복음 전파가 용이하다고 한다.

소련에서 이스라엘로 귀환한 유대인들 중 구소련에서 실시한 김광신 목사님의 TD를 통해 은혜 받은 유대인이 주동이 되어 이스라엘에서 제1기 TD를 실시했으며, 지금도 이스라엘 TD는 매년 실시 되고 있다.

6. 구소련 선교와 여호와 이레

은혜한인교회의 구소련 선교 여정을 되돌아보면 '은혜한인교회가 두드리면 주님이 문을 열어 주신다'는 표현이 잘 들어 맞는다. LA 풀러신학교의 선교학자 피터 와그너 교수의 말처럼 성령님의 역사하심이 없이는 도저히 불가능한 일들이 그때그때 선교 현장에서 일어났기 때문이다. 은혜한인교회 성도들과 김광신 목사님은 다음의 예에서 보는 것처럼 성령님의 인도하심에 따라 열심히 선교에 헌신하고 또 성령님의 역사에 쓰임을 받았다고 할 수 있다.

1990년 7월, 찬양 선교단이 소련 각 지역을 순방하여 큰 전도의 성과를 거둔 은혜한인교회는 1991년 9월 4일 제1기 모스크바 TD를 실시했다. 소련에서의 첫 TD를 성공리에 마친 후 LA 본 교회에서 지원차 간 팀 멤버들은 돌아오는 비행 편까지 이틀간의 시간이 있었다. 이에 김광신 목사님은 팀 멤버들에게 다음과 같이 말했다.

> 우리가 여기 놀러 온 게 아니잖아. 관광보다는 어디 가서 노방 전도라도 하자.

이는 김광신 목사님이 유럽 TD 때 며칠 간의 여유를 자녀들과 함께 시간을 보내려다 하나님으로부터 크게 질책을 받은 후 이제 틈만 나면 선교에 올인 하고자 작정했기 때문이다.

김광신 목사님은 모든 팀 멤버를 이끌고 그때 아직 선교사를 파송하지 못하고 있던 벨라루스의 민스크로 무조건 밤 기차를 타고 노방 전도하러 갔다. 민스크 역에 도착 후 전세 버스로 시내를 몇 군데 도는 동안 마침 모스크바 TD에 참가한 한 자매를 같이 데리고 갔다. 가면서 이 자매에게 TD에서 체험한 간증을 하도록 부탁했다.

남편에게 이혼당하고 혼자 사는 이 자매는 그동안 갖은 고생과 어려움을 겪으면서 살아온 이야기를 했다. 그녀는 힘들 때마다 가끔 러시아 정교회 사제들을 상담차 찾아갔으나 잘 만나주지도 않았을 뿐만 아니라 혹시 만나더라도 돈 몇 푼 주고는 가라는 식으로 섭섭하게 대했었다고 한다.

그런데 이번에 은혜교회에서 실시한 TD에서 큰 은혜를 받았고 이제는 자기 영혼에 대한 구원의 확신이 생겼다고 했다. 지금은 너무도 행복하다고 하면서 앞으로 은혜교회를 잊을 수가 없으며 열심히 신앙생활을 하겠다는 요지의 간증을 했다.

버스 운전기사와 담배를 피우면서 잡담을 하던 전세버스의 여자 안내원이 이 자매의 간증을 열심히 듣다가, 담배를 끄고는 얼굴을 옆으로 돌려 눈물을 닦기도 했다. 간증을 다 들은 후 이 안내원이 뒤를 돌아보며 '당신네들은 도대체 어디에서 온 사람들이며, 당신네들이 믿는 종교가 무엇이냐?'고 물었다.

이에 김광신 목사님은 우리는 미국에 사는 한국 사람들이며, 우리가 믿는 종교는 기독교, 개신교라고 했다. 그랬더니 안내원이 민스크에도 자기가 아는 개신교회가 하나 있다고 했다. 이에 김광신 목사님은 그럼 우선 그 교회로 먼저 가 보자고 했다.

300-400명 정도의 성도가 모여 예배를 드릴 수 있는 민스크의 개신교회에 도착한 김광신 목사님 일행은 그 교회 담임 목사님과 인사를 나누었다. 그리고는 우선 해지기 전 밝을 때 노방 전도를 먼저하고 와서 다시 이야기하자고 했다. 김광신 목사님과 일행은 번화가로 노방 전도를 하러 나가면서 민스크 개신교회의 전도지를 한 박스를 받아 가지고 나갔다.

일행은 민스크 시내 번화가의 어느 상점 앞에 도착했다. 김광신 목사님이 음료수 박스 두 개를 포개어 놓고 올라가서 일행들과 함께 손뼉 치며 찬양을 부르기 시작했다. 퇴근 시간 가까운 9월 초순의 백러시아(벨라루스) 날씨는 꽤 쌀쌀했다. 그러나 동양인들의 길거리 찬양에 금방 백여 명의 군중이 모였다. 김광신 목사님은 복음을 전한 후 민스크 개신교회의 안내지를 나누어 주면서 안수 기도를 희망하는 수십 명에게 안수 기도까지 해 주었는데 기도 중 눈물을 흘리는 사람도 있었다.

성령의 역사하심이었다. 그런데 기도를 받은 후에도 사람들이 돌아가지를 않아서 다음 사람들을 위하여 제발 자리를 좀 비켜달라고 하고는 2차로 또 손뼉을 치며 찬양했다. 그런데 갑자기 저쪽에서 경찰이 호루라기를 불며 다가왔다.

그때 김광신 목사님은 속으로 '아, 이제는 잡혀 가는구나' 하고 크게 놀랐다고 한다. 그러나 다가온 경찰은 당신네들 때문에 퇴근 시간에 교통 체증이 일어나 차들이 잘 지나가지를 못하니 제발 저쪽 옆 공터에 가서 하라고 하며 자리를 옮겨 달라고 했다. 그래서 안도의 한숨을 쉬며 옆에 있는 공터에 가서 다시 찬양을 한 후 복음을 전했다.

노방 전도 후 민스크 개신교회로 돌아오니 담임 목사님이 간부 몇 명과 함께 기다리고 있었다. 김광신 목사님은 함께 간 유럽의 김태원 선교사, 모스크바 주재 홍성훈 선교사 그리고 통역자와 같이 이들과 환담했다. 대화를 해 보니 담임 목사님은 호미치 세르게이라는 목사였고, 이 교회는 오순절 교단의 교회였다. 담당자들과 이런저런 환담을 하고난 후, 김광신 목사님은 "혹시 우리가 귀하의 교회에 뭐 좀 도와줄 게 없느냐?"라고 물었다.

이에 세르게이 담임 목사님은 사진을 한 장 꺼내 보여 주었다. 그 교회는 교인의 증가로 1,000명이 예배를 드릴 수 있는 성전을 건축 중인데 자금난으로 공사가 중단된 상태라고 했다. 김광신 목사님은 얼마를 도와주면 공사를 완료할 수 있겠느냐고 물었다.

이에 세르게이 담임 목사님은 굉장히 주저하면서 고개를 갸우뚱거리고 뜸을 들이더니 6백만 루블(미화 약 3,000달러) 정도만 도와주면 공사를 마무리할 수 있겠다고 했다. 개방 직후인 1991년 당시만 하더라도 루블화의 가치는 엄청나게 낮았고 달러가 위력을 발휘할 때였다. 환율은 미화 1달러 당 2,000루블이었고, 배급제 공산사회로부터 막 개방된 시점이라 물가도 아주 저렴했다.

이에 김광신 목사님은 세르게이 목사님이 너무 큰 금액을 요구하면 아예 안 도와줄지 모른다는 생각에 금액을 줄여서 말하는 줄로 짐작했다. 그래서 역제안을 했다. 6백만 루블로는 혹시 건축 공사에 부족할지 모르니 건축 마무리 자금으로 우리가 2천만 루블(미화 10,000달러)을 지원해 주겠다고 했다. 이에 세르게이 목사 일행은 놀란 표정으로 서로 얼굴을 쳐다보더니 혹시 통역자가 잘못 통역한 게 아닌가 하는 눈치였다.

이에 김광신 목사님은 통역자에게 다시 한번 2천만 루블을 지원하겠다고 이야기를 하라고 했다. 그리고 또 교회는 건축만 한다고 되는 게 아니라 교회 내의 음향 시설이 중요한데 이 비용으로 천만 루블(미화 5,000달러)을 추가해 도합 3천만 루블(미화 15,000달러)을 지원해 주겠다고 했다. 덧붙여 본 교회에 돌아가서 당회에 요청하겠지만 틀림없이 허가가 날 것이니 3개월 후인 12월 말까지는 송금하겠다고 했다. 이 뜻밖의 제안에 세르게이 목사님과 간부들은 어리둥절한 표정이었다.

민스크 개신교회에서 모스크바로 돌아오는 밤 기차 안에서 김광신 목사님은 LA 본 교회에서 간 팀 멤버에게 세르게이 목사님과의 환담 내용을 보고했다. 그리고는 메모지를 한 장씩 나누어 주고, 우리가 민스크 개신교회를 좀 도와주자고 하면서 모두 감동이 오는 대로 각자 약정 헌금을 적도록 했다.

모스크바 도착 전에 메모지를 모두 모아보니 이상하게도 약정 헌금 총액이 정확하게 15,000달러가 나왔다. 모스크바로 돌아온 김광신 목사님은 모스크바 주재 소련 선교부장인 홍성훈 목사님에게 혹시 선교 자금이 15,000달러 정도 여유가 있느냐고 물었다. 홍 선교사님은 알아보더니 그 정도는 여유가 있다고 했다.

이에 김광신 목사님은 LA로 돌아가서 약정한 대로 15,000달러를 곧 송금해 줄테니 12월까지 기다릴 것 없이 우선 모스크바에 있는 선교 자금 중에서 15,000달러를 이 달 중에 홍 선교사님이 직접 민스크로 가지고 가서 세르게이 목사님에게 전달해 주라고 했다.

자기들이 요구한 금액보다 다섯 배나 많은 금액을 그것도 석 달이나 앞당겨서 일시금으로 준 뜻밖의 신속한 지원에 깜짝 놀란 세르게이 목사님과 민스크의 오순절 개신교회는 예정대로 성전 공사를 잘 마무리했다. 민스크의 세르게이 목사님은 새 성전 완공 후 입당 예배를 드릴 때 김광신 목사님을 특별 초청했다. 김광신 목사님을 만난 세르게이 목사님은 다음과 같이 간증했다.

그동안 여러 차례 유럽의 교회 책임자들은 와서는 뭔가 지원을 할 듯하는 언질을 하고 갔으나 돌아간 후에는 지원은커녕 편지 한 장 없었다고 했다. 그런데 어떻게 미국에서 온 당신네 한국인들은 자기가 도와달라고 한 금액의 다섯 배나 되는 금액을, 그것도 약속 시한보다 석 달이나 앞당겨 일시금으로 지원을 해 주느냐고 하면서 당신네 교회야말로 정말 훌륭한 믿음의 교회라고 하며 감격스러워했다.

또 더욱더 은혜스러운 것은 김광신 목사님 일행이 민스크에서 노방 전도를 하고 간 1년 후인 지금도 당시 나누어 준 전도지를 가지고 자기 교회로 찾아오는 사람이 있다고 했다. 그러면서 김광신 목사님이 허락만 해 준다면 자기 교회의 이름을 민스크은혜교회(Minsk Grace Church)로 바꾸고 싶다고 했다. 이에 김광신 목사님은 흔쾌히 허락하여 **세르게이 목사님의 오순절 개신교회는 '민스크은혜교회'로 이름을 바꾸었다.**

그 후 민스크은혜교회는 폭발적인 부흥·성장을 하여 벨라루스에 지교회를 200여 개나 개척했으며 벨라루스 개신교의 중심 교회로 자리를 잡았다. 민스크은혜교회는 교인이 금방 1,500명을 넘어섰다. 이에 민스크은혜교회는 2,500명 좌석의 새 성전을 다시 건축하기로 했는데 총 건축자금 30만 달러 중 LA의 은혜한인교회에서 또 13만 달러를 지원했다.

김광신 목사님의 선교 타이밍은 구소련에서의 선교 시작 타이밍과 이때의 환율 타이밍이 상승 작용을 하는 절묘한 타이밍이었다. 당시 낮은 루블화 환율과 저렴한 물가는 김광신 스케일에 걸맞는 풍부한 선교 자금 역할을 했다. 이때부터 6년간은 구소련 선교의 황금기였다. 활짝 열렸던 소련 선교의 문은 1997년부터는 러시아의 종교법 개정으로 선교의 문이 많이 닫혀 가고 있다.

유럽 '사랑의 불꽃' TD 후 며칠간의 여유를 가족과 함께 보내려는 것을 질책하신 하나님. 그래서 모스크바 TD 후 이틀간의 여유를 민스크 노방전도와 세르게이 목사님과의 특별한 관계로 보낸 김광신 목사님. **이 모든 일의 결과는 몇 년 후 맥이 끊어질 뻔한 김광신 목사님과 은혜한인교회의 소련 선교를 중단 없이 계속 할 수 있는 커다란 은혜의 결과로 다가왔다.**

여호와 이레!

은혜한인교회 정명재 부목사님의 간증에 의하면 1991년 9월, 모스크바 제1기 TD를 마치고 귀국하는 기내에서 김광신 목사님은 쉬지도 않고 계속 뭔가를 열심히 쓰고 있었다. 정 목사님은 '저 어른이 피곤하실텐데 좀 쉬지 않고 뭘 저렇게 열심히 쓰시나?' 하고 생각했다고 한다. 김광신 목사님은 몇 시간을 그렇게 쓰더니 성녕새 목사님을 불러서 다음과 같이 말했다.

> 내년 3월에 모스크바에 신학교를 개교해야 하는데 지금 그 마스터 플랜이 다 되었어!

'아니, 이제 막 제1기 TD를 끝냈는데 지금부터 6개월 후 과연 신학교가 개교할 수 있을까?'라고 정 목사님은 걱정스러운 생각을 했다고 한다. **그러나 정확하게 이듬해 3월, 소련 선교를 시작한 지 1년 6개월 만에, 모스크바의 은혜신학교는 156명의 입학생과 함께 개교했다.** 이는 소련 선교가 자유로울 때 빨리 소련 선교를 궤도에 올려놓기 위한 성령님의 인도하심과 김광신 목사님의 신속·과감한 리더십의 결과라고 하지 않을 수 없다.

1996년 김광신 목사님은 넓은 땅 소련 각 선교지에 있는 은혜교회들의 상호 일체감을 형성하기 위하여, 또 이들 교회의 현지인화를 하기 위하여 러시아에 교단 설립의 필요성을 느꼈다.

김광신 목사님은 백방으로 교단 설립을 위하여 노력했으나 외국인이나 외국인이 설립한 교회는 교단 설립이 불가능했다. 궁리를 하던 김광신 목사님은 민스크은혜교회가 생각이 났다. 그래서 민스크로 가서 세르게이 목사님과 의논한 결과 소련 주재 은혜한인교회 GMI[14] 선교사들이 소련에 개척한 모든 교회는 민스크은혜교회가 소속한 민스크 오순절 교단으로 모두 함께 들어가기로 했다.

그때부터 소련의 은혜한인교회 선교사들이 개척한 모든 교회는 민스크의 오순절 교단으로 들어갔다. **이로써 소련의 GMI 선교사들이 개척한 모든 교회는 법적으로 소련교회가 되었다.**

그런데 바로 그 일년 후인 1997년 7월, 러시아의 정교회는 급속히 확산되어 가는 서구 개신교의 위세를 꺾기 위해 정부 당국과 결탁하여 외국인이 설립한 교회가 3년마다 재등록하여 허가를 받던 종교법을 개정했다. 그 개정된 종교법의 요지는 다음과 같다.

첫째, 외국인이 설립한 모든 교회는 설립한 지 15년이 되지 않은 교회는 재등록을 불허한다.

둘째, 외국인이 설립한 모든 교회는 자체 건물이 없으면 재등록을 불허한다.

---

[14] Grace Ministries International의 약자. LA의 은혜한인교회가 설립한 선교 기관.

이 개정된 종교법에 의하면 외국인 개신교회는 거의 존립이 불가능하게 되었다. 외국인 선교사들은 대부분 자기 교회 건물이 없이 문화회관 같은 건물을 빌려서 예배를 드리고 있었으며, 또 소련 개방 후 파송된 선교사들이라 교회 개척도 당연히 15년이 안 되는 시점이었다.

그러나 김광신 목사님의 인도로 소련의 은혜한인교회 선교사들이 개척한 GMI 교회들은 그 전해에 그동안 관계를 맺어 오던 민스크 세르게이 목사님의 오순절 교단에 가입했고 그래서 **소련 오순절 교단 소속의 은혜 교회들은 법적으로 소련교회가 되어 있어 이 소련의 새로운 종교법에 전혀 영향을 받지 않았다.**

이는 김광신 목사님의 선견지명적인 리더십과 성령의 인도하심이라 하지 않을 수 없다. 소련에서 급속히 복음을 확장시켜 나가던 은혜한인교회는 아무런 차질도 없이 소련에서 계속 하나님의 복음 확장에 매진해 나갈 수가 있었다. 하나님의 역사하심과 예비하심에 김광신 목사님은 물론 은혜한인교회의 모든 선교사, 교역자 및 성도들은 다시 한번 큰 은혜를 받았다.

김광신 목사님의 과감하고도 순발력 있는 리더십, 선견지명적인 리더십이 빛을 발휘한 사건이었다. **6년 전 김광신 목사님이 민스크에 노방 전도를 하러 가지 않았다면, 또 세르게이 목사님과의 특별한 교제 관계가 없었다면 자칫 은혜한인교회의 소련 선교는 맥이 끊어질 뻔했던 것이다.**

이 모든 것은 성령의 인도하심으로 인한 '여호와 이레'였다.

당시 구소련에는 한국에서 파송된 선교사가 450여 명이나 있었다. 이들 한국인 선교사들은 대부분 자기 교회 건물이 없었으며 또한, 소련 개방 후 파송된 선교사들이라 교회 개척도 15년이 안 되는 시점이었다.

더군다나 1998년, 마침 본국에서는 IMF 사태가 터졌다. 한국 내에는 외환 사정이 극히 어려워졌고, 원화 가치는 1/3로 폭락했다. 어려운 경제 사정으로 본국의 각 교회들은 선교비 지원에 많은 어려움을 겪었다. 본국 교회는 헌금이 줄어듦은 물론이고, 같은 금액을 선교지로 보내도 선교사가 받는 금액은 1/3로 줄어들었다. 소련의 본국 파송 선교사들은 이런 종교법 사태에 또 본국의 외환위기까지 겹쳐 결국 450여 명의 선교사들 중 안타깝게도 3분의 2가 철수를 했다.

그러나 미국에 있는 은혜한인교회는 본국의 IMF사태에도 아무런 영향을 받지 않았다.

한편 모스크바 은혜신학교의 성공적인 운영과 결실로 소련 복음화는 모스크바신학교 졸업생들이 현지인 교회의 현지인 목회자화를 실현함으로써 점점 소련 복음화의 실질적인 현지인화가 이루어져 갔다. 2018년 5월, 소련 노회에서는 현지인 목회자들의 요청으로 GMI의 모든 교회는 소련 오순절 교단에서 독립하여 별도의 GMI 교단을 설립할 것을 결의했다.

이로써 구소련 지역의 복음화가 김광신 목사님이 고대하던 자립, 자치, 자전의 길로 들어서게 되었다. 또 김나지아영재학교의 졸업생들은 장래 소련의 복음화와 소련 선교의 현지인화에 크게 기여할 것을 기대하게 되었다. 졸업생 중 일부는 대학교 교수로 혹은 정부 기관에서 일하고 있으며, 일부는 비즈니스에 성공하여 김나지아영재학교를 재정적으로 지원하고 있다. **이는 모두 김광신 목사님의 소련 선교 철학의 실현이었다.**

김광신 목사님은 믿음을 찾아주고, 성장해 나가는 성도들을 보는 것을 최고의 행복으로 여기고, 이를 하나님께 최고의 영광을 돌리는 삶으로 여기며 살았다. 선교 일념의 은혜한인교회의 성도들도 그렇게 양육, 인도했다.

이 모든 일은 김광신 목사님의 소련 선교 타이밍과 선견지명적인 리더십, 대형선교 대회 개최와 같은 큰 스케일의 신속하고도 과감한 리더십, 현지 GMI 교회 조직의 적극적인 호응, 민스크 노방 전도와 같은 오로지 선교 일념의 리더십으로 인한 결과였다고 할 수 있지만, 그러나 무엇보다도 성령님의 인도하심으로 인한 '여호와 이레'였다.

7. 구소련에서의 선교 대회

1992년 당시만 하더라도 소련의 '페레스트로이카'와 '글라스노스트,' 즉 미하일 고르바초프에 의한 본격적인 개혁과 개방이 막 시작되던 때였다. 공산사회로부터 막 문이 열린 소련은 물가가 저렴했고 미국 달러가 소련에서 위력을 발휘할 때였다. 이때를 놓치지 않고 김광신 목사님은 소련의 각지 GMI 교회에서 10,000여 명이 참가하는 초대형 선교 대회를 개최하는 대담한 계획을 했다.

러시아의 정교회와 중앙아시아의 회교가 위세를 떨치고 있는 구소련에서의 3차에 걸친 선교 대회는 넓은 땅 소련 각 지역 GMI 교인들끼리의 유대 관계를 깊게 하고, 개신교 교인으로서 자부심을 갖게 했다. 또 이 대회를 통하여 소련의 GMI 교회와 교인들은 사랑으로 섬기는 올바른 교회상을 갖게 되었으며, 이웃 전도에 더욱 박차를 가하여 소련에서 선교의 붐을 이어가게 하는 계기가 되게 했다.

1) 알마티의 'Follow Me 선교 대회'

소련의 첫 번째 선교 대회는 1992년 8월 카자흐스탄(Kazakhstan)의 수도 알마티에서 열렸다. 이 대회는 'Follow Me'라는 슬로건으로 열린 페스티벌로 알마티(Almaty) 주재 김삼성 선교사님이 주관해 열렸다. 축제 형식으로 기획된 이 페스티벌은 3,000여 명의 타지역 참가자들을 위하여 숙소를 알마티 수도경비 사령부를 빌려 마련했는데, 이들을 위하여 운동장에 50여 개의 텐트를 쳤으며, 대회장인 새로 지은 체육관까지 15분 거리를 버스 31대가 동원되어 참가자들을 수송했다.

알마티의 모든 개신교파가 참여한 이 대회에는 이웃 나라들인 우즈베키스탄과 키르키스스탄에서도 많은 성도가 참여했으며 찬양팀만 700여 명이었다. 3일간 진행된 이 대회에 아침과 낮 시간에는 알마티시 체육관에서 5,000여 성도들이 모여 '화해와 연합을 위한 집회'를 했다. 저녁에는 카자흐스탄의 국립 축구 경기장에서 집회를 열었다.

첫째 날은 '민족의 회개,' 둘째 날은 '축복의 시간'으로 열렸다. 특히 둘째 날 축복의 집회에서는 참가한 각 나라의 대통령, 청년, 가정, 언론을 축복하는 기도를 돌아가면서 각 나라 말로 했다.

2만 명이 모일 수 있는 이 스타디움에 대회가 걱정스러워 수백 명의 경찰들이 불만에 찬 의심의 눈초리로 경계를 했는데, 전체 프로그램이 진행되는 동안 축복의 분위기를 보고 나중에는 서로 축복의 기도를 해 달라고 요청했다.

"하나님은 살아 계신다," "성령님은 역사하신다," "믿음 속에서 살아가자," "우리는 한 가족이다"라는 구호와 함께 개최된 이 대회에서는 엄청난 성령의 역사와 믿음의 결단들이 이루어졌다. 축제 성격의 이 선교 대회는 소련의 회교권 지역에 흩어져 있는 개신교회들에 일체감을 형성해 주는 계기가 되었다.

특히 이 대회 취재 차 알마티에 왔던 LA 한국일보의 백승환 기자는 대회 중 큰 불 덩어리가 굴러오더니 자기를 확 덮쳐서 쓰러졌다고 간증했다. 결국, 그는 신문사를 그만두고 모스크바에서 선교 대회 준비 및 모스크바 신학교에서 다년간 선교 사역을 감당하다가 LA 바이올라대학교의 탈봇신학교에 입학해 목사가 되었다. 백승환 목사님은 은혜한인교회 선교사 출신이 개척한 LA 주님의 영광교회 및 은혜한인교회에서 사역하다가 지금은 아르메니아에서 선교사로 활동하고 있다.

2) 상트페테르부르크의 Grace Festival '93 선교 대회

알마티의 첫 번째 선교 대회에서 큰 결실을 맺고 좋은 경험을 한 김광신 목사님과 은혜한인교회는 본격적으로 더욱 큰 선교 대회를 준비했다. 이 선교 대회는 알마티의 현지 주관 선교 대회와는 달리 LA의 본 교회에서 본격적으로 주관하여 준비했다. 공식 명칭은 '제1회 소련 선교 대회'였으며, 영문으로는 "Grace Festival '93"으로 명명되어 소련 제2의 도시 상트페테르부르크(St. Petersburg)에서 개최되었다. 이 도시는 구소련의 레닌그

라드로서 1991년 옛 이름인 상트페테르부르크로 재개명되었다.

김광신 목사님은 10,000여 명이 참가하는 이 초대형 집회를 통해 기독교가 소련 정교회 지역에서 또 중앙아시아의 회교권 지역에서 미미한 존재가 아니라는 것을 소련의 GMI 교회 성도들에게 알리고 싶어 했다. 그리하여 기독교의 위상도 높이고 처음 믿기 시작한 소련의 정교회 및 회교권 지역의 성도들에게 일체감과 참 종교로서의 확신과 긍지를 심어 주는 부흥회 성격의 페스티벌로 준비했다.

1993년 8월 8일부터 3박 4일간 상트페테르부르크에서 개최된 "Grace Festival '93" 선교 대회에 초청 강사로 참석한 LA 바이올라대학교의 총장 제임스 쿡 박사(Dr. James Cook)는 다음과 같이 말했다.

> 그 많은 짧은 다리들이 개미같이 부지런히 왔다 갔다 하면서 결코 그 모든 일을 다 이루더라.

쿡 총장은 실제로 농구 선수 출신으로 키가 아주 큰 사람이었다. 그는 대회장에 입장하자마자 10,000여 명의 참가자들이 함께 통성 기도와 찬양을 하는데 체육관 건물이 들썩거릴 정도였다고 그때의 감격을 회고했다. 증조할아버지 때부터 중국 선교사로 헌신했으며, 홍콩에서 태어난 쿡 총장은 후에 김광신 목사님에게 명예 목회학 박사학위를 수여했다. 그는 25년간을 바이올라대학교 총장으로 봉직하다가 2008년 4월 은퇴했으며, 지금은 소천했다.

상트페테르부르크에서 개최된 이 소련 선교 대회는 은혜한인교회의 이도칠 장로님이 총단장, 이수찬 장로님이 부단장으로 모든 준비를 지휘했다. 대회를 위해 LA 본 교회에서 300여 명의 남녀 교인들이 2대의 소련 아에로플로트 항공기의 전세 비행기로 이 선교 대회를 지원하러 갔고, 50여 명은 선발대로 혹은 별도 그룹으로 갔다.

한국에서도 각자 교회는 달랐으나 김태원 선교사님이 서울에 설립한 은혜선교센터의 유럽 TD 출신들이 중심이 되어 360명의 팀 멤버들이 소련 아에로플로트의 전세 비행기 두 대로 선교 대회에 필요한 여러 가지 물건들을 가지고 참가했다. 유럽, 독일에서도 50여 명이 팀 멤버로 참가했는데, 이 유럽 팀은 여름철에 장기 보관이 어려운 식료품을 여러 대의 트럭으로 육로 수송했다.

당시 소련에는 모든 생필품이나 소비재를 돈을 주고도 구하기 힘들어 두 대의 전세 비행기의 화물칸에는 현지 선교 대회에 필요한 여러 가지 물품들을 싣고 갔다. 10,000여 명의 참가자들이 3박 4일간 먹을 각종 음식의 식재료와 음료수, 개인별 식사 포장 용기, 심지어 빵이나 고기, 햄 덩어리를 써는 기계까지 웬만한 식당의 식기류는 물론 행사에 필요한 각종 비품과 문구류들을 모두 가지고 갔다.

소련 현지에서는 빵과 야채만 조달했다. 본 교회에서 참가한 대부분의 성도들은 행사 뒷바라지와 10,000여 명의 하루 세끼 식사와 식사 중간에 세 번의 간식 준비를 하느라 정작 선교 대회는 제대로 보지를 못했다고 한다.

은혜한인교회의 많은 교인이 이 선교 대회를 준비하느라 또 소련의 각 선교지 지원을 위하여 소련을 수시로 왕래했다. 대표적으로 당시 신승철 집사님은 1993년의 상트페테르부르크 선교 대회와 1994년의 모스크바 대회를 준비하기 위하여 그 전후로 **5-6년 동안 소련을 37회나 왕복했다.**

신승철 집사님은 의사로서 개업 중인 개인 병원의 바쁜 업무를 제쳐두고 두 달에 한 번 정도 소련을 왕래한 것이다. 참으로 은혜롭고도 열정적으로 선교 지원 업무를 감당한 사례였다. 그는 50세가 되자마자 병원 일을 접고 탈봇신학교 목회학 석사(M.Div.) 과정을 2년만에 졸업한 후 교회를 개척했으며, 김광신 목사님과 함께 해외 선교에도 열심히 종사하고 있다.

소련 선교 본부인 모스크바에서는 홍성훈(종순) 선교사 부부, 프랑스에서 유학 중 1989년 유럽 TD 제4기 출신으로 은혜를 받아 소련에 파송된 양태철(현정) 선교사 부부를 비롯하여 최정진, 백승환, 김현정, 주경자, 김운년, 박진영, 김옥경, 박형용 선교사 등이 1993년과 1994년의 대형 선교 대회를 준비했다.

이 상트페테르부르크 선교 대회 참가자가 10,000여 명이 묵을 대형 숙소 세 군데가 대회 시작 며칠 전 갑자기 한꺼번에 예약이 취소되는 비상사태가 발생했다. 대회 준비를 하는 스태프들은 당황했고, 일손이 모자라 입에서는 침이 마를 지경이었는데 정작 김광신 목사님은 주님이 모두 해결해 주실 거라며 태연했다고 한다.

김광신 목사님은 도착해서 기도하는 중에 환상으로 예수님이 보이셨는데 마치 이순신 장군처럼 투구에 갑옷을 입으시고 칼을 잡고 계시는데 성령님이 순간 "걱정 말아라. 내가 다 이루어 놓을 것이다"라고 강한 감동을 주셨다고 후에 간증했다.

주님은 우리가 강한 대적 앞에 섰을 때는 이렇게 나타나셔서 우리에게 힘을 주신다. 이는 우리가 선교에 나서기만 하면 모든 일은 주님이 하신다는 것을 보여 주신 것이며, 마치 여리고성을 함락하러 가는 여호수아 앞에 군대 사령관으로 나타나신 예수님을 연상케 하는 환상이었다. 적지에서 결국 기적과 같은 일이 일어나 단 이틀 동안에 46개의 숙소가 예약되어 참가자 모두를 수용할 수 있었다.

3) 소련에서의 대형 선교 대회 개최 목적: 김광신 목사님의 소련 선교 철학

모스크바의 Grace Festival '94 선교 대회가 개최되기 4개월 전, 김광신 목사님은 1994년 4월 12일의 주일 설교에서 '소련에서의 선교 대회를 개최하는 목적'이라는 제목의 설교를 했다. 이 설교에는 김광신 목사님의 구소련 선교 철학이 고스란히 담겨 있다. 선교 대회 개최 목적 설교의 주요 내용은 아래와 같다.

① 소련 각 지역 교인들간 연합과 일체감을 형성하여 **교단을 설립하기 위해** 그리고 교단을 통해 **소련 복음화를 현지인화 하기 위해**.
② 소련 교인들의 **소수, 열등의식(Minority Complex)을 제거하기 위해**.
③ 소련 교인들에게 **사랑과 섬김을 베풂으로써** 올바른 교회상 정립을 위해.
④ 깊은 은혜, 성령의 역사하심을 통해 **수많은 결신 사역 지원자 배출**을 위해.

김광신 목사님의 이러한 소련 선교 철학은 '소련 선교에 대한 정확한 진단과 처방'으로서 김광신 목사님의 선견지명적인 소련 선교 철학이라고 할 수 있다. 이 선교 철학은 소련 선교에서 정확하게 실현되었다. 소련은 땅이 넓다. 사할린에서 모스크바 선교 대회에 참가하기 위해서는 배 타고, 기차 타고 열흘이 걸려야 모스크바까지 올 수 있다.

소련 각지에서 온 GMI 소속 성도들은 13,000여 명이나 모인 대형 선교 대회를 통해 '개신교 신자가 나 하나만이 아니었구나!'라는 안도의 감정을 가질 수 있었고, 정교회와 회교에 짓눌린 분위기를 쇄신하고, 개신교인들의 소수 열등의식과 위축감(Minority Complex)를 제거할 수 있었다. 그리고 오랜 공산사회의 짓눌린 문화에서 사랑과 섬김을 모르고 살아온 그들에게 대형 선교 대회를 통한 사랑과 섬김은 큰 위력을 발휘했다. 그래서 그들에게도 교회에 사랑이 넘치는 올바른 교회상이 주입되고, 그들도 이제는 이웃 전도에 열심을 낼 수가 있게 되었다.

김광신 목사님은 기회가 있을 때마다 **사랑은 체험으로 배우지 글이나 말로서는 배울 수가 없다고 했다. 사랑은 사랑으로 전달되는 것이다.** 또 선교 대회에 참가하는 팀 멤버에게 소련 선교의 문이 언제 다시 닫힐지 모르니 선교의 문이 열려 있을 때 빨리 소련인들을 복음화해야 한다고 독려했다.

은혜로운 이 양대 선교 대회를 통해 많은 결신 헌신자, 신학교 입학생들이 배출되었다. 이 모든 일은 김광신 목사님의 선견지명적인 리더십, 성령 충만한 은혜한인교회 싱도들 그리고 성령님의 역사하심이 있었기에 가능한 일이었다.

4) 모스크바의 Grace Festival '94 선교 대회

1994년 8월 1일부터 나흘간 모스크바에서 열린 소련 제2회 선교 대회는 Grace Festival '94로 명명되어 개최되었다. 이 대회는 3만 명을 수용하는 매머드 올림픽 실내 체육관의 반을 빌려 사용했다. 본 교회에서 고(故) 이수찬 장로님이 총단장으로 대회의 모든 준비를 지휘했다.

이 대회에는 그 전 해 대회 때보다 훨씬 많은 580여 명의 본 교회 교인들이 1, 2, 3진으로 나뉘어 지원팀으로 떠났다. 캐나다에서 임차한 점보 전세 비행기 두 대에 400여 명이 모든 식재료와 물품을 싣고 대회 지원차 떠났고 나머지는 선발대로 혹은 그룹으로 일반 비행기 편으로 모스크바로 갔다.

당시 은혜한인교회의 출석 교인수가 1,500명 정도였는데 성인 교인 절반 가까이가 되는 580여 명이나 소련 선교 대회에 참여한 것은 놀라운 일이었다. 은혜한인교회 교인들은 이를 두고 '천국의 기네스북에 오를 만한 일'이라고 했다.

한국에서는 서울의 은혜선교센터가 중심이 되어 280여 명이 많은 물자를 컨테이너에 실어 보낸 후 두 대의 소련 아에로플로트 전세기로 모스크바로 떠났고, 유럽에서도 각 지역에서 100여 명이 참가했다. 소련 각지에서 온 대회 참가자 수는 약 13,000명에 달했다.

점보 전세 비행기를 타고 소련으로 가는 동안 어떤 권사는 비행기 창문 밖을 바라보고 있는데 갑자기 예수님이 두 팔로 이 비행기를 앞에서 잡고 끌고 가는 환상을 보았다고 한다. 예수님이 얼마나 이 선교 대회를 기뻐하셨는지 짐작이 가고도 남는 은혜로운 환상이었다.

대회장인 7층 건물의 체육관은 엘리베이터가 고장나서 그 많은 음식 재료와 대회 비품들을 7층까지 손으로 들고 날랐으며 군데 군데 쓰레기가 쌓여 있어 이를 치우는 데도 많은 고생을 했다고 한다. 소련이라는 나라는 동서의 시차가 11시간이나 나며, 사할린에서는 본 선교 대회에 참가하기 위해 기차로 10일이나 걸려 모스크바에 도착했다.

대회는 3박 4일 동안 아침 9시부터 저녁 9시까지 계속 되었는데 대회장 전체가 성령의 불로 충만하여 많은 병자가 치유함을 받았다. 소련 사람들은 그동안 기후적으로나 공산주의의 특성상 음울한 분위기에서 살던 사람들이었는데 대회 기간 동안에 완전히 자유함과 기쁨으로 충만한 사람들로 바뀌었다.

우리의 만남은 인연이나 우연도 작용하지만, 이 인연을 좋은 관계로 만들기 위해서는 많은 노력을 해야 한다. 소련에서의 대형 선교 대회는 GMI와 소련 성도들 간, 또 소련의 각 자치공화국 성도들 상호 간 좋은 관계를 위한 큰 계기를 만들어 주었다("부록 2" 사진 참조).

이 대회에는 인천 주안장로교회의 나겸일 목사님과 샌디에고 갈보리교회에 파송 받아 시무하고 있던 한기홍 현 은혜한인교회 담임 목사님이 특별 강사로 활약했다. 나겸일 목사님이 모스크바의 대형 선교 대회 때 받은 감동을 LA의 동양선교교회 부흥 집회 강사로 와서 간증했는데, 필자는 그것을 직접 들었다.

소련에서의 대형 선교 대회는 소련 복음화의 미래를 내다보는 탁월한 통찰력과 선견지명적 식견, 신속 과감한 리더십의 발로라 하지 않을 수 없다. 거대한 땅 소련의 복음화를 위해 김광신 목사님은 이런 원대한 비전을 가지고 있던 것이다. 은혜한인교회는 이런 뛰어난 리더십을 가진 지도자가 있었기에 또한, 성령 충만한 은혜한인교회의 성도들과 성령의 역사하심이 함께 했기에 이 모든 대형 집회를 감당할 수가 있던 것이다.

1993, 1994년 두 번의 초대형 선교 대회를 치르기 위하여 은혜한인교회 선교국 장로님들은 선교 대회에 필요한 자금을 마련하느라 정신이 나갈 지경이었다. 김광신 목사님은 선교 대회 준비 차 소련으로 먼저 떠나면서 선교 국장에게 20만 달러의 선교 자금을 마련하여 대회 전까지 가지고 오라고 했다.

당시 은혜한인교회는 김광신 목사님의 선교 열정에 절대 이의를 제기하거나 불평을 할 수 있는 분위기가 아니었다. 교인들의 헌금으로는 모자랄 수밖에 없는 큰 돈이었다. 결국, 여러 명의 장로님들이 자발적으로 집을 은행에 담보하고 융자를 받아서 자금을 마련했다. 이렇듯 은혜한인교회의 선교 자금은 헌금을 쌓아 놓고 쓴 것이 아니라 늘 부족한 상태에서 여기저기서 끌어모아 겨우 충당하곤 했다. 교역자들의 사례비는 한두 달씩 밀리는 것은 보통이었다.

또 다른 큰 문제는 현금 수송 문제였다. 당시 막 개방된 소련과 미국은 은행 송금 관계가 제대로 형성되어 있지 않아 모든 선교 대회 자금을 10만 달러, 20만 달러씩 장로와 목사님들이 조마조마한 마음으로 현금으로 가지고 갔다. 문제는 소련 도착 후였다. 단 몇천 달러라도 현금을 가지고 있는 것을 갱단들이 알아차린다면 죽음을 각오하여야 했다. 그런데 한 번도 현금 사고가 없었던 것은 오직 하나님의 은혜였다.

한번은 김광신 목사님이 사모님과 함께 많은 현금을 가지고 모스크바에 입국하는데 세관 직원이 일부러 만 달러 다발 하나를 바닥에 떨어뜨리는 것이었다. 이에 놀란 사모님이 얼른 이야기하여 주워 넣었다고 한다.

또 유럽 주재 김태원 선교사님이 10만 달러를 가지고 입국을 하는데 세관 직원이 일일이 돈 다발을 헤아렸다. 세관 밖에서는 마중 나온 군중들이 자기 손님이 나오나 보느라 세관 유리창 문틈으로 많은 사람이 들여다 보고 있었다.

이에 김태원 선교사님은 등에 식은땀이 흘렀다고 한다. 그리고 마중 나온 선교사님이 차를 가지고 오는 15분 동안 현금 10만 달러를 가슴에 끌어안고 세관 로비 벽에 기대어 주위를 살피며 기다리는데 그 15분이 150분 같은 기분이 들었다고 한다.

5) 세계가 놀라다

3년 연속으로 진행된 은혜한인교회의 이 대형 선교 대회는 전 세계 기독교계의 큰 뉴스가 되었다. 당시 굳게 닫혀 있었던 소련에서 빌리 그레이엄(Billy Graham) 목사나 한국의 대형교회 목사들도 이런 집회를 갖기를 원했으나 공산주의 소련의 여러 가지 여건상, 또 참가 인원 동원 문제로 집회를 하지 못했다.

한국과 미국의 교계에서는 어떻게 미국 오렌지카운티의 한 한국인 교회에서 이런 대형 집회를 할 수가 있었는지 상당한 관심을 가졌었다고 한다. 특히 한국의 Y 교회에서는 자체적으로 이런 대형 집회를 하려고 구체적으로 검토까지 했으나 선교사의 편중된 지역 파송으로 인해 인원 동원이 여의치 않아 결국 대회를 하지 못했다고 한다.[15] 김광신 목사님의 리더십과 은혜한인교회 성도들과 같은 성령 충만함이 없이는 불가능한 일이었다.

은혜한인교회에서 이런 초대형 선교 집회를 할 수 있었던 것은 다음과 같다.

첫째, 김광신 목사님의 선교에 대한 열정과 대담한 계획, 그의 의사 결정의 유연성과 신속함 및 선견지명적 리더십 덕분이었다. 본 교회의 희생적인 지원과 노력도 컸다. 그것은 그의 탁월한 리더십에 힘입은 바가 크다.

둘째, 은혜한인교회가 소련의 여러 자치 공화국에 선교사를 골고루 파송했기 때문이다. 각지에 파송한 선교사들이 몇 년 안 되는 동안 개척한 교회들이 하나님의 예비하심과 역사하심으로 크게 부흥 성장했고, 또 GTD를 통하여 은혜 받은 각 선교지의 개척 교회 교인들이 적극 참여했기 때문이다.

셋째, 소련 개방의 미명에 달러가 엄청난 위력을 발휘했기 때문이다.

하나님은 소련 선교를 하기에 적합한 이러한 기회와 환경에서 은혜한인교회로 하여금 엄청나게 많은 일을 하게 하셨다.

은혜한인교회는 먼저 소련 각지의 디아스포라 한인들인 고려인들에게 복음을 전하여 선교지 교회가 조속히 뿌리를 내리게 했으며, 이 고려인들을 통하여 다시 복음은 신속히 현지 소련인들에게 전파되어 들어가 선교지 개척 교회는 크게 부흥, 성장했던 것이다. 그러나 은혜한인교회 교인들

---

[15] 고 이수찬 장로, 허영조 증경장로님의 간증.

은 이 모든 것은 성령의 역사하심이 있었기에 가능했다고 믿었다.

알마티의 첫 번째 선교 대회를 지켜본 어느 미국인 선교사님은 김삼성 선교사님에게 다음과 같이 말했다.

> 이제 당신네가 거대한 회교권의 잠자는 사탄의 옆구리를 발로 차서 깨워 놓았으니 앞으로 엄청난 악령의 역사가 일어날 것이다.

그 후 2001년 뉴욕에서 일어난 911 테러 사건을 본 미국인 선교사님은 분명히 이 악령들이 회교권을 침입한 미국에 보복을 가한 것이라고 했다. 그런데 지금은 역으로 미국의 아프가니스탄과 이라크에서의 전쟁을 통해 본격적으로 회교권에 복음이 들어갈 길이 닦이고 있으며, 이제 복음과 악령들의 거대한 마지막 싸움은 시작되었다고 그 선교사님은 말했다고 한다.[16]

풀러신학교에서 오랫동안 교수와 학장을 역임했으며 'Global Harvest Ministries'를 설립하여 세계 선교에 힘썼던 선교학자 피터 와그너 교수는 중앙아시아 회교권 복음화를 위한 'Global Harvest Ministries'의 실크로드 지부를 알마티의 은혜교회에 두었다.

---

[16] 김삼성 선교사 간증(2007.4.20, 은혜한인교회에서의 G-12 강의 중).

8. 어느 소련 선교사님의 간증

GMI(Grace Ministries International)의 많은 선교사 중 소련 선교사 한 분의 간증을 여기에 소개한다. 이 선교사님은 은혜한인교회의 소련 선교 초기인 1992년에 파송되어 지금까지 27년간 소련에서 사역하고 있다. 이 선교사님의 간증은 은혜한인교회에서 파송한 선교사들의 대표적인 간증으로 생각되어 소련 선교의 한 사례로서 간증 전문을 여기에 소개한다.

나는 하나님을 영접한 이후로 주님의 은혜에 감사했고, 그 주님을 사랑했기에 시간과 정성과 물질로 최선을 다해 주님을 섬겼다. 그러던 어느 날 주님이 나의 심령 속에 '정말로 네가 나를 사랑하느냐?'라고 물으실 때에 나는 나의 가장 귀중한 것을 드리지 않았다는 것을 알았다. 그것은 나의 인생이었고, 나의 꿈이었고, 나의 모든 것이었다. 이 가장 귀한 것을 드리기로 작정함으로써 나는 선교사로 헌신하게 되었다.

선교지에 갔다는 것은 영적인 전쟁터의 최일선에 섰다는 뜻이다. 당시 우리 선교지인 구소련은 정치, 경제, 사회, 종교 등 모든 면에서 매우 혼란한 시기였다. 1살, 3살짜리 두 아이를 위하여 가지고 갔던 임시 식량을 비행기를 갈아타는 과정에서 모두 잃어버렸다. 먹을 것이 없어 일주일간을 사과만 먹고 살았다.

사고를 당해 찢어진 곳을 수술해야 하는 상황에 처했을 때, 의료 시설이 없어 가지고 있던 반창고만 붙이는 것으로 대신했다. 도둑을 만나 자동차도 옷가지도 다 빼앗겼다. 이러한 일들은 '이런데도 네가 계속 선교지에 있겠느냐?'라는 사탄의 도전이요, 시험이었다. 그러나 나에게 선교지의 영혼을 부탁하신 예수님을 사랑하는 마음이 이 모든 시험을 이기게 했으며, 오히려 그 첫 사랑은 20년이 지난 지금 큰 보람의 열매로 남아 있다.

나는 구소련의 선교가 소련의 청소년들에 달렸다고 생각했다. 나는 김광신 목사님의 주도로 GMI에서 설립한 상트페테르부르크(St. Petersburg)에 있는 김나지아그레이스(Gymnasia Grace)영재학교에서 사역을 하게 되었다. 이곳에서 '소련의 차세대를 이끌어 갈 크리스천 엘리트 지도자'를 양육하는 것을 목표로 삼아 사역을 하고 있다.

이것은 하나님이 주신 비전이기에 짧은 기간에 주님이 사역의 열매를 맺도록 인도하고 계신다. 학교 졸업생들이 졸업 후에도 영적인 양식을 공급받을 수 있도록 하기 위하여 졸업생들을 위주로 하여 러시아교회를 세웠다. 이 교회는 청년들로 구성된 교회로서 대학과 도시의 복음화를 위한 비전을 가지고 십자가의 군사로 훈련되고 있다. 4년 전 세워진 한인 교회는 러시아교회와 김나지아학교를 중보하는 비전을 가지고 기도와 물질로 중보하며 많은 도움을 주고 있다. 사역의 가장 중요한 핵심은 학생들과 청년들을 하나님이 쓰실 수 있는 사람, 즉 하나님이 기뻐하시는 사람들로 변화시키는 것이다.

그런데 그런 변화는 가르침만으로 되는 것이 아니라는 것을 깨닫는 데는 꽤 오랜 시간이 걸렸다. 변화의 핵심은 사랑이지만 내가 그 사랑을 온 몸으로 실천할 수 있는 사람이 되기까지는 많은 연단을 받았다. 우리가 예수님을 주님으로 부른다면 그 주님은 우리의 삶과 사역의 모든 부분에서 실질적이고도 구체적으로 나의 주님이 되셔야 한다고 생각한다.

그리고 그것을 사역에서 실천하고 확인하는 것은 참으로 중요하다. 그 분이 하신 말씀을 그대로 믿고 그대로 행동하는 것이야말로 하나님이 나의 주님이 되심을 확인하는 것이라 생각한다. 그것은 하나님의 일은 하나님의 방법으로 할 때 하나님이 역사하심을 믿는 것이기 때문이다.

선교지에서 필요한 것이 너무나 많은데 이 필요를 어떻게 채울 수 있겠는가?

"아무것도 염려하지 말고 오직 모든 일에 기도와 간구로 너희 구할 것을 감사함으로 하나님께 아뢰라"(빌 4:6).

이 말씀에 나는 의지할 수밖에는 없었다. 급격한 임대료 인상으로 학교 건물이 없어질 위기에 처했고, 다른 건물을 못 찾으면 학교를 중단할 수밖에 없는데, 아무것도 가진 것이 없는 상황이었다.

그러나 이 학교가 하나님의 뜻 가운데 세워진 학교라면 필요한 건물이 분명히 예비되어 있을 것이라는 믿음이 있었고, 예수님의 이름으로 간구했을 때 기적적으로 건물을 구입할 수 있었다.

또 매달 10,000달러씩 지불해야 하는 힘겨운 토지세 문제를 해결하지 못하는 상황에서 토지법이 바뀌기를 예수님의 이름으로 명령하면서 기도했을 때, 토지세가 1,700달러로 바뀌는 기적이 일어났다. 학교에서 신앙 교육을 시키면 학교 라이선스를 취소하겠다는 경고를 받았을 때, 교육법이 바뀌지기를 예수님의 이름으로 명령했을 때 마침내 오래된 종교법까지 바꿔 주심으로 하나님은 우리의 주님이심을 확인시켜 주셨다.

학교의 자립을 위하여 기도했을 때, 학교 졸업생들과 학부모, 현지 성도들이 물질의 축복을 받아 김나지아 학교를 현지의 소련인들이 후원하는 축복을 주셨다. 그뿐만 아니라 국가로부터 매월 10,000달러씩 12년 동안 보조를 받을 수 있도록 하나님이 역사해 주셨다.

얼마 전 뇌종양으로 인한 청력 감퇴, 어지러움증, 중풍, 고혈압, 목 디스크 등 심각한 여러 가지 병들이 내 몸 안에 있음을 알았다. 뇌종양은 수술을 해야 한다고 했다. 항상 건강하다고 여겼고 크게 아팠던 기억이 없었기에 처음에는 당황스러웠지만 '나는 너희를 치료하는 하나님이고, 내가 채찍에 맞음으로 너희가 나음을 입었으며, 믿음의 기도는 병든 자를 일으키리라'고 하신 나의 하나님이 이번에도 나의 주님이 되어 주실 것을 확신하기에 모든 것을 기도로 주님께 맡기기로 했다.

22년간을 선교지에서 지내면서 모든 부분에서 나의 주인이 되어 주신 주님이시다. 이번 일을 통하여 우리의 생명의 주인이 하나님이심을 다시 한 번 고백한다. 할렐루야![17]

이 간증을 한 상트페테르부르크의 조경호 선교사님은 2013년 뇌에 2군데 종양 판정을 받아 두통 등으로 많은 고생을 했다. 그는 의사의 수술 권고를 뿌리치고 하나님께 기도로 매달렸으며 본 교회에서도 많은 기도를 했다.

그런데 기적과도 같이 뇌종양이 한군데는 없어지고 다른 곳은 더 이상 진행이 되지 않고 있다. 두통도 없어 지금 열심히 선교 사역을 잘 감당하고 있다. 이에 일부 성도들은 아직도 조경호 선교사님이 선교지에서 할 일이 남아 있어 하나님이 부르시지 않는 것이라고 했다.

---

[17] 청지기 News Letter(2013.11.10, GMI/GKC), 상트페테르부르크 조경호 선교사님의 간증(본인의 허락을 얻음).

9. 김광신 목사님의 구소련 선교 전략 및 이의 선교학적 의미

여기서는 김광신 목사님의 선교와 선교 전략에 대한 선교학적, 성경적 의미에 대해 알아보고자 한다. 그리고 김광신 목사님과 은혜한인교회 선교의 특징적인 면들에 대해 고찰해 본 후, 김광신 목사님의 리더십과 선교는 성경 속의 어떤 인물과 선교의 모형이었는지도 알아보고자 한다.

1) 김광신 목사님과 은혜한인교회의 선교는 초기 오순절적 선교였다

예수님 승천 후 의기소침하여 있던 제자들은 예수님이 성령을 보내실 때까지 기다리라고 하신 말씀에 따라 **늘 성전에 머물면서 하나님을 찬양하고 있었다**(눅 24:53, 제자들이 마가의 다락방에 머물면서 기도한 것이 아님에 유의). 그러다가 오순절 날 기도하고 있던 제자들에게 성령이 강림하여 (행 2장)[18] 성령으로 충만하게 된 제자들은 제사장이나 바리새인들로부터의 박해와 죽음의 위험을 무릅쓰고 담대히 복음을 선포하기 시작했다.

또 이때 제자들은 성령의 능력을 받아 방언으로 복음을 선포하는 놀라운 역사가 일어났다.[19] 효과적인 선교는 성령의 능력으로 되기 때문에, 능력 있는 복음 전도자는 성령의 충만을 받으라(엡 5:18)는 성경 말씀대로 성령 충만을 통해 특별한 영적 은사와 능력을 덧입은 사람들이다.

---

[18] 눅 24:53과 행 1, 2장을 연결해서 보면 오순절 성령 강림은 마가의 다락방이 아니라 '솔로몬 행각'에서 일어난 것으로 보인다. 누가복음과 사도행전은 서로 연결된 책이다(본서의 "부록 1" 참조).

[19] 행 2-3장.

초대교회 때도 성령 충만함의 증거는 복음 전도와 선교를 위한 영적 능력으로 나타났다. 이는 사도행전 1:8에서 잘 말해 주고 있다.

> 그러나 성령이 너희에게 임하시면, 너희가 능력을 받고 예루살렘과 온 유대와 사마리아와 땅끝까지 이르러 내 증인이 될 것이다(행 1:8).

예수님도 우리가 복음 전도 사역을 효과적으로 이루기 위해서는 우리에게 성령의 능력이 필요하다는 것을 아셨다. 그래서 예수님은 승천하시기 전 제자들에게 하늘로부터 (성령의) 능력을 입을 때까지 예루살렘에서 기도하며 기다리라고 말씀하신 것이다(눅 24:49, 53).

오순절 성령 강림으로 성령 충만하게 된 베드로와 요한은 사두개인들에게 갇힌 몸으로서도 공회원들 앞에서 담대히 "백성의 지도자들과 장로들아!"라고 외치면서 예수 그리스도의 죽음과 부활을 증언했다. 이에 장로들과 서기관들, 대제사장 및 지도자들은 베드로와 요한이 담대히 말하는 것을 보고, 본래 배우지 못한 무식한 자들로 알았다가 놀랐으며, 이들이 예수님과 함께 있었다는 것과 앉은뱅이가 치유받은 것을 알게 되어 아무런 반박도 할 수 없었다(행 4:8-14).

사도들이 풀려나 동료들에게 돌아와서 그들이 대제사장들과 장로들이 예수님의 이름으로 절대로 말하지도 말고 가르치지도 말라(행 4:18)라고 한 말을 전했다. 그러자 그들은 주의 종들로 하여금 담대히 하나님의 말씀을 전하게 해 달라고 기도했을 때 그들이 모여 있던 장소가 진동했고 모두가 성령으로 충만하여 하나님의 말씀을 담대히 전하게 되었다(행 4:29, 31).

초대교회 오순절적 성령 충만함으로 인해 선교를 하게 되는 것은 역사적인 현실이다. 이는 초대교회 때뿐만 아니라 20세기에 들어와서도 마찬가지였다. 1906년 아주사 거리에서 터져 나온 성령 운동은 곧 모든 국가와 문화 그리고 신학적 경계선, 나아가 교파와 교단의 경계선까지 초월해 버렸다.

이 운동으로 성령 충만하게 된 사람들은 적극 선교에 뛰어들었다. 초대교회 오순절 성령 강림으로 성령으로 충만하게 된 제자들이 담대하게 선교에 나섰듯이 아주사 거리의 성령 부흥 운동으로, 또 은혜한인교회의 GTD로 성령 충만하게 된 성도들이 선교에 적극 뛰어든 것은 초대교회 오순절 성령 충만한 사건과 맥을 같이하는 것이었다. 이는 초대교회 제자들에게 있었던 오순절 성령 강림 사건으로 인한 성령 충만함이 그 근원이다.

풀러신학교의 선교학자 피터 와그너 교수는 은혜한인교회가 어떻게 이렇게 큰 선교의 열매를 거둘 수 있는지에 대해 선교학 전문가인 자기에게 물어보는 사람들이 많다고 했다. 그때마다 35년간 선교학을 연구하고 가르쳐 온 그는 오직 성령의 능력 때문이라고 답했다. 와그너 교수는 하나님이 김광신 목사님을 통해 이룬 모든 선교의 열매들은 오직 성령의 능력을 믿고, 또 성령의 능력으로 모든 것을 이끌어 온 김광신 목사님의 강인한 믿음 때문에 가능했다고 했다.

그러면서 와그너 교수는 이 시대는 성령이 뜨겁게 역사하시는 시대이고, 마치 초대교회 시절에 성령이 처음으로 제자들에게 역사했던 것과 같이 오늘 이 시대에도 세계 곳곳에서 뜨거운 성령의 역사가 계속되고 있다고 2008년 은혜한인교회의 세계 선교 대회에서 강연했다.

은혜한인교회는 복음주의 장로교 교단 소속이지만 예배의 형식은 정통 장로교 교단과는 조금 다른 독특한 형식의 예배를 드리고 있다. GTD를 통하여 성령으로 충만하게 된 성도들은 김광신 목사님의 인도로 예배 전 여러 곡의 찬송가를 열정적으로 부른다. 성도들은 손뼉을 치거나 두 손을 들고 흔들기도 하고 혹은 율동팀의 율동을 따라 하면서 '신나게' 찬송가를 부른다.

이는 하나님의 은혜에 대한 교인들의 성령 충만함으로 인한 자유로운 표현인 은혜 시대의 '은혜적 예배'이다. 예배 중이나 예배 후에 부르는 찬송가도 전자기타와 드럼, 색소폰 등 현대 악기를 동원하여 전통 장로교 교단 입장에서 본다면 좀 시끄럽다고 할 정도로 열심히 찬송가를 부른다.

김광신 목사님이 예배 전이나 후에 성도들을 통성 기도로 인도하면 많은 교인들이 방언으로 기도를 한다. 한국의 정통 보수 장로 교단 쪽에서는 감히 생각하기 어려운 예배 형식이라 아니할 수 없다.

그러나 이러한 특이한 모습의 예배로 은혜한인교회 성도들은 GTD에서 받은 성령 충만함을 유지했고, 성령 충만한 신자는 선교에 적극 참여하여 커다란 선교의 열매를 거두었다. 김광신 목사님의 후임으로 은혜한인교회를 담임하는 한기홍 목사님도 지금 이러한 전통을 그대로 이어가고 있으며, 예배의 마지막은 축복 기도와 함께 축사와 치유의 기도로 마무리하곤 한다.

은혜한인교회는 오순절 신학을 따르지는 않지만 예배의 형식에서 오순절 교단의 장점을 많이 취하고 있다. 영국 옥스포드 선교연구원의 원장이었던 마원석 선교사님은 은혜한인교회는 스스로 결코 오순절(파)적이라고 한 적은 없지만, 많은 한국의 교회들처럼 은혜한인교회의 신학, 예배, 여러 가지 특징적인 면은 지극히 오순절(파)적이라고 했다.[20]

그러나 필자는 은혜한인교회의 예배 형식이나 성령 충만함으로 인한 선교는 오순절적이라고 할 수 있으나 신학은 완전히 오순절적이라고 하는 데는 동의하기 어렵다. 왜냐하면, 구원 후의 성령 충만이나 방언을 성령세례의 확증으로 고집하고 있지 않기 때문이다.

하지만, 전술한 바와 같이 은혜한인교회는 GTD 운동을 통하여 방언을 강조하며, 성령의 은사로 받은 성령 충만함과 성령의 능력에 의한 선교를 하고, 기쁨에 찬 열렬한 찬양과 독특한 형식으로 예배를 드린다. 이러한 면으로 미루어 볼 때 필자는 은혜한인교회는 오순절적 성령 충만한 교회 및 오순절직 선교를 히는 교회라고 하는 것이 옳다고 본다.

현대는 교파나 교단 간의 벽이 허물어져 가고 있으며, 각 교회들은 각 교파의 장점들을 취하여 부흥하고 선교하는 것이 특징이다. 또 오순절주의에서 기인한 방언을 성령세례의 확증으로 고집하지 않는다면, 마원석 전 원장의 표현도 틀린 표현은 아니라고 본다. 은혜한인교회를 신학적으로 오순절적이라고 보는 이유에 대한 필자의 질문에 마원석 전 원장은 다음과 같이 답변했다.

---

20 Wonsuk Ma, "Grace Korean Church, Fullerton, CA: Mission from the Margins," *International Bulletin of Missionary Research*, Vol. 36, No. 2 (International Bulletin of Missionary Research), 2012, April: 65. 원문은 다음과 같다. "Grace Korean Church (GKC) is a Korean-American congregation. It has never called itself Pentecostal but, like many Korean churches, is extremely Pentecostal in its theology, worship, and ethos."

첫째, 성령의 능력 덧입음(Empowerment)이 복음 증거(Witnessing)를 위한 것이라는데 제일 큰 신학적인 바탕이 있다.

둘째, 신앙의 역동성도 다분히 성령론적인 바탕에서 기인한다고 본다.

셋째, 그래서 예배와 기도 등이 무척 적극적이고 다이내믹하다는 점도 이와 같은 맥락이다.

넷째, '모든 믿는 자들에게 임하는 성령의 역사하심'으로 인해 사역이 (여기서는 선교) 극히 소수의 교역자들에게 제한되지 않고 믿는 사람 모두에게 주어진 부르심이라는 점도 오순절적인 신학이라고 본다.[21]

그러나 정작 김광신 목사님은 은혜한인교회의 오순절적 성령 충만함은 전혀 오순절파 운동과는 직접적인 영향이나 관련이 없었다고 했다. 은혜한인교회는 오순절 운동과는 상관없는 GTD 운동을 통하여 성령 충만함과 성령의 능력을 입었다. 또 성도들의 성령 충만함을 유지하기 위해 예배 중에 방언을 섞은 통성 기도를 하거나 손뼉을 치고 율동을 하면서 드리는 찬송도, 음악에 조예가 깊은 김광신 목사님의 인도와 성도들의 성령 충만함에서 오는 자연 발생적인 현상이었다.

결과적으로 은혜한인교회의 이러한 형식들이 오순절적이라고 할 수는 있겠으나 그 동기와 원인은 김광신 목사님과 은혜한인교회의 독창적인 자연 발생적 현상이었다. 참으로 성령의 역사하심으로 인한 독특한 리더십의 결과라고 하지 않을 수 없다.

---

21 필자의 질문에 대한 마원석 전 원장의 e-mail 답변(2013.12.27).

그러나 김광신 목사님이 이천석 목사님의 부흥 집회에서 "손뼉도 안 치고 은혜 받겠다고 와 앉아 있어?"라고 질타를 받은 사건이 있었음을 감안한다면 아무래도 그 일이 잠재적으로 영향을 주지 않았나 생각된다.

한국의 보수 장로교 교단 측에서는 오순절주의나 은사주의라는 명칭을 멀리한다. 그러나 은혜한인교회의 성도들은 GTD를 통하여 받은 성령 충만함을 바로 이러한 오순절적으로 표출했으며, 또 그렇게 함으로 그들의 성령 충만함을 유지했다. 은혜한인교회 성도들은 이 성령 충만함을 가지고 적극 선교에 임했던 것이다. 이것이 바로 필자나 마원석 원장으로 하여금 은혜한인교회를 오순절적 교회라고 생각하게 한 이유인 것이다.

이러한 모든 것의 기원은 초대 오순절 성령 강림 사건이다. 그러나 현대의 오순절운동의 뿌리는 아주사 거리의 성령 부흥 운동으로 인한 오순절주의에서 기인한다. 프린스턴신학교의 존 멕케이(John Alexander Mackay) 교수는 많은 개신교회들의 퇴보와 세계적으로 오순절 교회들의 성장을 본 후 기독교의 미래는 성숙된 오순절주의와 개혁된 가톨릭주의에 달려 있다[22]고 했다.

"Status of Global Mission, mid-2019"에 의하면 전 세계 기독교 인구는 24억 1,470만이다. 이 중 오순절주의(Pentecostals) 계통의 기독교인은 6억 9,380만 명을 넘고 있다. 이는 개신교를 포함한 가톨릭, 정교회, 성공회 등 모든 기독교 인구의 28.7%를 넘는 놀라운 비율을 차지하고 있다. 이 비율은 갈수록 늘어나 2025년에는 오순절 계통의 기독교 인구 비율이 전

---

22 빈슨 사이난, 『세계 오순절 성령 운동의 역사』 (서울: 서울말씀사, 2008), 364.

기독교인의 30.6%에 달할 것이라고 한다.

세계적 기독교 인구의 증가율은 1.30% 정도이지만 오순절 계통 기독교인의 증가율은 이의 배에 가까운 2.26%이다.[23] 이 모든 통계 자료는 1906년 아주사 성령 부흥 운동 이후 지난 한 세기 동안 부흥하고 성장한 교회는 성령 충만함을 사모하고 외치는 교회였음을 실증적으로 보여 주고 있다. 은혜한인교회의 성령 충만함으로 인한 선교, 성령의 능력에 의한 선교는 초대 오순절적 선교의 현대적 모형이라고 할 수 있다.

2) 김광신 목사님과 은혜한인교회의 선교는 초대교회식 선교였다

초대교회 예수님의 제자들과 성도들은 오순절 성령 강림 이후 성령 충만한 가운데 성령의 능력으로 담대히 복음을 선포(행 2, 7장)하며 오로지 선교와 교회의 확장에 진력했다. 그들은 제대로 훈련받은 선교사들이 아니었고, 특별한 조직이나 자금의 지원도 없이 오직 성령의 능력으로 복음을 전파하는 데 온 힘을 기울였다.

초대교회의 성령 충만한 신자는 물질로도 헌신하여 서로 통용하며 함께 나누는 삶을 살았다. 구브로의 바나바도 자기 소유의 밭을 팔아서 그 돈을 가져와 사도들에게 헌금했다(행 4:36-37). 초대교회의 제자들과 성도들은 담대히 복음을 선포하다가 매를 맞기도 하고 감옥에 갇히기도 했다. 그러다가 대부분의 제자들과 초기 복음 전파자들은 순교로써 그들의 생을 마감했다.

---

[23] Status of Global Mission, mid-2019. https://www.gordonconwell.edu/wp-content/uploads/sites/13/2019/04/StatusofGlobalChristianity20191.pdf

은혜한인교회는 선교가 교회의 존재 목적이기 때문에 사용 가능한 모든 자원과 역량을 선교에 집중했다. GTD를 통하여 큰 은혜를 받은 은혜한인교회 성도들은 초대교회 신자처럼 성령 충만하여 김광신 목사님의 인도로 오직 선교에 매진했다. 은혜한인교회가 다 옳고 잘만 한 것이 아니라해도 한 가지 양보할 수 없는 것은 바로 '생명을 담보로 거는 선교'라는 것이다.

김광신 목사님이 죽으면 죽으리라 앞장서기 때문에 그 영성이 흘러 파송된 성령 충만한 선교사들도 모두 하나같이 목숨을 담보로 거는 일당백의 선교사였다. 은혜한인교회 선교사들이 엄청난 선교의 열매를 거둘 수 있는 이유는 조직도 훈련도 선교 지원금도 아닌 바로 생명을 담보로 거는 헌신과 성령의 역사하심이었다. 은혜한인교회에서 파송한 선교사들은 여러 명이 순교하고 순직했다.

1988년 10월, 남미의 베네수엘라에 파송 받아 선교 활동을 하던 김순성 선교사님은 아마존강 상류의 야노마미 부족에게 전도하러 가던 중 아마존 강에서 보트가 전복되어 순교했다. 2000년 10월, 구소련 타지키스탄의 두산베에서는 최윤섭 선교사님이 사역하던 출석교인 1,000여 명의 두산베 선민선교교회에서 현지인이 예배를 인도하고 있던 중 탈레반에 의한 폭탄 테러로 10명의 성도들이 순교하고 100여 명이 다치는 큰 참사를 겪었다. 은혜한인교회 선교는 순교자를 배출한 교회 중 하나가 되었다.

우즈베키스탄의 타슈켄트에서는 1995년에 이충환 선교사님이, 1997년에는 김기호 선교사님이 순직했고, 2009년 하바롭스크에서는 정준규 선교사님이 순직했다. 또 사할린의 박효순 선교사님은 소련 당국에 체포되어 감옥 생활을 했으며, 카자흐스탄 카라간다의 유의경 선교사님과 고려인 김이골 목사님은 추방되기도 했다.

  소련 선교의 문이 다시 닫힐지도 모른다는 김광신 목사님의 선견지명적인 언급은 사실로 다가오고 있다. 살아 있는 선교사들도 모진 고초를 겪기는 마찬가지였다. 두산베의 최윤섭 선교사님은 여러 번 테러를 당하기도 했다.

  이들 은혜한인교회의 선교사들은 '선교, 순교'라는 잠시 잠깐의 고통 후에는 종려가지를 들고 하나님을 찬양하며 우리 주님과 영원히 함께 할 수 있다는 확신이 있기에 가능한 일이었다(계 7:9).

  김광신 목사님은 선교사들이 여러 선교지의 열악한 환경에서 넉넉지 못한 선교 자금으로 어렵게 선교 활동을 하고 있음을 누구보다도 잘 알고 있었다. 그래서 미국의 교회를 빌려서 예배를 드리던 2000년의 선교 대회에서는 참가한 선교사들의 입장식을 보면서 많은 눈물을 흘리기도 했다.

  남가주 한인 교회들의 주보를 통해 헌금을 비교해 보면 은혜한인교회 성도들의 헌금 액은 남가주 여타 한인 교회 교인들 인당 헌금 액의 약 4배에 달한다.

  은혜한인교회에서 선교를 후원하는 청지기선교회 회장을 다년간 맡고 있던 홍석구 증경장로님은 다음과 같이 간증했다.

> 은혜한인교회의 선교는 도대체 계산이 안 서는 선교다. 무슨 예산이나 선교 사역비를 충당할 수 있는 길이 있기 때문에 선교를 하는 것이 아니라, 우선 필요한 선교 사역을 벌여 놓고 보는 것이다. 그러면서 가슴을 졸이다 보면 어떻게 기적적으로 그 사역이 이루어져 왔던 것이다.

사실 은혜한인교회가 총 예산의 50-60%를 선교에 사용한다고 하지만, 그것은 잘못된 얘기다. 무슨 사용할 수 있는 예산을 앞에 놓고 60%를 잘라서 선교에 사용했다는 이야기로 들리는데 천만의 말씀이다. 연초부터 연말까지 물질이 충분히 쌓여 있어서 써 본 적은 한 번도 없고, 그때마다 필요한 물질을 조달해서, 그것도 항상 모자라는 가운데 충당하다가 1년을 지내 놓고 보니 결과가 그렇게 되었다는 것이다.

설령 김광신 목사님이나 은혜한인교회에 1억 달러가 생긴다 해도 이미 김광신 목사님이나 교회는 2억 달러짜리 사역을 계획하고 전개하기 때문에 쪼들리는 것은 늘 마찬가지일 것이다. 은혜한인교회는 항상 예산이 모자라고 쪼들리는 가운데 선교를 해 왔다. 그래서 은혜한인교회의 선교는 계산이 안 서는 선교다.[24]

김광신 목사님 자신도 다음과 같이 간증하고 있다.

나는 헌금이 얼마나 들어 올지 염두에 두고 선교 헌금을 정한 적이 한 번도 없다. 나는 하나님의 무한한 호주머니를 보고 선교 헌금을 정했다. 그리고 필요한 모든 것은 그렇게 하나님이 채워 주실 것으로 늘 확신했다. 지난 25년 동안 선교 현장에서 나는 이 사실을 셀 수 없이 경험했다. 하나님 나라를 확장하는 일에 왜 하나님이 도움의 손길을 보내 주시지 않으시겠는가?

---

[24] 편찬위원회, 『30년사』, 168.

문제는 항상 나의 믿음과 나의 진실성에 달려 있다.[25]

이 두 분의 간증은 선교에 있어 모든 것은 하나님을 믿는 믿음에 의지하고, 성령의 역사하심에 따른다는 은혜한인교회의 선교와 헌금에 대한 철학을 잘 보여 주고 있다. 또 **선교는 물질과 인력이 넉넉한 교회만 하는 것이 아니라는 것을 은혜한인교회는 실증적으로 보여 주었다.**

은혜한인교회에서 파송한 모든 선교사 및 많은 현지인 사역자들이 참가하는 은혜한인교회의 세계 선교 대회는 매 4년마다 열리고 있다. 2008년의 세계 선교 대회에서 축사를 한 풀러신학교의 피터 와그너 교수는 은혜한인교회는 개척 이래 교회 총 재정의 50% 이상을 선교비로 책정하여 왔고, 2007년에는 800만 달러를 선교 예산으로 책정했는데, 이는 미국 전체 교회 중 단일 교회로서는 최고로 많은 선교비 및 선교 예산 비중이라고 했다.

그러면서 그는 은혜한인교회의 선교를 올림픽에 비유하면 금메달 감이라고 했다. 더욱 감사한 일은 서울은혜교회의 한 장로님이 어떻게 김광신 목사님과 은혜한인교회가 이런 뛰어난 선교의 열매를 거둘 수가 있느냐고 물었을 때 와그너 교수는 주저 없이 그건 성령님의 역사하심 때문이다고 했다.[26]

은혜한인교회 교인들은 GTD를 통하여 성령 충만함은 물론 사랑과 섬기는 정신이 몸에 배어 있었다. 이는 섬김에 대한 문화가 없고, 섬김을 받

---

25 백승환, 『예수의 흔적』 (L. A.: 예찬출판기획, 2009), 133.
26 피터 와그너, 세계 선교 대회 축사(2008).

아 보지 못하고 오랜 공산사회의 경직된 분위에 젖어 있던 소련인들에게 큰 감동을 주었다. 특히 거점 도시의 디아스포라 한인들은 그동안 잊어버리고 있던 한민족 특유의 '인정'과 '이웃 사랑'을 느끼게 되었다. 그래서 그들을 쉽게 기독교로 회심하게 만들었다.

유럽의 초기 선교가 물리적인 힘의 선교, 식민지식 군림하는 선교로 시행착오를 겪었다면, 은혜한인교회는 초대교회식의 사랑으로 섬기는 선교로 큰 성공을 거두었다.

마르틴 헹엘(Martin Hengel)은 초대교회의 역사, 초대교회의 신학은 선교의 역사, 선교의 신학이라고 했다.[27] 은혜한인교회의 역사도 선교의 역사, 새로운 선교 모델을 창출하는 선교학의 역사였다.

은혜한인교회의 목숨을 내어놓고 하는 선교, 사랑으로 섬기는 선교, 물질로 헌신하는 선교는 **선교의 시계를 1세기 초대교회의 선교로 되돌려 놓는 선교**였다.

초대교회 당시 안디옥은 로마 제국에서 로마와 알렉산드리아 다음가는 제국의 제3 도시였다. 안디옥교회는 스데반에게 일어난 박해(행 11:19) 때문에 흩어진 예루살렘 교회의 성도들이 안디옥으로 와서 말씀을 전하며 세운 교회였다. 성경은 이때 제자들이 안디옥에서 비로소 '그리스도인'이라 일컬음을 받게 되었다(행 11:26)고 말한다. 여기서 '일컬음을 받게 되었다'라고 수동적으로 표현된 것은 이 명칭이 안디옥교회 교인들이 스스로를 그렇게 부른 것이 아니라 주위에 있던 불신자가 그렇게 불렀다는 뜻이다.

---

[27] J.M.테리, E. 스미스, J 앤더슨, 『선교학 대전』, 한국복음주의 선교신학회 역 (서울: CLC, 2003), 241.

초대교회 당시의 '그리스도인'이라는 말은 아마 현대적인 표현으로는 '예수쟁이'라는 뜻으로서 약간 비꼬는 듯한 어조로 사용된 것으로 보인다.[28] 요즘도 불신자가 예수쟁이라고 할 때는 좀 별나게 예수 믿는다고 미쳐 있는 사람이라는 뜻이 들어 있다. 이는 안디옥교회 신자가 바울과 바나바를 통하여 열심히 말씀을 배우고 성령 충만하게 성장했기 때문일 것이다. 안디옥교회는 이들을 통하여 말씀으로 성장하고 선교를 하는 교회가 되었다.

바울은 300년 전부터 알렉산더 대왕에 의해 지중해와 소아시아 지방까지 헬라 문화가 보급되고 헬라어가 공용어로 되어 있던 시기에, 그리고 그리스도 탄생 이후 300년간 전쟁이 없는 팍스 로마나(Pax Romana, 로마의 평화) 시기에 3차에 걸친 전도 여행을 하면서 복음을 전했다.

로마라는 안정되고 평화스러운 정치·사회 제도와 제반 시설 그리고 유대인이지만 로마 시민권자로서 바울은 선교에 적극 임했다. 바울은 헬라적 유대인, 유대적 헬라인이라고 할 수 있다. 바울은 다양한 지역의 전략적인 대도시 빌립보, 데살로니가, 고린도, 에베소 등을 중심으로 선교를 했다.

미국 제3의 도시 LA 인근에 세워진 은혜한인교회는 김광신 목사님의 인도 아래 과히 선교에 미친 자들이라 할 만큼 선교에 집중했음은 전술한 바와 같다.

김광신 목사님은 선교의 스케일이 엄청나게 큰 분이다. 그는 미국에 있는 한인 교회의 담임 목사로서 소련의 복음화를 책임지겠다는 비전과 사명감으로 소련 선교에 임했다. 초대교회 당시 소아시아와 그리스를 넘어

---

[28] '그리스도인'이라는 말이 '예수쟁이'라는 비꼬는 듯한 표현이라고 먼저 사용한 사람은 서울 경향교회 석기현 목사님의 2012년 4월 22일의 주일설교에서였다.

로마와 스페인까지 선교 여행을 하며 복음을 전했던 바울과 비견되는 스케일이요, 비전이었다.

김광신 목사님은 늦게 목회 활동을 시작했지만 1990년에 시작한 소련 선교만은 타이밍(Timing)이 놀랍도록 정확하고 좋았다. 당시 소련은 철의 장막이 막 열리기 시작한 개혁과 개방의 시점이었다. 소련 루블화 대비 달러는 위력을 발휘할 때였다. 거기다 배급제 공산주의로부터 개방 직후의 물가는 엄청나게 쌌다. 그런 덕분에 은혜한인교회는 소련에서 두 번에 걸친 대형 선교 대회를 열 수가 있었다.

김광신 목사님과 은혜한인교회는 팍스 아메리카(Pax Americana) 시기에 정확하게 그리고 여러 환경과 여건을 100% 활용하는 소련 선교를 했다. 이러한 환경 덕분에 김광신 목사님과 은혜한인교회는 소련의 거점 도시를 중심으로 디아스포라 한인들에게 먼저 복음을 전하여 소련 선교를 성공적으로 정착시킬 수 있었다.

안디옥교회는 장차 온 세상에 큰 기근이 닥칠 것이라는 아가보의 예언대로 글라우디오 때 예루살렘에 큰 기근이 닥쳤다. 이에 안디옥교회는 구제금을 모아 바나바와 바울로 하여금 유대에 있는 형제들에게 전하게 했다(행 11:28-30). 안디옥교회 교인들은 헌금을 즐겨 내는 자들(고후 9:7)이었다.

김광신 목사님은 민스크의 호미치 세르게이 목사님의 교회 건축을 위하여 두 차례에 걸쳐 큰 지원을 했고, 모스크바 은혜신학교와 김나지아영재학교 개교를 위하여도 많은 헌금을 했다. 김광신 목사님으로부터 큰 은혜를 받은 민스크의 세르게이 목사님은 이듬해 모스크바 은혜신학교가 개교할 때 많은 소련인 신학생들을 보내 주었다.

김광신 목사님이 새로운 선교지를 개척할 때마다 당회 장로들은 선교 자금에 대해 걱정을 많이 했다. 그때마다 김광신 목사님은 '모두 다 책임질 생각하지 말라고!'라고 했다. 김광신 목사님은 선교를 할 때마다 꼭 필요한 선교 자금은 하나님이 채워 주심을 수도 없이 경험했기 때문이다.

당 회원들도 김광신 목사님과 함께 선교지를 다니면서 하나님이 그들과 함께 하신 선교를 확인하고 그 열매를 보았기 때문에 그럴 때마다 김광신 목사님에게 순종했다. 바울이 로마로 타고 간 배가 유럽을 싣고 갔다면, 은혜한인교회 교인들이 소련으로 타고 간 비행기에는 거대한 땅 소련을 위한 복음을 싣고 갔다고 할 수 있다.

기독교 나아가 인류의 영적 자원의 근원지가 이스라엘과 예루살렘이라면, 세계의 지성적, 문화적 자원의 근원지는 그리스와 아테네라고 할 수 있다. 신·구약의 무대가 된 이스라엘과 예루살렘에서의 예수 그리스도의 십자가 대속으로 인하여 인류 구원의 길이 열렸다. 그리스의 철학은 서양 사상의 기원이 되었고, 헬레니즘 문화는 그레코-로만(Greco-Roman) 문화를 거쳐 세계의 문화가 되었다.

바울은 이스라엘의 예루살렘과 그리스와 로마를 넘나드는 선교를 했다. 바울은 소아시아와 그리스의 디아스포라 유대인들에게 그리고 헬라인들에게 시의적절하게 복음을 전했다.

김광신 목사님과 은혜한인교회는 세계에서 가장 강력하면서도 평화스러우며 자본주의의 종주국이라 할 수 있는 미국과 공산주의의 종주국이었던 소련을 넘나드는 선교를 했다.

은혜한인교회의 선교는 초대 안디옥교회 선교의 현대적 모델의 선교라고 할 수 있으며, 세계 각지를 돌아다니며 선교에 헌신하는 김광신 목사님은 초대교회 바울 선교의 현대적 모형이라고 할 수 있을 것이다.

10. 김광신 목사님 선교의 결론

김광신 목사님의 간증적 선교 이야기는 김광신 목사님과 은혜한인교회의 초기 소련 선교와 그 선교 전략을 연구하여 이를 이론적으로 정립하고, 학문적으로 뒷받침함으로써 김광신 목사님의 선교적 목회 전략을 미주 한인 교계를 이끌어 갈 1.5세, 2세 및 한국과 미국 교계에 알리고 참고가 되게 하고자 함이다. 이제 결론 부분으로 김광신 목사님의 선교 전략이 세계 교계에 주는 교훈적, 적용적 선교 전략의 요점을 정리해 보고자 한다.

선교를 목적으로 개척된 은혜한인교회는 김광신 목사님의 특출한 리더십에 의해 교회 개척 시작부터 선교에 진력한 결과 초기 10여 년이라는 짧은 기간 동안에 소련에서 큰 선교의 열매를 거두었다. 이러한 은혜한인교회의 선교 방법과 전략은 미래 및 세계 교회의 선교에도 적용되어 주님의 지상 명령을 효과적으로 수행하는 하나의 도구가 되어야 할 것이다.

김광신 목사님과 은혜한인교회 선교 전략의 핵심 포인트를 요약, 정리하면 다음 여섯 가지와 같다.

첫째, 선교를 인도하는 리더의 뛰어난 리더십이 필수적이다.

김광신 목사님의 리더십은 과감한 결단력의 리더십, 신속한 타이밍의 리더십, 선견지명적인 리더십이었다. 은혜한인교회의 소련 선교는 김광신 목사님의 리더십에 힘입은 바가 크다. 이는 선교에 있어 리더의 역할이 얼마나 중요한지를 잘 말해 주고 있다. 또 앞으로 세계 선교를 위하여는 훌륭한 리더를 발굴해야 하고, 선교 지도자를 양육해야 함을 말해 주고 있다.

둘째, 선교는 타이밍이 중요하다.

은혜한인교회는 소련이 개방되자마자 소련 선교에 뛰어들었다. 오랜 공산주의 사회에서 경직되고 음울한 생활에 젖어 있던 소련인들에게 성령 충만한 은혜한인교회 성도들의 '사랑으로 섬기는 선교'는 큰 효력을 발휘했다. 또 개방 직후의 소련은 공산주의 제도와 관습이 그대로 남아 있어 물가는 엄청나게 쌌고, 미국의 달러는 소련에서 큰 위력을 발휘했다.

1991년 구소련 선교 첫해 은혜한인교회의 연간 예산은 500만 달러였고, 그해는 예산의 60%를 선교비로 썼다. 선교비 300만 달러 중 대부분은 구소련 선교비로 사용되었는데, 구소련 선교비로 **250만 달러**를 사용했다면, 1991년 한 해 동안 김광신 목사님은 **50억 루블**을 구소련 선교비로 사용한 것이다. 결정적인 환율 타이밍이었으며, 이로 인해 김광신 목사님은 구소련 선교를 신속하고도 과감하게, 김광신 목사님의 선교 비전과 스케일에 걸맞는 선교를 진행해 나갈 수가 있었다.

선교도 타이밍이 중요함을 은혜한인교회의 소련 선교는 실증적으로 보여 주었다. '팍스 아메리카' 시기에 미국 남가주에 있는 은혜한인교회와 김광신 목사님의 소련 선교는 '팍스 로마나' 시대에 헬라어와 헬라 문화에 정통한 바울의 시의적절한 선교를 연상케 한다. 모든 교회는 개척과 동시에 선교하는 타이밍, 또 선교지의 타이밍을 놓치지 말아야 한다.

셋째, 선교학자 랄프 윈터 교수가 구분한 E-3 선교 지역에서 디아스포라 동족을 통한 E-1 선교로 E-3 지역을 복음화 하는 선교 전략을 가능한 많은 지역에서 활용하여야 한다.

> E-1 선교: 동일 지역, 동일 문화권의 이웃 선교
>
>   예: 한인 타운에서 이웃 한인 전도
>
> E-2 선교: 동일 지역에서 타문화권 선교
>
>   예: 한인타운에서 이웃 멕시칸 전도
>
> E-3 선교: 전혀 문화와 언어가 다른 지역에서 선교
>
>   예: 한국인의 구소련 선교
>
> (E = Evangelism, 선교를 하는 방법에 따라 선교를 구분한 것임)

김광신 목사님과 은혜한인교회는 소련 선교(E-3)에서 소련의 고려인들을 통한 선교(E-1)로 소련 선교를 쉽게 정착시켰다. 김광신 목사님이 초기 소련 선교에서 개발한 '디아스포라 동족을 통한 선교 모델'은 세계의 모든 디아스포라 민족에게 변형 혹은 응용 적용이 가능하다.

GMI는 이스라엘과 북한 선교를 위하여 이 새로운 모델을 응용하는 선교를 이미 시행하고 있다. 구소련에서 추방된 유의경, 김이골 선교사님은 지금 이스라엘에서 구소련 지역으로부터 귀환한 120만 유대인들을 상대로 활발한 선교 활동을 하고 있다.

구소련에서 태어나고 자란 김이골 선교사님은 구소련에서 태어나고 자라 이스라엘로 귀환한 120만 유대인들은 동족과도 같은 사람들이다. 김이골 선교사님은 그들을 상대로 지금 효율적인 선교를 하는 것이다.

또 서울에서는 '은혜동산' TD를 통하여 탈북자들을 복음화·제자화 하고 있다. 남·북이 70년간 단절된 상태, 공산 치하에서 나고 자란 그들, 언어와 생김새는 같아도 생각과 목표와 이상이 전혀 다른 그들, 같은 언어라도 깊은 대화를 하기 힘든 그들 탈북자와 같은 사람들이 북한에 있는 동포들이다. **복음화된 이들 탈북자 제자들은 언젠가 북한 선교의 문이 열리면 남한 사람들보다 일당백의 효율적인 북한 복음화 사역을 감당할 수 있을 것이다.**

현대는 디아스포라 시대이다. 교통이 발달하고 세계가 일일 생활권이 된 현대는 거의 모든 민족이 디아스포라 동족을 가지고 있다. 미국에 살고 있는 무슬림이나 중국인, 인도인들을 복음화하여 아랍권이나 중국, 인도로 파송하면 한국인이나 미국인 선교사들 보다 일당백의 효과적인 선교를 할 수 있을 것이다.

앞으로 모든 선교 국가들은 가능한 한, 힘든 E-3 선교보다 좀더 용이하고 효율적인 E-1 선교로 E-3 지역을 복음화하는 '디아스포라 선교 전략'을 적극 활용하고 응용하는 선교가 필요하다. 우리가 가장 안타깝게 생각하는 점은 선교지에 대한 정확한 진단이나 올바른 처방 없이, 선교는 선교사 자신이나 선교 단체가 가지고 있는 사역을 그대로 선교지에 옮겨 심는 것이라고 잘못 생각하는 것이다.

넷째, 선교를 하기 위해서는 교인들을 성령 충만하게 해야 한다.

오순절 성령 강림은 초대교회 신자를 성령으로 충만하게 했고, 성령 충만한 제자들과 신자는 담대히 선교에 뛰어들었다. 성령 충만한 신자가 선교에 과감히 나아감은 현대의 은혜한인교회 교인들뿐만 아니라 기독교 2천 년의 지나온 역사가 이를 말해 주고 있다.

은혜한인교회는 GTD 운동으로 모든 교인들을 성령 충만하게 했으며, 또 GTD로 교인들의 오순절적 성령 충만함을 계속 유지했다. 이는 모든 교회는 은혜한인교회의 GTD처럼 교인들을 성령 충만케 하는 자체적인 독특한 성령 운동 프로그램이 있어야 함을 말해 주고 있다. **은혜한인교회의 선교는 초대교회의 오순절적 성령 충만함으로 인한 선교의 현대적 모형이었다.**

다섯째, 선교는 신속히 현지인 사역화를 하여야 한다.

은혜한인교회는 소련 선교와 동시에 선교지 현지에서 뜨레스디아스(Tres Dias) 운동을 실시하여 현지인들을 성령 충만하게 했다. 현지인들의 성령 충만함은 다시 선교지의 개척 교회가 사랑으로 섬기는 교회, 선교하는 교회가 되게 했다.

또 소련 선교 시작 1년 6개월 만에 모스크바에 신학교를 설립하여 현지인 제자 및 현지인 선교사를 양육했다. 소련 선교 30년인 지금 소련의 모든 여건은 개방 초기보다 한국인 선교사들의 선교 활동에 훨씬 더 제약이 많아졌다. 소련 선교의 문이 다시 닫힐지 모른다는 김광신 목사님의 선견지명적 우려는 현실로 다가오고 있다.

그러나 현재 구소련에는 모스크바 은혜신학교 졸업생 2,700여 명의 제자들이 한국인 선교사들보다 훨씬 더 주도적으로 구소련 복음화 사역을 스스로 잘 감당하고 있다. 은혜한인교회는 선교지마다 신속히 신학교를 세워 현지인 제자들을 양육하여 '만인 제자화'를 실시함으로써 선교의 효율을 극대화하고 선교를 현지인화 하고 있다. **세계 모든 선교는 선교의 현지인화를 동시에 시행하는 선교가 되어야 함을 보여 주고 있다.**

여섯째, 선교는 교회 개척의 목적이 되어야 한다.

교회가 안정기에 들어설 때까지 선교를 기다려서는 안 된다. 개척 교회로서 재정과 인력이 부족함에도 모든 역량을 선교에 집중하여, 나름대로 규모에 맞게 선교를 할 수가 있음을 은혜한인교회는 실증적, 모범적으로 보여 주었다.

김광신 목사님과 은혜한인교회의 효율적인 선교 전략은 앞으로 미국 이민 교회를 책임지고 담당하게 될 한인 2세들은 물론 세계 선교의 1등 국가인 미국의 차세대 사역자들과 교회에, 또 한국의 교회들에 접목되어야 한다. 은혜한인교회의 초기 선교를 주도하던 지도자급 교인들이나 선교사들이 점차 은퇴하거나 소천해 가고 있는 실정이다.

그럼에도 은혜한인교회의 선교와 선교 전략은 끊어지지 않고 더욱 살아 있어 운동력 있는 선교와 선교 전략으로 이어져, 우리 주님의 지상 명령을 효과적으로 수행하는 수단이 되어 하나님께 영광을 돌려 드려야 할 것이다.

2000년도 중반, 김광신 목사님은 남미 아르헨티나에 현지인 사역자들의 재교육을 위한 신학교를 세워 남미 선교의 새로운 부흥을 위한 출장을 갈 계획을 했다. 김영진 사모님은 여태껏 미국에서 지구 반대편인 구소련의 선교 출장에 김광신 목사님을 힘들지만 계속 수행하여 보조했는데, 또 남미에 선교 출장을 다닐 것을 생각하니 엄두가 나지 않아 첫 남미 출장 때는 함께 가지를 않았다. 그러나 김광신 목사님이 계속 남미 선교 출장을 왕래할 기미를 보이자 두 번째는 할 수 없이 따라갔다.

　김광신 목사님과 함께 아르헨티나에 도착한 김영진 사모님은 별로 내키지 않는 출장을 온 데다가 몸도 피곤하고 하여 김광신 목사님과 함께 선교사들을 만나러 나가지를 않고 그냥 호텔에 머물고 있었다. 호텔 방에 누워 있는데 갑자기 천둥 번개가 치듯 우레와 같은 하나님의 음성이 들려왔다고 한다.

　　내가 네 남편을 좀 더 들어 쓸려고 하는데 왜 네가 방해가 되려 하느냐.

　호텔 방이 진동하는 듯하는 하나님의 음성에 김영진 사모님은 어쩔 줄 몰라 이불을 뒤집어 쓰고는 데굴데굴 굴렀다고 한다. 한참을 하나님의 역사하시는 힘에 눌려 회개하며 몸을 뒹굴다가 온몸에 힘이 빠져 기진맥진 했다고 필자에게 증언했다. 그 후로는 김광신 목사님의 선교 출장에 빠짐없이 수행하고 있다.

　현대의 순교는 초대교회 시절처럼 십자가 순교나 원형 경기장에서 맹수의 밥이 되는 순교가 아니다. 하나님이 부르시는 날까지 은퇴 없이 끝까지 선교하다가 소천하면 그게 바로 순교다. 필자는 지금도 다음과 같이 기도하고 있다.

> 하나님, 우리 김광신 목사님이 하나님 전에 부르시는 날까지 건강한 모습으로 선교 사역 잘 감당하다가 부르심을 받게 하여 주시옵소서!

사도행전 21:7-14에 의하면 3차 전도 여행을 끝낸 바울은 누가, 디모데, 두기고, 가이오 등 일행과 함께 예루살렘에 가서 선교 보고를 하기 위하여 가는 도중 가이샤라에서 일곱 집사 중 한 명인 빌립 집사 집에 며칠을 머물렀다. 이때 유대에서 온 예언자 아가보가 다음과 같이 말했다.

> 바울의 허리띠를 가져다가 자기 손발을 묶고는 예루살렘에서 유대인들이 이 띠의 주인을 이렇게 묶어 이방인들에게 넘겨 줄 것이라고 성령님이 말씀하셨습니다(행 21:11).

이 말을 들은 바울의 일행들은 하나같이 모두 바울의 예루살렘행을 적극 만류했다. 그러나 바울은 이미 예루살렘에 가라는 성령님의 음성을 들었기 때문에(행 20:22-23) 끝까지 예루살렘에 가고자 했다.

성령님이 아가보를 통하여 예루살렘에서 바울이 유대 지도자들에게 체포되어 로마인들에게 넘겨진다고 말씀하셨으면 그 성령님의 예언은 이루어져야만 한다. 누가나 바울의 수제자 같은 디모데, 빌립 집사 등이 바울의 예루살렘행을 눈물로 말리는 것은 물론 바울을 위한 것이지만, 그것은 동시에 성령님의 뜻을 거스르는 것이다. 일행들은 자신들의 좁은 육신의 생각을 고집할 게 아니라 차라리 이렇게 기도하는 것이 옳다.

"하나님, 바울 선생이 예루살렘에서 체포되어 이방인의 손에 넘겨진다고 합니다. 제발 우리 바울 선생에게 그 고난을 이길 힘과 용기를 주시고, 그 고난에 잘 대처할 수 있는 슬기와 지혜를 허락하여 주시옵소서."

여기서 끝까지 성령님의 음성에 순종하여 예루살렘에 가서 체포된 바울과 이를 말린 바울 일행들이 하나님께 쓰임 받는 차원이 다름을 우리는 알 수 있다. 위 사도행전의 내용은 다음과 같이 좀 더 알기 쉽게 해석할 수가 있다.

하나님은 로마의 복음화를 위해 바울을 로마로 보내고자 하시면서, 좀 더 확실한 방법으로 바울을 로마로 보내신 것이다. **바울로 하여금 공짜 배를 타고, 로마 군인을 호위병으로 붙여서 확실하게 로마로 보내신 것이다.**

도중에 유라굴라 풍랑을 만났으나 바울의 예언대로 한 명의 희생자도 없이 276명 모두 몰타섬에 상륙했으며, 바울이 독사에 물렸으나 아무 탈이 없었던 것은 선편의 일행들과 군인들에게 하나님이 바울과 함께 하신다는 것을 보여 주신 것이다.

그래서 로마에 도착한 바울은 체포된 몸이지만 2년 동안 셋집에 머물면서 어느 정도 자유함을 가지고 전도를 할 수 있었다. 이때 바울이 로마로 타고 간 배는 유럽을 싣고 갔다고 아놀드 토인비는 말했다.

우리는 바울의 예루살렘행을 말리는 누가나 디모데와 같은 시행착오를 범하지 않도록 조심하여야 한다. 하나님의 뜻에 어긋나는 행동이나 말은 물론 기도를 할 때도 하나님의 뜻에 합한 기도를 하도록 노력하여야 한다. 즉, 내가 기도하는 제목이 하나님의 뜻에 합한 기도 내용인지를 먼저 하나님께 물은 후, 다음과 같이 기도해야 한다.

"하나님, 제가 간구하는 이 기도가 하나님 뜻에 합한 기도라면 꼭 응답하여 주시옵소서. 그러나 하나님 뜻에 합하지 않으시면 하나님 뜻에 합한 길로 인도하여 주시옵소서!"

우리 육신의 좁은 뜻이 아니라 하나님의 뜻이 이 땅에 이루어져야 한다. 예수님도 하나님의 뜻이 이 땅에 이루어지도록 기도하라고 가르쳐 주셨다 (주기도문).

전 우주를 감찰하시고, 전지전능하신 하나님께 내 육신의 좁은 생각만 우격다짐으로 간구하면 안 된다. 장래를 위하여 나의 지금의 기도보다 더 선하고 좋은 길이 있을 수 있음을 알아야 한다. 다만 그것이 어떤 것인지 지금 당장은 우리가 알 수가 없는 것이다.

11. 은혜한인교회와 성전

해외 선교에 힘쓰느라 자기 성전도 없이 네 군데의 미국의 교회를 전전하며 예배를 드리던 은혜한인교회는 2000년 8월이 되어서야 아름다운 넓은 부속 정원과 3개의 큰 건물이 있는 교회를 마련했다. 하나님의 은혜로 마련한 이 교회는 총 부지가 32,000여 평(26.5ac)이나 되며, 3개의 큰 독립 건물로 이루어져 있다.

유명한 헌트 케찹(Hunts Ketchup)을 만드는 컨애그라(Conagra Food Service)사의 본사와 연구실이 있던 이 건물 단지는 정원이 아주 잘 가꾸어져 있다. 이 정원은 사시사철 돌아가면서 아름다운 꽃이 피는 나무들을 계획 식목으로 잘 가꾸어 놓은, 풀러턴시에서도 유명한 정원이다.

그러나 이 건물은 교회용 건물이 아니라 비즈니스용 건물이었다. 은혜한인교회는 이 건물들을 교회용 건물로 용도 변경을 하기 위하여 많은 노력을 했다. 당시 빌려서 예배를 드리던 미국 교회 이스트사이드크리스천교회(Eastside Christian Church)의 그레이든 제스업(Graydon Jessup) 목사님과 함께 교회용 건물로 허가를 받는 노력을 했다.

당시 풀러턴시청의 담당자 세 명은 은혜한인교회가 매입한 건물들을 재산세가 안 나오는 교회용 건물로의 용도 변경을 결사 반대했다. 그런데 2년 동안에 그 세 명의 담당자들이 차례로 풀러턴시청을 제 발로 떠나는 놀라운 일이 일어났다. 풀러턴시의 마지막 남은 담당 매니저는 자기 몸을 밟고 지나가기 전에는 허가를 해 줄 수 없다고 하며 버텼었다. 주변에서는 이제 은혜한인교회는 건물 때문에 파산할 것이라고들 수군댔다. 그러던 그 매니저도 어느 날 갑자기 제 발로 풀러턴시를 떠나갔다.

드디어 시의 공청회를 거쳐 2년 만에 용도 변경이 허가되었다. 허가 후 8개월에 걸쳐 제일 남쪽 건물을 성전용 건물로 개조하는 공사를 한 후, 건물 구입 3년만인 2003년 10월 19일, 감격적인 새 성전 입당 및 감사 예배를 드렸다.

김광신 목사님과 은혜한인교회는 **선교는 성전 같은 건물이 하는 것이 아니라 성령 충만한 성도들이 하는 것임을 일찍부터 알고 있었다.** 교회 건물 마련보다는 처음부터 모든 성도를 나가는 선교사, 보내는 선교사로 만드는 데 모든 노력을 경주함으로써 이를 직접 실천했다. 이는 김광신 목사님의 리더십에 힘입은 바가 크다.

한국의 교회들은 교회당 건물부터 마련하는 경향이 있다. 교회당 건물이 축복의 상징이 될 수 없고, 교인의 숫자나 헌금 액수의 많음이 축복의 상징은 아니다. 축복의 상징은 얼마큼 나누어 주느냐에 있는 것이다.[29]

하나님은 순종하며 선교에 헌신한 김광신 목사님과 은혜한인교회 성도들에게 미주 한인 교회에 유례없는 좋은 성전을 마련하도록 해 주셨다.

> 관용을 베푸는 사람은 풍족해질 것이고, 남에게 물을 마시게 하는 사람은 자신도 물을 마시게 될 것이다(잠 11:25).

> 가난한 자에게 호의를 베푸는 것은 여호와께 빌려 드리는 것이니, 여호와께서 그것을 갚아 주실 것이다(잠 19:17).

잠언의 말씀을 생각나게 하는 성전 마련이었다. 김광신 목사님과 김영진 사모님이 성전 구입 마지막 협상을 하기 위하여 컨애그라사의 본사가 있는 현 교회 5층 건물(World Mission Center)의 아름다운 정원으로 들어갈 때, 김영진 사모님은 마음속으로 이 건물들과 정원을 교회용으로 허락해 달라고 하나님께 간절히 기도했다.

그때 김 사모님의 마음에 하나님이 이 건물들을 허락하신다는 강한 감동을 주셨다고 한다. 그래서 김영진 사모님은 김광신 목사님을 따라 5층 건물로 올라가지 않고 정원을 보고 기도를 하며 계단에 앉아 있었다고 한다.

---

[29] 이은무, 『한국 선교를 깨운다』(서울: 생명의말씀사, 2006), 22.

결국, 이 아름다운 정원과 건물은 1,450만 달러라는 시세보다 훨씬 저렴한 가격에 은혜한인교회 품으로 들어왔다.[30] 그러나 이 건물 단지의 구입은 은혜한인교회가 넉넉한 자금으로 인수한 것이 아니라 빠듯한 재정에서 특별 헌금을 여러 차례 모아서 인수를 했다. 여러 명의 성도와 장로들이 집을 담보로 융자를 받아 특별 헌금을 했다.

하나님은 선교에 매진한 은혜한인교회에 성전 구입 마지막까지 은혜를 베풀어 주셨다. 건물을 인수하기 며칠 전 컨애그라 푸드 본사인 5층 건물 앞에는 많은 가구가 쌓여 있었다. 김 사모님의 마음에 다음과 같은 생각이 들었다.

'교회 건물은 마련했으나 가구가 하나도 없는데, 이 가구들은 모두 이 건물에 맞춰 있던 맞춤 가구들인데.'

그래서 지나가는 회사 담당자에게 혹시 이 가구들을 살 수 없느냐고 물었다. 그랬더니 담당자가 좀 기다리라고 하면서 5층 본사 건물 안으로 들어갔다. 자기들끼리 의논을 하고 나오더니 그 모든 가구를 거저 주었다. 그러면서 그 담당자는 모든 가구는 맞춤 가구로서 의자 하나가 몇백 달러나 되고, 거저 주는 가구들은 모두 약 70만 달러가 넘는다고 했다.

은혜한인교회의 성전 마련 과정을 보면 선교를 잘 하면, 김광신 목사님의 선교 철학처럼, 하늘나라에서뿐만 아니라 이 땅에서도 상급을 받는다는 것을 보여 주었다.

필자가 은혜한인교회에 처음 출석할 때 사용한 예배당인 이스트사이드크리스천교회에서, 주일 예배는 참석 교인이 1,000명이 채 안 되었다.

---

30 편찬위원회, 『30년사』, 129.

그러나 그 천 명의 똘똘 뭉친 교인들이 주동이 되어 성전을 구입했고, 이 핵심 교인들이 주축이 되어 은혜한인교회는 자체 성전으로 이전했다.

은혜한인교회는 새 성전 입당 후 1년 만인 2004년 9월 12일, 김광신 목사님은 은퇴하여 원로 목사로 추대되었고, 후임으로 은혜한인교회의 부목사 출신으로 샌디에고갈보리교회를 크게 부흥시킨 한기홍 목사님이 담임 목사로 부임했다. 은혜한인교회는 제2대 한기홍 담임 목사님 대에 이르러 다시 부흥의 시기를 맞게 된다.

2007년, 은혜한인교회는 한기홍 목사님의 인도로 성전 뒤에 있는 기존의 사무용 건물을 철거하고 2,500석 규모의 성전과 2,000석 규모의 친교실이 있는 새로운 성전 건축을 시작했다. 공사를 시작한 지 얼마 안 되어 미국에는 서브프라임 모기지(Subprime Mortgage) 사태로 인한 금융 위기가 닥쳐 극심한 불경기를 맞이하게 된다. 함께 교회 건축도 위기를 맞았다.

그러나 이번에는 거꾸로 선교지에서 본 교회의 어려움을 돕는 일이 일어났다. 여러 선교지에서 본 교회의 건축을 위한 헌금을 보내 왔다. 사할린의 은혜교회에서는 천병기 선교사님이 10만 달러의 건축 헌금을 직접 교인들과 함께 가지고 와서 전해 주기도 했다.

드디어 2009년 5월 10일, '비전 센터'(Vision Center)라고 명명된 새 성전 입당 및 감사 예배를 드렸다. 이 새 성전은 약 3,000평의 부지에 2층짜리 대형 건물로 1, 2층 연면적이 5,200평(185,000S/FT)이나 된다.

김광신 목사님은 서울로 가서 다시 서울은혜교회를 개척했으며, 서울에 GMI 선교사 훈련원을 세워 한국에서 예비 선교사들을 양성하고 있다. 2007년 김광신 목사님은 해외 선교에 전념하기 위하여 서울은혜교회에서도 은퇴했다.

김광신 목사님은 GMI 총재로서 소련 선교 이후에는 남미와 동남아, 이스라엘과 터키, 쿠바에 많은 시간을 할애하고 있다. 80세 중반의 나이인 지금도 김광신 목사님은 거의 매달 선교지 출장을 다니면서 선교지 신학교 강의는 물론 선교지의 뜨레스디아스 운동을 주관하고 있다.

2019년 12월 현재 은혜한인교회의 해외 파송 선교사는 56개국에 344명이며, 17개국에 19개의 신학교를 선교지에서 운영 중이다. 김광신 목사님이 제자들과 함께 창설한 교단인 국제 총회 전체로는 68개국에 700여 명의 선교사를 파송하고 있다.

김광신 목사님은 원래 건강이 아주 좋으신 분이다. 탈봇신학교에 다닐 때는 어려운 신학 공부 중에도 전도사로 심방도 많이 하여 수면 부족에 시달릴 때가 많았다. 그럴 때마다 김광신 목사님이 생각하는 장수 비결 중 하나는 잠을 덜자면 그게 바로 장수하는 것이라고 했다.

김광신 목사님은 미국에서 지구의 반대편에 있는 소련 출장을 거의 매달 다니느라 시차 문제 등 고생을 많이 했다. 그래서 그런지 1990년대 말부터는 당뇨가 와서 건강에 조심하고 있던 중 대장암이 발병하여 대장암 수술을 했다. 또 신장도 약하여져 신투석을 할 정도였으며, 신장 이식 수술을 기다리고 있었다.

2012년 11월, 대만에서 김광신 목사님으로부터 큰 은혜를 받은 마가렛 왕(Margaret Wang) 권사님이란 분이 이를 안타깝게 여기고 있던 중 마침 자기가 이사로 있는 병원에서 김광신 목사님에게 딱 맞는 신장 기증자가 나왔다. 이에 왕 자매는 즉시 김광신 목사님에게 연락하여 급히 대만으로 오게 했다. 그때 신장 이식 수술을 받은 김광신 목사님은 지금까지 기력이 약한 것 외에는 건강상 별 문제 없이 잘 지내고 있다.

왕 권사님(본명: Margaret, Wang Chen, Kuei-Yung; 王貴雲)은 대만 최대의 재벌 중 하나인 '포모사 플라스틱'(Formosa Plastics) 그룹을 창업한 왕윤칭(Wang Yung-Ching) 창업주의 장녀이다. 그녀는 포모사 플라스틱(Formosa Plastics)의 수석 부사장과, 그 그룹에서 건립한 창궁메모리얼병원(Chang Gung Memorial Hospital)의 이사로 재직 중이다.

왕 권사의 아들 필레몬 첸(Philemon Chen)은 풀러신학교에서 목회학 석사(M.Div.) 과정을 마친 후, 2004년 은혜한인교회의 선교팀장인 양태철[31] 목사님에게 인턴십을 받으면서 뜨레스디아스를 통해 큰 은혜를 받았다. 완전히 달라진 아들의 삶을 통해 왕 권사님은 김광신 목사님을 만났고, 본인도 김광신 목사님의 뜨레스디아스를 통해 큰 은혜를 받았다.

왕 권사님은 2006부터 시작한 GMI-대만에 전담 직원을 두고 GMI-대만의 모든 사역비를 전담하며 대만 복음화에 매진하고 있다. 그녀는 바쁜 사업 중에도 자기가 대만의 복음화를 책임지겠다는 각오로 대만 선교에 임하고 있다. 2018년까지 대만에서 실시한 총 62회의 대만-TD에 800개 이상의 교회가 참여했으며, 수 많은 대만 교인들을 은혜 받게 했다.

2007년부터는 신학교를 설립하여 758명의 사역자를 배출했으며, 그중 300여 명이 주의 종이 되었다. 왕 권사님의 이런 헌신적인 노력으로 대만 교회는 2018년에 50% 이상 성장하는 놀라운 성과를 거두었다.

---

[31] 양태철 목사님은 2013년 영국 옥스포드선교연구소(OCMS)에서 6개월간 GMI의 선교를 심층적으로 연구했으며, 2014년에 그 결과를 책 *Called Out for Witness*로 출간했다.

제2장

김태원 선교사님의 선교

1. 김태원 선교사님의 성장 배경과 회심

김태원 선교사님은 1934년 경상북도 영양군에서 태어났다. 영양국민학교를 졸업한 후 중학교와 고등학교는 영양군에서 조금 북쪽에 있는, 당시 탄광촌으로 북적거리며 경기가 좋던 강원도의 태백시로 가서 태백중학교와 태백고등학교를 졸업했다.

1954년, 스무 살 때 공군에 입대하여 공군 '2329 특수부대'에서 6년간 근무 후 1960년 제대했다. 공군 특수부대 근무 시에는 북파 공작원으로서 휴전선을 넘나들었으며, 후에는 공작원을 교육시키는 교관을 했다. 실미도 사건과 관련되는 부대였다.

당시는 6.25 전쟁 직후라 휴전선 경계가 지금처럼 철저하지 않아 남북이 서로 정탐하느라 공작원들을 수시로 휴전선 남·북으로 침투시켰고,

휴전선 지형이 유리한 남한은 서해에서 배로 침투시키기도 했다. 당시 북파 공작원으로서 위험천만한 북한 침투 실화 하나를 소개한다. 김태원 본인의 간증을 실감 나게, 일인칭으로 그대로 전재한다.

1) 적지 침투작전 - 매복조에게 기습을 당하다

총소리가 계속 들려오는 가운데 나는 어느 순간 번쩍 정신이 들었다. 길바닥에 엎드려 귀를 땅에 대고 들으니 저 밑에서 동료들이 "투다닥 투다닥" 하고 도망가는 발자국 소리가 요란하게 들렸다. 계속 총알이 날아오는데 나도 안되겠다 싶어 엎드려 있는 H 상사에게 후퇴하자는 신호로 입고 있는 가죽 점퍼를 두어번 잡아 흔들고는 왔던 길을 따라 쏜살같이 몸을 굽혀 뛰기 시작했다. 인민군들이 내 뒤통수를 잡아당기는 것 같았다. 마음은 급한데 몸을 굽힌 채 뛰니 빨리 뛸 수가 없었다.

불안한 가운데서도 성질이 나서, '에잇! 이래도 죽고 붙잡혀도 죽을 텐데 한번 뛰기나 해 보자'는 심사로 허리를 펴고 있는 힘을 다해 뛰었다. 사람이 극한 상황에 처하면 초인적인 힘이 생긴다고 하는데 정말 그렇게 되는가 보다.

총알이 비오듯 쏟아지는데 허리를 편 채 마구 뛰었다. 얼마나 빨리 뛰었는지 먼저 도망가던 동료들을 약 3미터 거리까지 따라잡았다. 그런데 이상한 것은 동료들과 거리가 가까워지니 맥이 탁 풀려 더 따라가지 못하고 힘이 빠지기 시작하는 것이었다. 그런데 정말 혼자 죽기는 싫다는 생각이 들었다. 생각할수록 괘씸한 생각이 들었다.

'나 같이 나이 어린 졸병을 두고 나보다 계급이 높은 저들끼리 먼저 도망을 가다니 … 그토록 많은 공작비를 투입해 훈련을 시키고 키워 놨더니 도망가기 바빠?'

나는 큰 소리로 고함을 쳤다.

"야, 이 새끼들아, 안 엎드리면 쏴 버릴 테야, 엎드려!"

정말 그 순간 그들이 엎드리지 않았다면 M2 30발을 다 갈겨 버렸을지도 모른다. 나는 극도로 흥분한 상태였다. 그러자 모두 길옆 수풀 속에 숨어들었다. 나 역시 가눌 수 없는 몸을 길옆 갈대 숲속으로 내던졌다. 그곳은 바로 내가 앉은 키만한 조그마한 소나무 밑이었다. 분명히 총알을 맞은 것만 같았다.

그렇게 비오듯 쏟아지는 총알 속에서 살아 있다는 것이 믿어지지 않아 얼굴을 만져 보았다. 캄캄한 밤이라 보이지는 않았지만, 얼굴 전체가 온통 피투성이인 것 같았다. 원래 총알을 맞으면 처음에는 아픈 줄 모른다는 선배들의 말이 생각나 머리를 비롯해 얼굴과 몸을 쿡쿡 찔러 보기 시작했다. 어딘가 총알구멍이 있을 것이라는 생각이 들었다. 그런데 내 몸 어디를 찔러 봐도 총알구멍은 없었다. 얼굴에 질펀했던 것은 피가 아니라 땀이었다.

'아, 살았구나!'

총소리는 멎었으나 문제는 이제부터였다. 새벽 4시쯤 되었는지라 날이 새기 전에 어떻게든 적지를 빠져나가야만 했다. 북쪽 땅이라 날이 새면 꼼짝없이 북괴군들에게 모두 생포될 것이 분명했다. 그들은 우리를 잡기 위해 휴전선 북쪽에 진을 치고 있을 것이며, 지금쯤 남쪽이나 북쪽의 전방부대는 총소리를 듣고 전부 비상이 걸렸을 것이었다. 정신을 차리고 보니 무서운 생각으로 머리가 아찔해 왔다. M2 단총을 붙잡고 어머니를 찾았다. 막상 위급한 상황을 만나니 그토록 속을 썩여 드린 어머니가 그리워졌다.

'어머니 날 좀 살려 주이소. 나는 이제 적지에서 죽게 되었어요.'

그런데 갑자기 어머니를 찾는 것으로는 이 위급한 상황이 해결되지 않을 것이라는 생각이 들었다. 나의 고향은 고추 농사로 유명한 경북 영양이라는 시골이다. 고등학교를 강원도 태백에서 다녔기 때문에 여름 방학 때마다 고향을 찾았는데, 농촌의 7월은 유난히 가뭄이 심했다. 밭에서 김을 매던 촌 할머니들이 뙤약볕에서 김을 매다 말고 가뭄으로 타서 죽은 곡식 포기를 들고 하늘을 향해 "에이! 하늘도 무심하시지, 쯧쯧" 하며 혀를 차던 모습이 갑자기 떠올랐다.

맞다. 하늘만 무심하시지 않으면 비가 올 수 있다는 이야기가 아닌가?

그렇다면 하늘이 움직여 주기만 하면 나도 살 수 있다는 이야기 아닌가?

나는 비록 하늘이나 부처님을 믿어 본 적도, 전도조차 받은 적도 없지만, 내가 살기 위해서는 그 하늘을 움직이는 하늘님에게 부탁해 보고 싶었다. 그때 내가 하늘님이라고 했는지 지금처럼 하나님이라고 했는지는 모르지만 분명한 것은 하나님께 빌었고 또 약속했다는 것이다.

"하늘님, 날 한 번만 살려 주이소. 내가 하늘님 은혜 꼭 갚아 드릴게요."

그렇게 빌고 있는데 옆에서 바스락거리는 소리가 들렸다.

나는 총을 겨누면서 조그마한 소리로 "누구야?"라고 물었다.

경상도 사투리를 잘 쓰는 K 상사였다.

"나다!"

K 상사도 몹시 충격을 받은 모양이었다. K 상사 몸이 잠깐 내 몸에 닿았

는데 얼마나 사시나무 떨듯 떠는지 내 몸까지 흔들렸다.

그런데 나는 하나님에게 부탁을 하고 난 뒤에는 그렇게 마음이 평안할 수가 없었다. 그리고 담대해졌다. 상급자고 뭐고 따질 때가 아니었다. 내가 내린 결정이지만 상급자인 상사가 겁에 질려 있는 것이 미웠다. 화가 나서 조그마한 소리로 소리쳤다. 계급도 무시하고 반말이었다.

"가만히 있어!"

우리 쪽에서 떠들썩한 소리가 나자 근처에 숨어 있던 L 중사가 나타났다. 이제 곧 날이 밝을 텐데 모두 초조하고 불안한 얼굴을 하고 심하게 떨고만 있었다. 그때부터는 내가 인솔자가 되었다. 원래 어디를 가든 위급할 때는 큰소리치는 사람에게 복종하게 되어 있는 법이다. 나는 꾀를 썼다. 분명히 북괴 기습병들은 우리가 감히 큰길로 도망가리라는 것을 생각지 못하고 바닷가에 매복할 것이며, 숲속에는 지뢰가 많아 결국 빠져나가지 못하고 죽을 것이라고 판단했다. 그리고 H 상사가 어떻게 되었는지 궁금했다.

포로로 잡힌 건 아닐까?

만약 죽었다면 그 자리에 있을 H 상사의 시체를 빨리 가지고 나와야 한다. 만약 낮에 시체가 발견되면 문제가 커질 대로 커질 것이기에 기습을 당했던 현장을 가려면 어차피 큰길을 택해야 했다. 또한, 날이 새면 기습병들도 철수를 할 것이기에 다소 마음을 놓을 수 있다.

우리는 살금살금 기습을 당했던 장소로 다가갔다. 새벽 5시경 서서히 날이 새기 시작하고 어렴풋하게 검은 물체가 보였다. 어젯밤부터 계속 내게 겁을 주던 H 상사, 그러나 적지에서는 나와 목숨을 같이한 내 상급자이자 내 전우였다. 내가 가장 먼저 뛰어가서 엎드려 있는 시체를 확 재꼈다. 땅바닥에는 피가 흥건히 고여 있고 구렛나루 수염이 나 있는 시커먼 사람이 권총 한 방 못 쏘고 권총 방아쇠를 꼭 쥔 채 엎어져 있는 것이 아닌가.

2) 제대 후의 사회 생활, 아내의 독일행

결코, 평범하지 않았던 군 생활 동안 김태원은 위험한 작전을 수없이 치르고 수없이 많은 사망의 음침한 골짜기를 지나면서도 손가락 하나 다치지 않았다. 그런데 5년 6개월 만에 사회에 나와 보니 막상 갈 곳이 없었다. 특수부대 출신들은 그 기질이 특이해서인지 사회에 적응하기가 힘들었다. 김태원 역시 마찬가지였다. 다행히 고등학교 다닐 때 태백 지역을 휩쓸고 돌아다닌 전력이 있어 선후배들의 도움으로 고향이 아닌 강원도 태백시에 있는 대한석탄공사 장성 광업소에 취직이 되었다.

당시 우리나라는 석유 산업보다는 석탄 산업이 기간 산업이었다. 국영기업체로서 5,000여 명의 광부들 가족의 복지를 위해 대한석탄공사가 직접 장성 문화회관(극장)을 운영하고 있었는데 영화사들과의 필름 공급이 잘 안 되어 운영에 어려움을 겪는 중이었다.

그러자 그 지역에서 건달로 꽤 유명했던 당시 김태원은 후배들의 도움으로 장성 극장 사업부장이 되어 극장을 운영하게 되었다. 서울 충무로에 있는 영화사에 올라가 극장의 한 달분 영화를 계약하고 쇼단의 일정을 계약하는 것이 주로 그가 하는 일이었다. 극장에서 이틀마다 한 번씩 교대해 상영하는 필름과 쇼단을 섭외할 때 가수라든가 배우가 꼭 함께 와야 한다는 조건을 걸어 계약을 해야 했으므로 당시 각 극장에는 그런 일을 처리할 건달 사업부장들이 한 사람씩 배치되어 있었다.

좋은 영화가 나오면 하나뿐인 강원도 판권의 필름을 다른 여러 경쟁 극장에 뺏기지 않고 먼저 계약하여 상영하는 것은 사업부장의 실력에 달려 있었으며 극장의 수입과 직결되어 있었다. 김태원 선교사님은 이런 일에 아주 적역이었다. 돈으로, 술로, 공갈 협박으로, 아니면 주먹으로. 당시 그는 이 모든 요건을 갖춘 특수부대 북파 요원 출신이 아니었던가. 당시 그는 누구도 못말린다는 "빨간 마후라의 사나이"였다.

자연히 그는 매일 영화사가 밀집해 있는 명동이나 충무로의 다방이나 술집 등 유흥가를 찾아다녔고 영화사 사장들이나 실무자들과 밤새 어울리며 술에 찌든 생활을 하고 있었다. 서울에서 지방으로 내려오면 역시 오래간만에 만난 친구들이나 후배들과 어울려 시간 가는 줄 모르고 술집들을 헤집고 돌아다녔다. 그때만 해도 극장이라는 곳은 지방 건달들이 모이는 아지트 역할을 하기도 했다.

지방 극장에 앉아 있으면 후배들이 "형님! 형님!" 하면서 몰려들었다. 특수부대에서 제대한 지 얼마 되지 않아서인지 이런 생활이 전혀 낯설지 않았고 오히려 더 재미있고 즐겁기만 했다. 가끔 이런 생활을 청산해야겠다는 생각은 하면서도 그 생활이 편하고 익숙했다. 빠져나오기에는 너무 깊이 빠져 있었다.

김태원은 아내 김성녀와 결혼할 때 다시는 이런 생활을 하지 않겠다고 약속은 했지만, 여전히 그는 술집에 파묻혀 지냈으며 나쁜 친구들과 어울려 다녔다. 조금도 나아지는 기미가 보이지 않자 아내는 실망을 금치 못했다. 아내는 대한석탄공사 장성 광업소에 속해 있는 장성 의료원 병동의 수

간호사였다. 당시 장성 의료원은 아주 큰 병원이었다. 50여 명의 간호사들이 있었으며 병동 수간호사로 일하는 아내의 너그러운 마음에 반해 많은 반대를 무릅쓰고 우여곡절 끝에 결혼했었다.

막상 결혼했지만, 당시 김태원은 여전히 방탕한 생활을 했다. 큰 아이를 낳고, 둘째를 낳고, 이제는 마음을 잡을 법도 한데 그는 쉽게 그 세계에서 빠져나오지 못했다. 아내도 험한 세계에서 빠져 나오고 싶어하는 남편을 돕고 싶어 몸부림을 쳤지만, 뜻대로 되지 않았다. 그들에게는 돈이 문제가 아니었다. 아내는 어떻게든 악한 환경에서 벗어나 남편을 좋은 환경에서 살게 하려고 무던히도 애를 썼다. 그러나 방법이 없었다.

어느 날 아내는 드디어 결단을 내렸다. 그날은 둘째 아이의 돌날이었다. **서독 간호사로 선발된 아내는 매정하게 남편과 두 아이를 뒤로하고 먼 훗날을 기약하며 비행기에 몸을 실었다.** 남부럽지 않게 잘살아 보겠다는 꿈과 어떻게든 남편을 건달 세계에서 빼내겠다는 집념이 그녀를 서독으로 보낸 것이다.

착실하게 살겠노라고 굳게 약속을 해도 아침이면 "형님, 접니다" 하면서 후배들이 몰려오는 일이 끊이지 않았고, 한번 후배들과 나가면 이튿날 새벽녘에야 술에 찌들어 고주망태가 되어 돌아오는 남편을 바라봐야 했으니, 아내의 심정이 어떠했겠는가?

아내를 독일로 떠나보내고 난 후, 이번에는 정말 착실하게 제대로 살아보겠다고 마음을 다져 먹었다. 그런데 사람이 바뀐다는 것은 그리 쉬운 일이 아니었다. 그는 하나하나 작은 것부터 실천해 나가기 시작했다.

남편을 위해 돌 된 어린 아기를 두고 멀리 서독으로 떠나간 사랑하는 아내를 위해 그는 하루도 빼놓지 않고 사랑의 편지를 쓰기 시작했다. 매일 하루 동안에 있었던 일을 하나도 빼놓지 않고 그대로 써서 보냈다. 술집 여자들의 유혹을 뿌리치고 집으로 일찍 돌아왔다는 둥 오늘은 술을 먹지 않았다는 둥, 아내를 생각하며 유혹의 세계에서 빠져나왔을 때는 그는 스스로도 대견스러웠다. 김태원은 하루도 빼놓지 않고 일기 형식으로 편지를 써서 부쳤다. 아내 또한 매일 답장을 보내 왔다.

3) 파독 광부 훈련소장에서 독일 간호사로

1970년 1월, 아내가 독일로 떠나고 3개월쯤 되었을 때의 일이다. 노동청 소속 한국 해외개발공사는 외화 획득의 수단으로 서부 독일 정부에 광부를 송출하기로 협약을 체결했다. 그에 따라 노동청에서 서독 광부들을 파송했는데 막상 진짜 광부는 얼마 되지 않고 가짜 광부가 너무 많았다.

당시는 대학을 나오고 놀고먹는 건달뿐만 아니라 싸움질이 전문인 주먹들도 많은 시대였다. 이런 사람들이 서독에 가서 광부 출신이라고 하니 서독 광산 측에서 의심을 하기 시작했다. 그래서 정부는 단기 숙련공이라도 만들 요량으로 광부로 가기 원하는 사람들에게 실제로 3개월 동안 탄광 지대가 있는 광산 지대 황지와 도계 광업소에서 석탄을 캐는 일을 하게 했다. 아무리 초보자라도 직접 광산에서 실습을 받고 훈련을 마치면 서독 광부로 보내 주기로 했던 것이다.

그런데 또 다른 문제가 있었다. 당시는 외국에 한번 나가는 것이 무슨 벼슬을 하는 것처럼 대단한 일로 생각하던 때였다. 어느 정도인가 하면 루프트한자 독일 항공 비행기 티켓만 주머니에 꽂고 술집에 나타나면 외상도 주었다.

이렇게 특별한(?) 광부 훈련생들이 탄광 지대에 내려오자 강원도 태백 탄전 지역 건달들과 자꾸 싸움이 붙었다. 여자 문제를 일으키지 않나, 아니면 술이나 음식을 먹고 돈을 내지 않기도 했다. 하여튼 유명한 건달들이 서울에서 내려와 다른 지역에서 소란을 피우니 어떻게든 민폐를 방지해야 했다. 그 방안의 일환으로 탄전 지대에서 주먹을 꽤나 쓰고 영향력 있는 사람을 물색하게 되었는데 김태원이 적임자로 뽑히게 되었다. 그는 특채로 뽑혀 노동청 해외개발공사의 도계 및 황지 광부 담당 훈련소장이 되었다.

훈련생들은 한 번에 150명씩 도계역에 도착했다. 그들을 인수하러 역전에 나가면 그야말로 꼴불견이었다. 심지어 어떤 사람은 어깨에 자일을 메고 오는 경우도 있었다. 광부 훈련을 받겠다고 온 사람이 무엇에 쓰려고 자일을 가지고 왔냐고 물었더니 취미가 등산인데 주말에는 설악산에 가서 등반할 거라는 것이었다. 그렇게 정신상태가 엉망인 사람들을 그는 실미도 특수부대 요원들 다루듯 스파르타식으로 교육했다.

민간인 신분이지만 기합도 주고 거세게 다루니 처음에는 반발도 있었다. 그러나 김태원의 출신 신분을 알고는, 또 자칫 한번 눈 밖에 나면 서독에 나가지 못할 수도 있다는 생각에 순순히 그의 말에 잘 따랐다. 이런 호된 교육을 받아야 외국으로 나갈 수 있었으며 뜻한 바를 이룰 수 있었다. 그런데 기분파였던 그는 교육생들이 말을 잘 들어 기분이 좋으면 3개월 교육과정을 한 달 만에 수료해 서울로 보내기도 했다.

어느덧 2년이라는 세월이 흘렀다. 김태원은 그의 일에 사명감을 가지고 정말 멋있게 훈련을 시켰다. 그토록 엉망이었던 사람들을 3년 이상 광산에서 일한 광부같이 만들어 서독으로 보냈던 것이다.

1972년 10월, 서독 시립 병원 수술실에서 근무하던 아내는 한국을 떠난 지 2년 만에 부인과 수술실 책임자 의사로부터 일도 잘하고 근면하다는 인정을 받게 되었다. 그 무렵 기쁜 소식이 날아들었는데, 그것은 시립 병원 원장으로부터 김태원이 서독 병원에 취업되어 갈 수 있는 초청장을 받게 된 것이었다.

어느 날 아내로부터 연락이 왔다. 남자 보조 간호사 면허증을 만들 수 있느냐고. '남자 보조 간호사.' 당시 한국에는 남자 보조 간호사 제도가 없었다. 아내는 몸이 달았다. 외국에는 다 있는데, 그것 하나 만들 수 없냐고 재촉했다. 당시야 마음만 먹으면 도장 하나 파는 것은 그리 어려운 일이 아니었다. 그는 대수롭지 않게 생각하고 가짜 간호 보조사 졸업장을 한 장 만들어 보냈다.

그런데 독일에 도착하고 보니 큰 문제가 있었다. 시립 병원에 도착하는 날부터 외과 수술실의 남자 보조 간호사로 일을 해야 했다. 심각한 문제가 아닐 수 없었다. 그때까지 병원에 환자로라도 입원한 적이 없었는데 수술실 근무라니, 명색이 간호사인데 모른다고 하면 간호사 자격이 없는 것이 되고 또 가짜가 판명 나면 추방을 당하게 되니 걱정이 이만저만이 아니었다.

그러나 김태원은 북파 요원 출신답게 진짜 간호사처럼 행세해 무사히 위기를 넘겼다. 당시는 독일에 개별적으로 취업을 못 하던 시절인데 그들 부부는 아들 동석이와 신이도 초청해 와서 한데 모여 살게 되었다.

아이 둘(첫째 10살, 둘째 7살)이 초등학교에 다닐 때의 일이다. 같은 또래라도 한국 아이들은 덩치가 작아 덩치 큰 독일 또래들에게 놀림을 당하기가 일쑤였다. 그들은 두 손으로 눈을 치켜올리면서 "칭창총!" 하며 중국 사람 흉내를 내며 놀렸다. 독일 아이들에게 얻어맞고 울면서 집으로 돌아오면 김태원은 너무 화가 났다.

"아니, 아버지인 나는 남을 때리고 살아왔는데. 임마, 너희들은 만날 얼어터지고 그 모양이야!"

그는 얻어맞아 풀이 죽어 집으로 들어오는 자식들을 감싸주지는 않고 고래고래 소리를 지르며 혼을 냈다. 그리고는 그들을 꼭 품고 함께 울었다. 애들도 울고 그도 울고…. 그러던 어느 날 김태원은 아이들에게 선포를 했다.

"앞으로 얻어터지고 들어오면 무조건 아버지가 너희들을 팰 것이다. 그 대신 패고 들어오면 고소가 들어 오든지 치료비를 물든지 내가 다 부담하겠다. 그러니 오늘부터 학교 공부 끝나면 무조건 두 시간씩 운동해야 한다."

그날부터 아이들은 바로 운동을 시작했다. 한 시간은 김태원이 태권도를 가르치고 한 시간은 아예 유도 학교를 보냈다. 그런데 운동을 가르친 지 6개월 후부터 두 형제가 교대로 또래들을 패고 들어오기 시작했다. 학교가 발칵 뒤집히고 학부모들의 원성이 대단했지만, 당시 김태원은 하나님을 모르는 세상 사람이었기에 그것이 오히려 신이 났다. 대신 힘센 아들들에게는 많은 친구가 생겼다.

지금도 이따금 아이들은 아버지를 놀린다. 아버지가 목사 되기 전에 학교에서 애들 패고 오라고 운동 가르쳤다고. 그때마다 쥐구멍이 있으면 쏙 들어가고 싶을 정도로 얼굴이 간지럽다고 했다. 모두 다 이국땅에서의 나그네 설움에서 나온 일화다.

그렇게 독일에서 5년을 살았다. 어느 날 김태원은 아내에게 하루를 살아도 남자답게 살고 싶다고 심각한 표정으로 말문을 열었다. 한국 남자의 기질이 발동한 것이다. 아내는 정식 간호사였기에 김태원보다 월급이 배나 많고, 수술실 간호사이다 보니 시간 외 수당이 많았다. 그는 월급이 아내의 반밖에 되지 않았다. 아내보다 더 많이 벌고 싶고, 돈다발을 가지고 와서 방 바닥에 꽉 던져 놓고 큰소리도 뻥뻥 치고 싶은데 독일에서 사는 한 그게 가능하지 않은 것이다.

김태원은 독일 생활을 정리하고 한국으로 돌아가자고 했다. 당시 그는 5년, 아내는 7년 동안 알뜰살뜰 살림을 꾸려 모은 돈이 꽤 되었다. 그 돈을 다 가지고 한국에 나오면 행복하게 잘살 수 있을 것 같았다. 그런데 아내는 절대 반대, 요지부동이었다. 절대 한국으로는 돌아가지 않겠다고 했다. 남편이 이제 마음 잡고 사는데 한국에 나가면 또 옛날로 돌아간다는 것이 이유였다.

그래서 결국 김태원은 조건을 걸었다. 미국에 이민 신청을 하되 만약 1년 내에 못 가면 한국으로 가자고 말이다. 얼마 후 **간호사 이민 신청을 했는데, 6개월 만에 영주권을 받게 되었고 그들 가족은 미국에 들어가게 되었다.**

4) 미국에서의 이민 생활

(1) 미국 이민 생활의 시작 - 날라리 크리스천

김태원의 가족은 미국 LA 인근에 있는 오렌지카운티에 정착했다. 독일에서도 간호사와 광부들이 있는 곳에 가 보면 주일과 수요일 아니면 금요일에는 교파끼리 모여 예배를 드리면서 아내를 초청하곤 했다. 김태원은 그때마다 절대 참석을 못하도록 했는데, 이유는 '여자들이 교회에 가면 집안 망한다'라는 옛날 어른들 말이 머릿속에 꽉 차 있었기 때문이다.

미국에 정착했을 때 김태원의 가족을 제일 먼저 찾아오는 사람들이 있었는데, 바로 각 교회의 전도 팀이었다. 이민자들이 들어오면 약속이나 한 것처럼 김치 한 통씩 사 들고 마구 몰려왔다. 오늘은 이 교회에서, 내일은 저 교회에서 막무가내로 몰려왔다. 그때마다 김태원은 그들을 모두 쫓아 보냈다. 그때만 해도 그의 집에서 예배를 드린다는 것은 상상할 수도 없는 일이었다. 여자가 예수 믿으면 집안 망친다는 생각에는 변함이 없었다. 그도 그럴 것이 어릴 적 보아 온 예수쟁이들은 한결같이 가난하고 초라했다는 기억이 그의 머릿속에 차 있기 때문이었다.

그러던 어느 날 김태원이 외출하고 돌아와 보니 한 무리가 집 안에서 예배를 드리고 있었다. 그래서 당장 나가라고 막 소리를 질러 댔는데, 그중 한 사람이 경상도 사투리로 물었다.

"말소리를 들으니 경상도 분이네예. 고향이 어디십니꺼?"

고향이라는 소리에 그는 깜빡 넘어갔다.

"경상도 영양인데요."

"아, 그렇습니꺼, 저도 경상도 영양입니다. 멀리 이국 땅에서 고향 사람을 만나다니. 저희 형님은 아직도 영양에서 사십니더."

그는 호들갑을 떨며 몹시 반가워했다. 고향 사람을 내쫓을 수도 없고 해서 예배만 드리고 가게 했는데, 결국 그 일을 계기로 김태원의 가정은 교회에 발을 딛게 되었다. 그런데 결정적으로 김태원이 교회에 나가야겠다고 결심한 까닭은 아이들을 미국에서 착하게 키우려면 '교회에 보내야 된다'라는 말이 마음에 와닿았기 때문이다.

어느 부모가 자녀들 잘되기를 바라지 않겠는가?

그렇게 해서 그는 아내를 따라 교회에 나가기는 했지만, 마음이 썩 내킨 것은 아니었다.

김태원은 미국에 가지고 온 돈이 꽤 많았기 때문에 생활하는 데는 전혀 어려움이 없었다. 미국에 이민 온 한국 사람들치고는 꽤 많은 돈을 가지고 있었다. 왜냐하면, 다른 사람들은 한국에 돈이 있다고 해도 외환 관리법에 걸려 가져오지 못하는데, 김태원은 독일에서 직접 미국으로 와 은행에 있던 달러를 다 가지고 왔기 때문이었다. 김태원은 미국에 도착하기가 무섭게 집을 사고, 자동차와 필요한 가전제품을 모두 최신형으로 그것도 현금으로 구입했다. 미국 사람들은 현금이 많아도 카드를 사용해 신용을 쌓는데, 김태원 부부는 귀찮다는 핑계로 모두 현금으로 사버렸다.

편하고 풍족한 생활이 계속되는 가운데 한때 장사를 하고픈 생각도 들었지만, 아내가 간호사만을 고집하는 바람에 포기했다. 대신 김태원은 일본어를 할 줄 알았기에 일본 마쓰다 자동차 회사에 근무하게 되었으며, 퇴근 후에는 오후 시간을 이용해 태권도 도장을 운영했다. 아내는 다시 간호사로 일하면서 RN(정규 간호사) 자격을 얻기 위해 열심히 공부했다.

평화로운 김태원 가정에 문제가 있다면, 주일날만 되면 아내가 교회에 가자고 그를 귀찮게 한다는 것이다. 일주일에 겨우 하루 쉬는 날만큼은 친구들과 술이라도 한잔 나누면서 즐기고 싶은데, 그 아까운 시간을 교회에 가서 없애려니 너무 억울하다는 생각이 들었다.

아내의 성화에 못 이겨 그는 한 달에 두 번 정도 예배에 참석했다. 그것도 별의별 핑계를 대며 건성으로 5년을 출석했다. 그러던 어느 날, 담임 목사님이 빙그레 웃으시면서 침착한 음성으로 말을 걸어 왔다.

"김 선생님! 그동안 교회에 5년쯤 나오셨으니 이제는 직분 받으시고 봉사 좀 하셔야지요."

그 말을 듣는 순간 그는 피가 잠시 멈추는 것 같았다.

목사님의 말이 "김 선생, 이제 집사 직분 받으시고 가지고 있는 돈 좀 내놓으세요"라는 소리로 들렸기 때문이다.

'나한테 돈이 좀 있으니까, 이 목사님이 내 돈을 빼앗아 가려고 하는구나'라는 생각이 퍼뜩 들었다.

이따금 교회 주일 예배에 참석했을 때 헌금한 사람의 직분과 이름을 불러 주는 것을 보았기에 그런 생각이 들었던 것이다. ○○○ 집사 감사 헌금, ○○○ 집사 십일조 헌금, ○○○ 집사 심방 헌금, 하여튼 전부 다 집사였던 것이다.

김태원이 출석하는 교회는 성도가 400명 정도 되는 교회였는데, 뒷자리에서 앞으로 다섯 번째쯤 되는 의자 뒤에 큰 기둥이 하나 있었다. 이 자리가 그의 지정석이었다. 그 기둥에 기대고 앉아 있으면, 열린 양쪽 문 사이로 오렌지카운티의 시원한 바람이 솔솔 들어와 스르르 눈이 감겼다. 바로 앞에는 항상 키 큰 할아버지 한 분이 앉아 계셔서 몸으로 그의 얼굴을 가려 주니 담임 목사님과 얼굴 마주칠 일이 없었다.

한참을 졸다 옆에서 아내가 옆구리를 쿡 치면 그제야 눈을 뜨게 되는데 바로 헌금하는 시간이었다. 그렇게 졸기만 하다가 헌금을 내는데, 당시에는 그 헌금이 그렇게 아까울 수가 없었다. 그래서 꾀를 내었는데, 예배 출석하는 날이면 아침 일찍 헌금을 준비하는 것이었다. 한쪽 주머니에는 10달러짜리를 넣어 놓고, 다른 한쪽 주머니에는 5달러짜리를 넣어 두는 것이었다. 그랬다가 예배 시간에 아내가 보면 10달러짜리를 보란 듯이 흔들어 가면서 헌금함에 넣고 안 보면 꼬불쳐 둔 5달러짜리를 손에 꼭 쥔 채 살짝 넣었다.

그런 날라리 신앙을 갖고 있던 당시의 김태원은 목사님이 봉사를 하라고 하시니, 너무 놀라 손을 탁 올리면서 태권도 할 때의 방어 자세를 취했다.

"만약 직분을 주면, 나 이 교회 안 나옵니다."

그랬더니 목사님이 깜짝 놀라 말한다.

"아, 아닙니다. 심 선생님, 괜찮습니다. 그냥 나오세요."

그렇게 해서 다시 교회에 나가기는 했는데, 언제부터인가 그들 부부는 매일 싸움을 하기 시작했다. 주일날 예배를 드리기 위해 교회에 차를 몰고 가는 내내 싸운 적도 있었다. 처음에는 애들 눈치 보느라고 꾹 참기도 했는데 나중에는 애들이 있건 없건 가리지 않고 다퉜다.

어떤 날은 싸우면서 교회 앞까지 왔다가 차를 돌려 집으로 그냥 간 적도 있었다. 차에서 내내 싸우면서 교회까지 오면 대부분 아내가 먼저 들어가고 김태원은 차를 세우고 분을 삭인 후 한참 뒤에 들어가곤 했다. 그러면 아내는 언제 싸웠느냐는 듯이 경건한 척 고개를 숙이고 기도를 하는 것이 아닌가. 그런 장면을 보면 그는 더욱 화가 치솟았다. 남편을 있는 대로 약 올려 놓고, 속을 갈기갈기 찢어 놓고 무슨 기도가 되느냐는 생각이었다.

부부 싸움의 원인은 두 가지였다. 그중 하나가 십일조 문제로 아내는 내 얼굴만 보면 자꾸 십일조를 하자고 강요하는 것이었다. 그들 부부가 버는 돈의 십 분의 일을 계산해 보니 엄청난 액수였다. 앞으로 더 부지런히 벌어 나이 들어서는 한국에 가서 즐겁게 살아야 하는데, 자꾸 십일조를 하자고 하니 억울하기 짝이 없었다. 그는 어떻게든 안 하려고 이리저리 핑계를 대고, 아내는 자꾸 십일조를 하자고 하다가 싸움이 붙는 것이었다.

또 하나 싸움의 원인은 아내의 친정 오빠 때문이었다. 아내는 위로 오빠 하나가 있고 딸들이 넷이 있었는데, 하나밖에 없는 오빠가 술을 너무 많이 마셔서 거의 알코올 중독자처럼 되어 버렸다. 사람마다 건드리기만 하면 '팡!' 하고 터지는 것이 있듯이, 어쩌다 오빠 흉이라도 볼라치면 아내는 야단이 나는 것이었다. 어느 정도 싸웠는가 하면 하루라도 싸움을 하지 않으면 잠이 잘 오지 않을 정도였다. 그럴 때면 그는 아내의 아픈 데를 건드려 싸움을 걸곤 했다.

"야! 너희 오빠 술주정뱅이지?"

그러면 즉시 반격이 들어왔다.

"그래, 우리 오빠는 술주정뱅이다. 너의 아버지는?"

이런 식으로 달려들면 손찌검은 못하고 속은 타고, 그때마다 응접실 탁자를 치면서 "야!" 하고 소리를 한번 지르면 속이 후련해졌다. 사실 김태원은 결혼식을 하기 전에 조건을 하나 내걸었었다.

"나는 성격이 너무 포악하고 무서운 데가 있소. 파르르할 때는 이성을 잃어버린단 말이오. 그때는 10분만 참아 주오. 설령 내가 잘못했다 해도 내게 미안하다고 사과를 하고 10분만 참으면 그다음에는 내가 미안하다고 당신에게 빌 거요."

그 약속은 그런대로 잘 지켜져서 그들은 싸우면서도 그 규칙을 지켜 나갔다. 아내가 미안하다고 하면 다음에는 그가 미안하다고 사과하고, 나중에는 서로 미안하다고 하면서 잘 지나갔다. 미국에 정착하고 나서부터는 김태원이 한마디 하면 두 마디 하는 등 아내는 조금도 물러서는 법이 없었다. 그에게는 정말 용납할 수 없는 일이었다. 어쩌다가 이 꼴이 되었는지 기가 막혔다. 나이도 그가 아내보다 일곱 살이나 많은데 말이다. 그렇다고 약한 여자를 상대로 손찌검을 할 수도 없고 설령 손찌검이라도 하면 경찰이 와서 잡아가니 이러지도 저러지도 못하고 속만 끓이고 있었다.

그런데 김태원이 먼저 미안하다고 사과하는 경우도 있었다. 당시 아내는 성요셉병원 밤 당번 간호사로 근무하고 있었는데, 아무리 싸움했다 해도 병원에 출근하는 날 밤 9시 전에는 꼭 김태원이 먼저 아내에게 사과를 하는 것이 철칙이었다.

아내의 마음을 위로해 출근시키는 데에는 그럴 만한 이유가 있었다. 그 나름대로의 계산이 있었기 때문이다. 왜냐하면, 그들이 사는 집을 비롯한 모든 재산은 공동 명의로 등록되어 있었다.

혹 기분이 상해 출근하다 교통사고라도 내면 아내의 재산은 다 날아가고, 그의 재산까지 다 날아가는 것이 아닌가. 또 기분 나쁜 상태에서 출근해 주사라도 잘못 놓는 등 의료 사고라도 내면 금방 소송이 들어오는데, 그렇게 되면 역시 그의 재산도 동시에 다 날아가게 되니 그는 어쩔 수 없이 아내의 기분을 풀어 주곤 했던 것이다.

(2) 부흥회에서 무슨 일이?

아내 김성녀가 기도원에 다녀오더니 사람이 완전히 변했다. 아내가 기도원에 다녀온 후 한 달쯤 되었을 때다. 김태원은 조금 수상한 생각이 들었다.

사람이 어떻게 이렇게 변할 수 있을까?

그는 아내를 시험해 보고 싶었다. 싸움을 걸기 위해 예전처럼 술주정뱅이 오빠 이야기를 꺼냈다.

그런데 이게 웬일인가, 옛날 같으면 "그래, 우리 오빠 술주정뱅이다! 당신 아버지는?" 하고 대들어야 하는데 전혀 다른 반응이 나왔다.

"그래 말이야, 우리 술주정뱅이 오빠를 위해 기도 좀 해줘요."

순간 그는 당황했다. 아무런 공격도 안 하고 그저 기도해 달라고 하는 것이다.

"그래!"

갑자기 부끄러운 마음이 들었다.

'야! 이거 회개할 사람은 바로 나구나. 행복이야말로 바로 이런 것이구나.'

그로부터 두 달 정도 흘렀을까. 그동안 김태원은 한 주도 빠지지 않고 매주 교회에 나가 예배를 드렸다. 그리고 그전에는 얼씬도 하지 않던 부엌에서 설거지도 하면서 아내를 도왔다. 하루는 아내가 조심스럽게 입을 열었다.

"부탁이 하나 있는데 들어 줄래요?"

"물론이지. 우리 가정이 이렇게 변화가 되었는데 암! 들어주고말고."

김태원은 내용을 듣기도 전에 뭐든 다 들어 준다고 약속했다.

"내가 기도원 갔을 때 신령한 목사님을 만났다고 했죠. 상담도 해 주셨다는 그 목사님 말이에요. 그분이 오렌지카운티에 있는 H 교회에서 부흥회를 인도하신대요."

아내는 그곳에 함께 참석하고 싶다고 했다.

"물론이지. 이렇게 우리 가정을 행복하게 만들어 준 목사님인데 내가 그 정도도 못 들어 주겠어?"

사실 그때만 해도 김태원은 부흥회가 뭔지도 잘 몰랐다. 그저 변화된 아내의 부탁이기에 함께 가기로 약속을 하고, 그날 밤 아내를 따라 부흥회에 참석하게 되었다. H 교회 안은 이상하게 희미한 전기 형광등이 커져 있었다. 400명 정도 앉으면 꽉 차는 교회에 약 550명 정도의 무리가 앉아 박수를 치며 찬양을 부르고 있었다. 김태원은 컴컴한 가운데 야단법석을 떨고 있는 그들의 모습을 보니 꽤히 으스스한 기분이 들었다. 에어컨이 있는데도 너무 더워서 그런지 선풍기도 틀어 놓았는데 "쐬액" 하는 바람 소리가 기분 나쁘게 들렸다.

밤 예배는 처음인지라 매우 낯설었다. 아내는 컴컴한 통로를 따라 자리를 찾기 시작했다. 아내는 앞자리에 앉자고 손을 끌어당겼는데, 김태원은 자기도 모르게 "그만!" 하고 아내를 제지했다. 자기 자리는 항상 뒷자리인데 너무 많이 앞으로 나온 것 같았다. 결국, 제일 앞자리로 가지 않고 앞에서 다섯 번째 줄 복판에 끼어 앉았다.

박수를 치고 어깨를 들썩이며 찬양을 부르는데 그는 통 정신이 없었다. 그들이 나가는 장로교회에서는 조용하고 거룩하게 찬송가를 부르는데, 여기서는 그 많은 사람이 착착 박자에 맞추어 박수를 치는 것을 보니 입이 쩍 벌어졌다.

'야. 뭐 이런 찬송가도 있나?' 하는데, 문득 이런 생각이 들었다.

'누가 나를 알아보면 어쩌지?'

들어올 때는 생각도 못했는데 정신을 차리고 뒤를 돌아보니 사람들이 얼마나 많이 앉아 있는지.

당시 김태원은 오렌지카운티에 처음 한인회를 만들기 위해 한창 준비를 하고 있었다.

'매일 술집에 앉아 한인회 계획을 짜고 있었는데, 누가 그의 뒤에 앉아 있다가 알아보기라도 하면, "야, 김태원이가, 저 앞에 앉아서 박수치더라" 하는 소문이 날 것 아닌가. 아이고!'

김태원이 돌았다는 소문이 삽시간에 오렌지카운티를 경유해 LA까지 퍼지겠다는 생각이 들었다. 순간 그는 얼굴이 화끈 달아올랐다.

'자리에서 일어서면 얼굴이 보일 테고, 고개를 숙이고, 나갈 수도 없고….'

이렇게 안절부절 못하고 빠져나갈 궁리를 하는데 목사님의 얼굴이 눈에 들어왔다. 강단 위에서 성경책을 안고 왔다 갔다 하면서 찬양을 인도하던 부흥 강사 목사님의 모습은 그가 영원히 잊지 못할 장면이 되었다.

"강물 같은 주의 평화! 강물 같은 주의 평화!"라고 찬양을 부르는데 특히 그 '평화'를 찬양할 때 목사님이 손가락으로 그를 지적하는 것이었다. 다른 사람들은 다 손벽을 치는데, 김태원 혼자만 박수를 안 치고, 고개를 푹 숙이고 있으니까 어서 박수를 치라는 뜻이었다. 그는 박수까지는 못 치고, 손이 겨우 무릎까지 올라와 어정쩡한 자세로 무릎을 쳤다.

목사님은 그에게 관심이 있는 듯 그와 눈만 마주치면 "평화!"라고 말하며 손가락으로 그를 가리켰다. 할 수 없이 손으로는 계속 무릎을 치면서 머리로는 빠져나갈 궁리를 하는데, 갑자기 500여 명이 일제히 소리를 질렀다.

"불이야! 불이야! 불이야!"

그는 사방의 유리창이 한꺼번에 깨지는 줄 알았다. 당시만 해도 그는 동작이 빠를 때라 어떻게든 빨리 도망가기 위해 자리에서 벌떡 일어났다. 그런데 실내는 완전히 깜깜했다. 누가 전등을 꺼버린 것이었다(성도들이 통성으로 "주여!" 삼창을 부르짖고, 부흥 강사는 "성령의 불 받아라!"라고 고함치는 것을 김태원은 "불이야!"로 착각한 것이었다).

그때만 해도 통성 기도할 때는 불을 끈다는 사실을 김태원은 몰랐다. 통성 기도에 대해 들어 본 적도 없었고 기도에 대한 지식도 전혀 없을 때였다. 방언에 대한 지식은 더욱 없었다. 불을 다 꺼버렸으니 주변은 캄캄하고, 사방에서 들려오는 방언 기도 소리기 요란하게 들렸다.

"따따따따와와왕와왕!"

그가 보기엔 한마디로 아수라장이었다. 김태원은 손을 깍지 끼고는 힘을 주며 참는데 얼마나 안간힘을 썼는지 진땀이 마구 흘러내렸다. 도대체 이게 무슨 일들인지 이해할 수가 없었다. 그의 앞자리에 앉아 있던 젊은 처녀의 행태는 더욱 이상야릇했다. 지금 생각해 보니 그 처녀는 성령을 받는 중이었다.

"아-빠-찌!"(아버지).

그 비명 같은 소리에 김태원은 완전히 미쳐 버릴 지경이었다. 그의 얼굴은 땀투성이가 되었다. 계속 두 손을 깍지 끼고 안간힘을 다하고 있었기 때문이다.

그런데 어느 순간에 찬양 소리가 나더니 주위가 밝아졌다. 눈을 떠보니 희미한 불이 켜져 있고, 마무리 기도를 하려고 찬양을 부르고 있었다. 그 때 김태원은 이미 완전히 녹초가 다 되어 있었다. 얼굴은 땀 범벅이었다. 그런데 강사 목사님은 그가 은혜를 많이 받아 성령을 체험한 줄 알고 있는 것 같았다.

모든 집회 순서가 다 끝나고 사람들이 밀려 나가는데, 입구에서 강사 목사님이 은혜 받고 나가는 성도들과 악수를 하면서 인사를 하고 계셨다. 그는 힘이 다 빠진 상태로 아내에게 끌려갔다. 아내는 강사 목사님께 남편을 소개했다.

"목사님! 제 남편이에요."

목사님은 그 큰 손으로 그의 손을 반갑게 잡으면서 말했다.

"은혜 많이 받으셨지요?"

그 상황에서 아니라고 말하면 큰일 아닌가. 또 붙들려서 곤욕을 치를 것 같아 "예, 예" 하고 얼른 그 장소를 빠져나왔다. 그날 그곳에서 일어난 일들은 아무리 좋게 봐주려 해도 그의 상식으로는 정상적인 일이 아니었다.

그런데 더 큰 문제가 남아 있었다. 아내의 말은 뭐든 다 들어 준다고 약속했는데, 이 부흥회란 것이 한 번으로 끝나는 것이 아니었던 것이다. 당장 내일 새벽 기도에 나와야 하고, 모두 사흘 동안 낮에도 저녁에도 계속 와야 한다고 했다. 무심코 약속을 해 버렸는데 보통 심각한 일이 아니었다.

그럼 사흘 동안 계속 이 짓을 해야 된단 말인가?

만약 안 하면 아내는 어떻게 나올지 모른다. 김태원은 난감했다. 당장 내일 새벽이 걱정이었다.

'아! 큰일났구나. 어떻게든 결정을 내려야 돼.'

그런데 잠자리에 들기 전에 아내가 조심스럽게 말을 건네 왔다.

"당신, 오늘 혼났지?"

남자 체면에 혼났다고 하지는 못하고 우물우물했다.

"응 그냥 뭐."

"처음이었기 때문에 혼났을 거야. 내일 새벽부터는 나 혼자 갈 테니, 당신은 가지 마요."

와아! 세상에 그보다 더 반가운 소리가 있을까?

아내의 그 한마디는 완전히 기쁨의 소리였다.

"그래 그래, 난 좀 덜된 것 같아. 당신이 먼저 은혜 많이 받아."

김태원은 커다란 숙제를 해결해 놓은 것처럼 마음이 놓여 깊은 잠에 빠졌다. 다음날 새벽, 번쩍 눈이 떠졌다. 본래 그는 새벽잠이 많아 특별한 일이 없으면 아침 10시나 되어야 자리에서 일어나곤 했다. 그런데 새벽 5시 30분, 아내가 새벽 기도회에 참석하기 위해 자동차 차고 문을 여는 소리에 잠을 깬 것이다. 다시 잠을 청했으나 잠이 오지 않았다. 그런데 부흥회가 궁금해지기 시작했다. 어젯밤 있었던 일을 생각하면 꼭 무슨 일이 일어났을 것만 같았다.

김태원은 아내를 기다렸다. 아니나 다를까, 새벽 기도회가 끝나고 아내는 성령이 충만해서 집으로 돌아왔다. 그는 아내를 보자마자 캐묻기 시작했다.

"어떻게 됐어?"

"응! 한 성도님이 갑상선이 나았다고 간증했어요."

"또 한 성도는 하나님 말씀을 듣는 순간 등이 뜨거워지더니 척추에 모든 고통이 떠나갔다고 하더군요. 그래서 온 성도님들이 모두 '할렐루야!'

로 하나님께 영광을 돌렸어요."

김태원은 어느새 아내의 보고에 맞장구를 치고 있었다.

'그래. 맞았어, 맞았어! 내 그럴 줄 알았다니까.'

부흥회가 계속되는 동안 그는 첫날 말고는 한 번도 집회에 참석하지 않았다. 하지만 자기도 모르게 부흥회에서 어떤 일이 일어날 것인지 관심을 갖게 되었다.

'오늘은 아내가 어떤 간증을 듣고 올까?'

김태원은 계속 부흥회 속으로 끌려 들어갔다. 집회에 참석은 하지 않으면서 하루도 빼놓지 않고 집회가 끝나고 집으로 돌아오는 아내의 이야기를 기다렸던 것이다. 그는 조금씩 하나님의 은혜를 갈구하게 되었던 것이다.

(3) 전복에 눈먼 가족, 경찰에 체포되다

김태원 부부가 변화될 무렵에 있었던 일이다. 문화 차이에서 오는 웃음이 터지는 일화다. 그 무렵 김태원 부부는 집에서 차를 타고 한 시간 정도 거리에 있는 다나포인트라는 해변을 자주 찾았다. 그곳은 강원도 삼척 동해 바다와 비슷한 곳이다.

처갓집이 삼척이라 아내가 고향을 그리워할 때나 가끔 부부 사이에 의견이 충돌할 때 이곳을 찾았다. 아이들이 그들의 이야기를 다 듣는 데다가 공부하는 데 지장이 있을 것을 배려해서였다. 파도가 칠 때마다 같이 소리 지르고 악을 쓰면서 파도에 나쁜 감정을 묻어 버렸다. 그날은 아내의 기분을 전환시켜 줄 겸 그곳을 찾았다가 한바탕 말다툼을 하게 되었다. 아내는 화가 나 먼저 자동차 주차장으로 가 버리고 김태원 혼자 터덜터덜 천천히 주차장을 향해 가고 있었다.

　마침 그 시간은 썰물이라 물기 먹은 큰 바위들이 많이 나와 있었다. 저만치 바위틈 사이에 검은 머리들이 여섯 개쯤 보였다. 그런데 그 바위틈 사이에서 누군가가 한국말로 나를 부르는 소리가 들렸다.

　"여보시오, 거기 한국 사람이오? 이쪽으로 와보시오."

　김태원은 자기에게 싸움을 걸어오는 것으로 생각했다. 마침 화가 나 있던 상태라 한번 붙어 볼까 하는 생각을 했다.

　혼자 그런 계산을 하며 그들 곁으로 가 보니 그의 생각은 오산이었다. 그들은 양재기 그릇을 하나 놓고 빙 둘러앉아 있었다. 그들은 대접에 양주를 한 대접 붓더니 그에게 내밀었다.

　"이렇게 만난 것도 인연인데 한잔 하시오."

　그는 한 잔을 받아 마시고, 속이 상한 터라 한 잔 더 받아 마셨다. 순식간에 다 받아 마시고 나니 이번에는 안주를 권했다.

　"이거 한번 먹어 봐요. 전복이에요."

　전복이 살아서 꾸물꾸물하고 있었다. 칼을 들고 그 전복을 끊어 가지고는 옆에 있는 초장에 찍어 안주삼아 먹었다. 얼마나 맛이 좋던지.

　부부 싸움은 칼로 물 베기라고 했던가?

　전복을 먹는 순간 갑자기 아내가 생각났다. 삼척 바다 사람이라 아내도 전복을 좋아했다.

　'야! 이거 우리 집사람에게 먹이면 참 좋을 텐데!'

　아무리 싸움을 해도 좋은 일이 있으면 같이 하고 싶고 좋은 음식이 있으면 같이 먹고 싶은 것이 부부인가 싶었다.

"한 잔 더 하시겠소?"

그는 또 한 잔을 더하고, 이번에도 전복을 꿀꺽 받아 먹었고 물었다.

"전복 맛이 아주 기가 막히네요. 이 안줏감은 어디서 잡았습니까?"

"어디는요? 이 바위 밑에 쫙 깔렸잖아요!"

과연 그 물기 먹은 바위 밑을 들여다보니 전복들이 수두룩하게 붙어 있었다. 전복들이 꾸물꾸물 왔다갔다하고 있었다. 그들은 그것을 그 자리에서 잡아 안주로 먹는 것이었다.

"우와!"

김태원은 횡재를 한 것 같은 기분이었다. 꾸벅 감사하다고 인사를 전하고는 아내가 있는 주차장 쪽으로 마구 뛰었다. 그리고는 저쪽에 서 있는 아내를 큰 목소리로 불렀다.

"여보, 저기 전복 천지다."

잔뜩 얼굴이 일그러져 있던 아내도 전복이라는 소리를 듣자 얼굴에 희색이 돌았다.

"어디요?"

"저기 무지무지하게 전복이 많아!"

그로부터 일주일 후 김태원 부부는 큰 자루를 준비해 와 전복을 땄다. 손에 잡히는 대로 딱딱한 전복을 따다 보니 손에 피도 나고 상처도 났지만, 그 정도는 얼마든지 참을 수 있었다. 한 자루 가득 채워 집으로 돌아와 회로 먹고 냉장고에 얼려 놓고는 지져 먹고, 볶아 먹고, 국 끓여 먹고. 일주일 동안 계속 전복 요리만 해 먹었다. 당시 마켓에서 파는 전복 값은 매우 비쌌다. 하나에 5달러 정도 했다.

그래서 그다음 주일에는 아예 교회를 안 가고 아이들까지 데리고 전복을 따러 나섰다. 드라이버와 목장갑도 사고, 아주 큰 비닐 팩도 몇 개 준비했으며 밥과 초고추장까지 싸 갔다. 아내 김성녀 선교사님은 전복 따는 일은 식구들에게 맡기고 바위 위에 누워 선텐을 했다. 얼굴과 몸에 골고루 크림을 바르고 누워서 책을 보다가, 눈이 피곤하면 주위를 둘러보며 한마디 거들었다.

"전복이 여기도 있네."

그렇게 명령이 떨어지면 그와 아이들이 쏜살같이 뛰어가 전복을 따왔다. 그렇게 해서 김태원 가족은 두 자루를 채웠는데, 그날따라 웬일인지 헬리콥터가 자꾸 그들 부근에 와서 저공 비행을 했다. 그는 헬리콥터가 몹시 신경이 쓰였다.

"아니, 남 전복 따는데 왜 이렇게 헬리콥터가 왔다갔다하는 거야?"

그러나 그의 아내는 대수롭지 않게 말했다.

"헬리콥터가 어디 한두 대 있나요, 뭘."

전복을 딸 만큼 땄기에 군침을 삼키며 점심을 먹고 있는데, 꺼벙해 보이는 미국 사람이 그들을 향해 왔다. 김태원이 회 한 점을 입에 넣고 우물우물하고 있을 때였다. 갑자기 그 미국인이 점퍼를 확 열어젖혔다. 그의 점퍼 속에 경찰 마크가 보이는 순간 그가 김태원을 향해 권총을 겨누었다.

"현행범으로 체포한다."

이게 무슨 날벼락인가!

"그게 무슨 말이오?"

깜짝 놀라 항의하자 사진을 하나 내밀었다. 김태원 식구가 전복을 따서 주위 담는 사진이었다. 아까 그 헬리콥터는 그들 사진을 찍기 위해 위를 맴돌았던 것이었다.

"빨리 잡은 전복을 모두 내놔!"

할 수 없이 전복 자루를 내놨더니 전복 자루를 어깨에 둘러메라고 했다. 결국, 김태원이 앞장을 서고 온 가족이 일렬로 늘어서서 입구에 있는 자동차 주차장 쪽으로 걸어갔다.

그날따라 웬 한국 사람들이 그렇게 바닷가에 많은지 꼭 한국에 와 있는 것 같았다. 하긴 한국 동해안의 바닷가 삼척과 별반 다를 게 없는 곳이긴 하지만. 경찰이 여전히 그들을 향해 권총을 겨누고 있으니 지나가던 사람들의 시선이 온통 그들에게 쏠렸다. 순간 이런 생각이 들었다.

'아, 자식들도 애비를 잘 만나야지, 이게 무슨 꼴인가?'

망신스런 일은 계속되었다. 경찰은 자동차 주차장에 이르자 많고 많은 사람 앞에서 전복을 한 개씩 꺼내 얼마나 되는지 세어 보라고 했다. 사실 그들이 딴 전복들은 조그마한 것들이 많았다.

구경하던 사람들이 보기 안쓰럽다는 듯 '쯧쯧' 하고 혀를 차며 고개를 절레절레 흔들었다. 다 세고 나자 경찰이 종이쪽지 한 장을 건넸다.

"이거 가지고 있으시오. 곧 법원에서 출두 영장이 나올 테니 그때 법원에 출두하시오."

며칠 후 법원에 갔더니 "일주일 동안 감옥에 들어가 있겠느냐, 아니면 370달러를 내겠느냐"고 물었다.

김태원은 순간 진땀이 났다. 그가 지난 1년 동안 하나님의 눈을 피해 헌금 안 하고 하나님의 것을 가로챈 게 거의 370달러였기 때문이다. 순간 소름이 돋았다. 하나님은 김태원이 한 짓을 샅샅이 알고 계신 것이었다.

마치 하나님이 불꽃 같은 눈으로 그를 바라보시며 "너 이제 아무리 해도 소용없다"라고 하시는 것만 같았다.

'하나님, 정말 잘못했어요. 다시는 안 그럴게요.'

김태원은 회개의 기도를 드렸다. **그 사건 이후 김태원은 정확한 십일조를 하게 되었다.**

(4) 김태원 집사가 없으면 은혜가 안 돼

그 무렵 김태원 집사님은 주일 예배뿐만 아니라 수요 예배, 금요 예배, 구역 예배에 전부 참석하게 되었다. 기도하면 눈에서 눈물이 쫙쫙 흐르고, 시간만 나면 열심히 성경을 읽기 시작했다. 성경의 말씀을 모두 그에게 주시는 하나님의 말씀으로 받아들였다. 그토록 지루하던 예배 시간이 기쁨의 시간이 되었다. 주일 날이 오히려 기다려지기 시작했다.

그들 부부가 출석하는 교회는 너무도 경건하고 보수적인 장로교회였는데 모든 예배에 열심히 참석했다. 하나님 말씀을 들으면 마음에 와 닿아 자기도 모르게 "아멘!" 하고 기뻐했다. 그러나 조용하게 예배를 드리는 장로교회의 분위기와 김태원 집사 부부의 신앙은 잘 맞지 않는 것 같았다. 때로는 이상한 신앙을 갖고 있다는 소리를 듣기도 했다.

김태원 집사 부부는 간절히 기도하고 난 후 결론을 내렸다. 이렇게 조용한 장로교회에서는 신앙생활이 안 되겠다고. 김태원 집사님은 노워크에 있는 순복음교회로 교적을 옮겨 신앙생활을 하기로 했다. 40여 명의 성도들이 모이는 개척 교회였다. 순복음교회에 등록한 후 김태원 집사님은 더욱 성령 충만해졌다. 열심히 전도하고 교회 일이라면 물불을 가리지 않고 헌신하자 1년 후에는 120명의 성도로 부흥하여 하나님께 영광을 돌렸다.

김태원 집사님은 말씀을 배우며 많은 것을 깨달았고 하나님의 은혜를 사모하며 교회 일이라면 무슨 일이든 가리지 않고 나섰다. 교회에는 성도가 적든 많든 부서가 나뉘어 있으며 각기 할 일이 있다는 사실을 그는 나중에 깨달았다.

그때 얼마나 성령이 충만했던지, 또 얼마나 적극적이고 열정적이었던지 자기보다 열 살이나 어린 목사님의 007가방을 받아 들고 날랐으며, 언제나 제일 앞자리에 앉아 찬양팀을 제쳐두고 강대상 목사님 마이크를 조절했다. 여 전도회 회장이나 권사님들이 준비하는 목사님 강대상에 올려놓는 물컵도 김태원 집사님이 갖다 놓았으며, 안내 집사님들이 세 사람씩 문 앞에 서 있는 것을 보고도 주보를 들고 아예 교회 앞이나 큰길까지 나가서 인사를 하며 주보를 나누어 주었다. 그래서인지 많은 성도님들은 김태원 집사님이 안 보이면 은혜가 안 된다는 말을 농담 반 진담 반으로 했다.

그 무렵 기도 많이 하는 권사님들이 김태원 집사님을 찾아와 심각하게 말을 꺼냈다.

김태원 집사님, 내 말 좀 들어 보세요.

아! 기도만 하면 환상이 보이는데, 김태원 집사님이 많은 사람들을 모아 놓고 설교를 하는 게 아니겠어요?

그러니 집사님, 신학교를 가셔야겠어요.

권사님들은 한사코 신학을 공부하라고 권했다. 김태원 집사님에게는 보통 심각한 문제가 아니었다. 나이도 나이지만 그는 원래 공부와는 거리가 먼 사람이기 때문이었다. 그런데 그런 말을 하는 권사님들이 한두 분이 아니었다. 결국 김태원 집사님은 기도 많이 하는 권사님들을 피해 다니기 시작했다. 하나 둘도 아니고, 몇 사람이 똑같은 말을 하니 두려운 마음이 들었다.

'이러다가 진짜 신학 공부하는 거 아냐?'

하지만 공부는 하기 싫고, 나이도 들었고, 그래도 자신의 가정에서 하나님 앞에 누구 하나는 바쳐야 되는 것 아닌가 싶어서 공부를 좋아하는 아내에게 말을 꺼냈다.

"당신, 공부하기 싫어?"

"왜? 공부하기 좋아하지요. 좋지요. 그런데 무슨 공부인데요?"

"신학."

"아! 그럼 할렐루야지요. 그런데 내가 신학교에 들어가면 우리집 식구들 밥은 누가 하고요?"

"밥은 내가 할 테니 당신 신학 공부해."

어렵고 골치 아픈 공부보다는 밥하는 것이 훨씬 쉬워 보였다. 결국 밥은 김태원 집사님이 한다는 조건으로 아내는 오렌지카운티에 있는 베데스다순복음신학교에 입학했다. 대신 그는 조건을 하나 걸었다.

"절대 날 위해 기도하지 마라. 잉?

남편이 신학을 공부하게 해 달라든지, 내 신앙을 더 뜨겁게 해 달라든지, 그런 기도는 절대 하지 말란 말이다."

김태원 집사님은 아내와 굳게 약속했다. 그는 아내의 기도 파워를 너무 잘 알고 있었기 때문이다. 아내는 기도하면 그것이 어떤 것이든 응답을 받았다.

아내는 밤에는 병원에서 밤 당번 간호사로 근무하고, 낮에는 순복음교회 장학생으로 열심히 공부했다. 그리고 마침내 졸업하게 되었다. 그 무렵 그들이 나가던 순복음교회는 날이 갈수록 부흥해 갔으나 담임 목사님의 은혜롭지 못한 언행으로 그들 부부는 상처를 받게 되었다.

그 문제로 고민하며 기도하던 차에 당시 오렌지카운티에서 갑자기 부흥하며 선교에 역점을 두는 은혜한인교회로 옮기게 되었다. 몇 년 동안 정들었던 교회를 옮기면서 김태원 집사님은 아내에게 이제부터는 조용히 신앙생활을 할 것이며, 앞에 나서는 일은 절대로 안 할 테니 협조해 달라고 부탁했다. 그리고는 초신자처럼 예배만 겨우 참석했다.

1984년이었다. 당시 은혜한인교회는 700여 명의 성도를 가진 대형 교회인데도 아직 의료 선교부가 없었다. 그래서 간호사인 아내는 또 한 명의 간호사와 함께 예배를 마치고 교회 성도들을 대상으로 의료 봉사를 시작했다. 예배 후에 성도들의 혈압도 재어 주고, 당뇨병 검사도 해 주고, 의료 상담까지 해 주었다. 그러다 보니 자연히 힘에 부치게 되었으며 저녁이면 허리가 아프다고 투정했다. 이유인즉 두 여자 간호사가 무거운 책상들과 의자들을 옮기다 보니 허리에 무리가 온다는 것이었다.

그 말을 듣자 남편 된 사람이 나 몰라라 할 수도 없어 김태원 집사님도 의료 선교에 뛰어들게 되었다. 김태원 집사님은 본래 무슨 일이든 한번 한다면 목숨을 바쳐서 하는 성격인지라 다른 많은 의사와 간호사들을 총동원하게 되었다. 조용히 신앙생활을 하겠다던 결심은 어디론가 사라지고,

독일에서 남자 간호사로 일했던 것이 계기가 되어 의료 선교부 총무라는 직책을 맡게 되었다. 그리고 열심히 뛰었더니 어느새 70명의 회원을 가진 의료 선교부로 발전하게 되었다.

그리고 멕시코 엔세나다 인디언 보호 지역을 그들의 선교지로 삼고 한 달에 한 번 토요일에 직접 멕시코 현지에 가서 의료 선교를 하고 돌아오게 되었다. 열심히 의료 선교를 돕는 총무로 뛰다 보니 자연히 성령이 충만해졌다.

(5) 유럽 선교의 꿈을 품고

하루는 김태원 집사님이 집 아래층 복도를 지나가는데, 아내가 울면서 통성으로 기도하는 소리가 들려왔다. 아무리 부부 사이리고 해도 기도는 듣지 말아야 하는데, 하루 이틀도 아니고 하루도 빼놓지 않고 목놓아 울면서 기도하기에 김태원 집사님은 궁금해지기 시작했다. 복도를 지나가다 말고 그는 귀를 쫑긋 세웠다.

'무슨 죄를 그토록 많이 지었기에 저렇게 회개를 많이 하나?'

그런데 김태원 집사님은 아내의 기도를 듣고는 놀라 자빠질 뻔했다.

"하나님! 제발 아프리카로 보내 주세요. 아프리카 선교사로. 선교사로 써 주세요."

아내는 나이팅게일처럼 불쌍한 사람들을 위해 의료 선교를 하겠다는 것이었다. 순간 눈앞에 영화 필름이 지나갔다. 아프리카 사파리 영화 장면이었다. 아프리카에서 토인들이 죽창을 들고 있다. 남자도 여자도 홀랑 벗고 정신없이 춤을 추면서 뛰놀고 있다.

그런데 그 사람들 속에서 자신도 그렇게 뛰놀고 있는 것이 아닌가!

김태원 집사님은 깜짝 놀랐다. 그는 원래 더운 것을 싫어할 뿐만 아니라 더운 곳에서 일하는 것도 싫어한다.

이거 야단 아닌가!

자기가 아프리카에서 홀랑 벗고 죽창을 들고 뛰고 있다니 ….

'아, 정말 큰일이구나!

아내의 기도는 너무 잘 들어 주시는 하나님이신데 ….'

김태원 집사님은 발바닥에 불이 나게 2층 방으로 올라가 무릎을 꿇고 간절하게 소리치며 기도하기 시작했다.

"하나님, 제발 아프리카에는 보내 주지 마시기 바랍니다. 나는 아프리카 못 갑니다."

2층에서 손을 들고 큰 소리로 통성 기도를 했다. 아래 층에서는 아내가 여전히 간절하게 기도를 하고 있었다. 아내는 아프리카로 보내 달라고 울부짖고 남편은 아프리카에 제발 보내 주지 말아 달라고 2층에서 애원하고. 하나님이 그들을 내려다보고 웃으셨을 것이다.

하나님은 잠시 김태원 집사님의 사고방식과 눈을 막으셨다.

아프리카 선교사로 가더라도 입을 것 입고 충분히 잘 지내며 선교할 수 있는데, 왜 아프리카는 다 홀랑 벗는다고 생각했을까?

김태원 집사님은 그것이 두려워 하나님께 매달린 것이었다. 그래서 더욱 간절하게 부르짖고 기도하는데 또 하나의 필름이 그의 눈앞을 지나갔다. 그들 부부가 살았던 유럽 땅 독일이 지나가는 것이었다. 그는 유럽에 5년간 있었고 아내는 7년이나 있었기에 의사소통에 큰 지장이 없었고 독일 풍속에도 익숙해 있었다. 또 거기 교포들도 생각났다. 간호사와 광부들이 대부분이었다.

독일에서 김태원 집사님은 교회에 나가는 사람들을 일부러 불러다 놓고 술도 먹이고 핍박도 하곤 했다. 그런 일들이 머리를 스치자 회개가 되어 기도가 저절로 나왔다. 이로 인해 그의 기도는 더욱 강렬해졌고, 그도 모르게 유럽으로 선교를 하러 나가야겠다는 계획이 서게 되었다. 불쌍한 영혼들이 득실거리는 유럽으로 나가 그들의 영혼을 구해야겠다고 결심한 것이다.

그날부터 사흘 동안 김태원 집사님은 저녁 시간을 이용해 유럽 선교 5개년 계획서를 작성했다. 계획서를 완성하고 나서 아내에게 보여 주자 아내는 크게 놀랐다. 남편의 실력을 너무 잘 아는 아내는 성령님이 역사하셨다면서 아주 기뻐했다. **성령님의 역사가 아니고는 남편이 이런 계획서를 만들지 못한다는 것이었다.** 기가 막히게 잘 만들었다는 이야기였다. 아내에게 유럽 선교 계획서를 보여 준 후, 아프리카로 보내 달라는 기도 제목이 유럽으로 보내 달라는 기도로 변해 버렸다.

김태원 집사님은 은혜한인교회 담임 김광신 목사님에게 전화를 했다.

"우리 부부가 유럽 선교 5개년 계획을 세웠는데 한번 봐주실래요?"

목사님은 내일 당장 그 계획서를 보자고 하셨다. 그들 부부는 마음이 들떠 가슴이 터질 것 같았다. 그날 밤 그와 아내는 각각 이상한 꿈을 꾸었다.

김태원 집사님이 꾼 꿈은 이렇다. 그가 태어난 시골 동네에는 큰 연못이 있었다. 그가 그 연못 둑을 지나고 있었는데, 연못가에 바싹 마른 동태 같은 고기들이 모두 그를 향해 입을 벌린 채 쳐다보고 있었다. 너무 징그러워 그는 땅바닥에 있는 돌멩이들을 주워 입 벌리고 있는 고기들 입에 계속 던져 넣었다.

아내는 다음과 같은 꿈을 꾸었다. 그녀는 남편과 버스를 타고 어디론가 가고 있었다. 버스에는 손님들이 가득 차 있었다. 그런데 다른 사람들은 고바우 그림처럼 형체만 있는데 남편과 자기만은 정확한 사람의 모습이었다. 어느 지점에서 차가 정차를 하자 김광신 목사님이 박카스 두 병을 들고 오시더니 창밖에서 차 안으로 남편과 아내에게 한 개씩 던져 주셨다. 그들 부부는 김광신 목사님과 한배를 타게 되었다면서 매우 기뻐했다.

아침에 잠에서 깨어난 아내는 마지막 장면이 너무나 선명했다면서 예감이 좋다고 했다. 가뜩이나 들뜬 마음에 그런 꿈까지 꾼 터라 그들 부부는 더욱 설레는 마음으로 담임 목사님을 찾아갔다. 목사님은 그들이 가지고 간 선교 계획서를 꼼꼼히 살펴보셨다. 당시 은혜한인교회는 전체 헌금의 50%를 선교 헌금으로 책정하고 있었다. 선교지 선교사님에게 선교 헌금을 보내고 선교지에서 유용하게 쓰여지도록 물적 지원을 하고 있었지만 정작 은혜한인교회에서는 직접 파송한 선교사가 없었다.

김광신 목사님은 유럽 선교 계획서를 살펴보시고는 별안간 이렇게 말씀하셨다.

"그러면, 김성녀 집사는 베데스다신학교를 졸업해서 됐는데, 김태원 집사도 신학 공부를 해야지?"

"예? 아, 해야죠."

자기도 모르게 터져 나온 대답이었다. 그날 바로 목사님 손에 이끌려 신학교에 편입하리라고는 상상도 못하고 엉겁결에 "예"라고 말한 것이다. 목사님은 그 길로 그의 손을 잡고 교회 건물 안에 있던 유니언신학교 학장님에게 데리고 가 편입을 시켜 버렸다.

그래서 김태원 집사님은 그날부터 신학 공부를 하게 되었다. 만약 그때 목사님이 공부하라는 물음에 "아, 공부해야죠"라고 대답하고 2, 3일이라는 시간이 흘렀다면 아마 영원히 공부를 하지 못했을 것이다. 공부하겠다는 생각은 꿈에도 하지 않았고 또 따라가지도 못할 거라고 생각했다. 아마 목사님의 권유를 금방 기억 속에서 지워 버렸을 것이다. 그런데 대답하자마자 바로 그 자리에서 끌려 나가 수속했기 때문에 즉시 신학 공부를 할 수 있었다.

정말 하나님의 방법은 묘하고도 멋지시다!

2. 김태원 선교사님의 선교

1) 독일 선교사 시절

(1) 내가 지시할 땅으로 가라 - 유럽으로

1987년 3월 23일 선교사 파송식을 은혜 가운데 마쳤다. 유럽으로 떠나던 날, 30여 명의 성도들이 LA 공항에 나와 김태원·김성녀 선교사 부부를 환송해 주었다. 김 선교사 부부는 은혜한인교회에서 파송한 제1호 선교사이기 때문에 교회에서 많은 관심을 보여 주었으며 기도로 후원해 주었다.

지금 생각하면 모두 하나님의 은혜라고 고백할 수밖에 없다. 그때만 해도 김 선교사 부부는 전도사도 목사도 아니었다. 그저 집사의 신분으로 하나님의 은혜가 너무 감사해 하나님 말씀만 믿고 떠나는 사람들이었다.

> 너는 네 땅, 네 친족, 네 아버지의 집에서 떠나 내가 네게 보여 줄 땅으로 가거라. 내가 너를 큰 민족이 되게 하고 네게 복을 주어 네 이름을 크게 할 것이니(창 12:1-2).

이런 사정을 다 아는 성도들은 그날 공항에 나와 김 선교사 부부를 떠나보내면서 눈물로 격려하고 꽃다발을 주며 환송해 주었다. 두 아들과도 헤어지는 순간이었다. 탑승권을 받고 탑승구 안으로 들어가기 전에 마지막으로 손을 들고 뒤를 돌아보는데 두 아들의 모습이 왜 그리도 애처로워 보이는지. 그제야 그들은 아이들과 헤어진다는 사실이 실감이 났다.

아이들을 남겨 두고 떠나는 부모의 심정을 어떻게 표현해야 할까?

두 아이는 말은 못하고 멍한 얼굴로 떠나는 부모들을 바라보고 있었다. 그들의 얼굴이 점점 하얗게 변해 가고 있었다.

'쟤들을 어떡하지?'

순간 가슴이 꽉 막혀 왔다. 아내 역시 똑같은 생각을 한 걸까. 김성녀 선교사님의 얼굴이 하얗게 질린 채 숨을 헐떡거리고 있었다.

간신히 울음을 참고 있던 아내 김성녀 선교사님은 모퉁이를 돌아 아이들이 보이지 않게 되자 이내 카펫 바닥에 주저앉아 울기 시작했다. 그녀는 마치 어린아이들이 투정할 때 다리를 쫙 뻗고 울어 대듯이 땅을 치며 통곡했다. 남편인 김 선교사님도 눈물이 나오는데 어미인 아내의 마음은 오죽했으랴. 그렇다고 남자 체면에 옆에서 같이 울 수도 없고 김 선교사님은 어떻게 위로해야 좋을지 몰랐다.

비행기를 타고 가는 12시간 내내 김 선교사님은 아내의 흐느낌을 들어야 했다. 그도 가슴이 미어지고 아내처럼 통곡도 하고 싶었지만 곧 확신이 생겼다. 아무것도 모르는 아이들을 두고 가는 그들 부부의 심정을 하나님이 더 잘 아실 것이라는 생각이 들었다. 김 선교사님은 오로지 하나님께 아이들을 맡길 수밖에 없었다.

'하나님, 저 아이들을 부탁드립니다.'

아내는 유럽으로 가는 도중에 아이들을 책임지겠다는 하나님의 음성을 들었다고 했다. 그 말은 하나님이 우리의 자녀들을 키워 주시겠다는 것이었다. 할렐루야!

처음 간호 보조사로 독일 땅을 밟았을 때는 돈 많이 벌어 잘살아 보겠다는 꿈을 안고 있었다. 그랬던 그들 부부가 이번에는 복음의 꿈을 안고 독일 땅 프랑크푸르트에 도착했다. 꼭 10년 만에 밟아 보는 땅이었다. 그들은 먼저 하나님께 감사의 기도를 드렸다. 하나님은 그들을 그냥 내버려 두지 않으시고 김 선교사님의 고등학교 후배의 집에서 지내도록 예비해 주셨다. 우선 후배의 집 2층 방에 머물면서 기도하기 시작했다.

너희가 내 이름으로 무엇이든지 내게 구하면 내가 행하겠다(요 14:14).

김 선교사 부부가 사역을 시작할 수 있었던 것은 하나님이 예비해 주셨고 또 함께해 주셨기 때문이다. 그들은 아무것도 없으니 그저 하나님만 의지한 것이었다. 기거할 집을 찾던 그들에게 하나님은 매우 좋은 아파트를 마련해 주셨다. 그곳은 한국 교포들 중에서도 상사, 지사장급만 일곱 가구가 사는 아파트였는데 그 아파트 10층으로 이사를 가게 되었다. 김 선교사 부부는 시간만 나면 기도하며 하나님의 도우심을 구했다.

한국 교포들에게 복음을 전하는 일은 쉽지 않았다. 그들은 아예 김 선교사 부부와의 만남을 피하고 대화조차 하지 않으려고 했다. 아파트에 사는 상사와 지사장들의 우편함에 설교 테이프를 넣어 놓으면, 며칠 후에 그 테이프들이 전부 김 선교사 우편함에 다시 들어와 있기 일쑤였다. 특히 예수 믿는 사람들이 믿음 없는 사람들보다 더 그들을 힘들게 만들었다.

특히 김 선교사 아파트 8층에 사는 감리교 권사님은 김 선교사님의 사역을 몹시도 방해했다. 그 권사님의 부인은 독일 신학교에 다니고 있었으며, 권사님은 그들 아파트 지역 구역장이었는데, 김 선교사 부부가 다른 사람들을 아예 만나지 못하도록 차단했다. 승강기에서 만날 때마다 반갑게 인사를 하면 상대방의 반응은 쌀쌀하기 이를 데 없었다. 인사를 해도 받는 법이 없었다. 여자나 남자나 못 본 체하고 고개를 싹 돌리는 것이었다. 나이가 어린 사람들조차 인사를 받지 않고 마치 전염병을 앓는 환자 대하듯 김 선교사 부부를 피하는 것이었다.

너무나도 서글펐다. 옛날 성격 같았으면 다 때려치우고 미국으로 돌아가겠다고 했을 텐데, 이제 미국에는 집도 없고, 선교사로 파송 받아 나왔는데 얼마 안 돼 힘들다고 들어갈 수도 없었다. 방법은 하나님께 매달리는 수밖에 없었다. 금식하며 통곡하며 울부짖는 수밖에 없었다.

"하나님, 우리를 불쌍히 여겨 주세요. 우리는 하나님 한 분밖에 없어요."

아내는 비오듯 눈물을 흘리며 간절히 애원했다.

"하나님, 좀 도와주세요."

애절한 기도 속에 그들의 힘겨운 생활은 계속되었다. 우리 주님이 이 땅에 오셔서 당하신 고통은 그들이 당하는 어려움과는 비교조차 할 수 없다는 것을 너무나 잘 알기에 그들은 다시 일어서야만 했다. 하나님의 사랑이 김 선교사 부부를 감싸신 것이다.

(2) 풍성한 열매

깊은 잠에 빠져 있던 어느 날 새벽, 누군가가 문을 세게 두드리는 소리에 눈을 떴다. 시계를 보니 막 1시를 지나고 있었다. 김 선교사님은 깜짝 놀라기도 했지만 문득 '드디어 때가 왔구나!' 하는 생각이 들었다.

아니나 다를까, 문을 여니 8층에 사는 권사님의 부인이 난처한 표정으로 손을 만지작거리고 있었다. 그녀는 차마 말을 꺼내지 못하다가 "죄송스럽습니다" 하고 말문을 연 뒤 사정을 이야기했다.

"지금 남편이 침대에 누워 꼼짝을 못하고 있어요."

8층 권사님은 그동안 근무하던 독일 극동건설 지사가 문을 닫게 됨에 따라 영국 지사로 옮긴다고 했다. 이틀 후에는 한국으로 나가 교육을 받고 영국 지사로 다시 나가게 되었다는 것이다.

그날은 집을 비롯해 보험 등 독일 생활을 정리하고 마지막으로 프랑크푸르트에 있는 모든 지사장과 모여 송별회를 열었다. 공원에서 고기를 구워 놓고 야구와 축구를 하면서 즐겁게 시간을 보내고 있었는데, 권사님이 야구를 하려고 야구 방망이를 들고 휘두르다가 그만 "삐끄덕"하고 허리를 다친 것이었다. 예전에도 허리가 안 좋아 척추 수술을 받은 적이 있는데,

이번에는 아예 몸을 꼼짝할 수 없게 되었다는 것이다. 워낙 믿음은 좋은 권사님인지라 그런 상태에서 침대에 누워 가만히 생각해 보니 새로운 깨달음이 머리를 스치더라고 했다.

'아! 내가 잘못했구나. 내가 복음을 전하려고 온 하나님의 종을 핍박했기에 이런 벌을 받는구나!'

이런 생각이 들자 아내에게 10층에 사는 선교사님 부부를 빨리 모시고 오라고 한 것이었다.

"하나님, 우리를 도와주세요. 역사해 주세요"라고 기도했던 그들의 간구를 하나님이 응답해 주신 것이었다.

김 선교사 부부는 얼른 8층으로 내려갔다. 듣던 대로 권사님은 꼼짝을 못하고 눈물을 흘리며 침대에 누워 있었다. 김 선교사 부부는 간절히 기도했다. 여태껏 그렇게 간절하게 기도한 것은 그때가 처음인 것 같았다.

"하나님, 이번 기회를 통해 역사해 주세요."

선교사 부부는 눈물을 쏟으며 간절히 기도했다. 기도를 마치고 방문을 나서며 말했다.

"내일 아침이라도 다시 기도 받고 싶으시면 연락하세요."

그런데 새벽 4시쯤에 다시 연락이 왔다. 내려가 보니 꼼짝을 못하시던 권사님이 침대에서 내려와 방바닥에 엎드려 계셨다. 김 선교사 부부는 또 간절히 기도를 했다.

신기한 것은, **김 선교사 부부가 기도하며 손을 권사님 등에 대는데 손이 아예 권사님 몸 속으로 "쑥" 하고 들어가는 느낌을 받은 것이다.** 여기서 승부가 안 나면 영원히 이 독일 땅에서 선교를 할 수 없을 것 같았다. 아침에 다시 내려가 보니 권사님이 자리에서 일어나 걸어다니고 계셨다.

'할렐루야!'

그 권사님은 너무 기쁜 나머지 펄쩍펄쩍 뛰었다. 그날 저녁 그 아파트 단지에 사는 지사장과 그 가족들을 비롯해 근처에 사는 지인들을 다 불러 모아 간증 집회를 열었다. 11층에 살고 있던 K 지사장이 그의 집을 집회 장소로 제공했다.

그날 많은 사람이 하나님을 만나고 회개했으며 김 선교사 부부의 간증으로 많은 은혜를 받았다. 그 일 후, 아파트 사람들은 김 선교사님이 돌리던 테이프들을 듣게 되었고 놀라운 변화가 일어나기 시작했다. 지금 그 11층에 살던 지사장은 은혜신학교를 졸업하고 목사가 되어 프랑크푸르트은혜교회의 담임 목사로 사역하기도 했다.

대다수의 선교는 가난한 지역 구제 사역으로부터 선교가 이루어지는데 반해, 김 선교사 부부의 유럽 선교는 김광신 목사님의 '율법과 복음' 테이프 선교를 통해 위에서부터 아래로 내려갔다. 많은 교포가 하나님을 영접했고, 얼마 지나지 않아 김광신 목사님을 모시고 성공적인 집회를 치르게 되었다. 사람 모으기 힘들다는 유럽에서 150명가량 모였으며, 성령 세례의 역사와 방언의 은사가 불 일 듯 일어났다.

집회가 끝나자마자, 김광신 목사님은 김 선교사 부부를 불러 '뜨레스디아스'(Tres Dias, 사랑의 불꽃) 운동을 해야 하니 50명 정도의 캔디데이트('후보자'라는 뜻으로, 뜨레스디아스에 참가하는 사람들)를 모아 보라고 했다. 솔직히 50명을 모은다는 일이 쉽지 않은 일임에도 불구하고 김 선교사님은 당회장 목사님의 말씀에 순종했다. 아내 김성녀 선교사님은 하나님의 살아 계심을 보여 줄 것을 믿으며 21일간 다니엘 금식 기도에 들어갔다.

나중에 알게 된 일이지만 LA 은혜한인교회에서도 외국에서 뜨레스디아스를 실시하는 것은 처음이었다. 김광신 목사님은 유럽에서 캔디데이트 50명을 모아 놓고 뜨레스디아스를 하니 미국에서 유럽에 팀 멤버(캔디데이트를 돕기 위해 조직된 자원봉사자)로 갈 50명을 모집한다고 광고했다. 그때만 해도 여러 장로님과 성도님들은 고개를 내저었다고 한다.

'아, 김광신 목사님 실수를 하시네. 유럽은 관광하러 가는 곳인데, 그 먼 곳에 갈 사람이 어디 있나?'

지금은 관광 붐이 일어나 유럽에 관광 가는 사람들이 많지만, 1987년 당시에는 유럽에 관광 가는 한국 사람들이 거의 없었다.

모두들 먹고사느라 정신 없이 바쁜데 누가 오겠는가?

그런데 모두의 예상은 빗나갔다. 우려했던 것과 달리 신청자가 56명이나 되어 오히려 6명을 짤라야 했다. 김광신 목사님은 봉사자 50명을 인솔해 오셔서 '유럽 사랑의 불꽃'(TD) 제1기들에게 성령의 불을 당겼다. 간증 시간은 하나님께만 영광을 돌리는 기적의 시간이 되었다. 유럽 사랑의 불꽃 제1기생들은 대부분은 나중에 주의 종들이 되었거나 아니면 봉사자로서 세계 각지를 다니며 지금까지 헌신하고 있다.

사랑의 불꽃을 경험한 이들을 계속 양육하기 위해 김 선교사 부부는 'Video Church'를 운영하기로 했다. 교역자가 없는 지역에 텔레비전과 비디오를 사 주고, 은혜한인교회의 예배 실황을 녹화한 비디오테이프로 매 주일 주일 예배를 드리게 해 말씀으로 은혜를 받도록 도와주었다. 그리고 각 교회를 순회하며 예배를 인도해 주고 평신도 지도자들을 양육했다. 스웨덴의 이광섭·이명자 부부, 프랑스의 송석배·김은영 부부 등 많은 사람이 김 선교사님의 손길을 통해 주님의 일꾼으로 부름을 받았다.

프랑크푸르트를 시작으로 하노버, 도르트문트, 뒤셀도르프에 'Video Church'를 만들었으며, 네덜란드에서는 'Video Church' 외에 입양아 선교도 겸했는데, 입양자 사랑의 불꽃이 매우 활발하게 움직였다. 스웨덴의 예테보리, 노르웨이의 오슬로, 프랑스의 스트라스부르크, 브장송, 낭시, 니스, 오스트리아의 비엔나, 인스부르크 등으로 선교는 확산되었고, 가끔 합동 예배를 통해 간증을 나누고 아름다운 교제의 시간을 가졌다. 그리스도인의 공동체로서 서로 섬기면서 선교의 사명을 불러일으키게 했던 것이다.

테이프 선교가 활발해짐에 따라 김 선교사 부부를 초청하는 사람들이 많아졌고, 아내인 김성녀 선교사님은 은사 집회로 약 3개월마다 순회 집회를 인도했다. 한국 교포들과 유학생들에게 뿌린 복음의 씨앗은 차츰 열매 맺기 시작했다.

영적 도전을 받고 헌신을 결단한 유학생 중에는 그곳에 더 머물면서 신학 공부를 하고 싶어 하는 사람들이 있었다. 이에 김 선교사님은 이것이 하나님의 응답인 줄 알고 유럽에 은혜신학교 분교을 만들었다. 3년의 통신 과정으로 본교는 미국에 있고, 김 선교사님이 유럽 분교장을 맡았다. 졸업식 때는 미국에 계신 세 분의 교수가 와서 특강을 하고 은혜로운 시간을 가졌다.

그 무렵 김 선교사 주변에서는 이런 소문이 나기도 했다.

김태원 목사님의 손 잡는 것 조심해. 악수하고 인사하고 나면 신학해야 된대!

당시 신학을 공부하겠다고 결심한 사람들의 말을 들어 보면, 눈 감고 기도할 때마다 "신학해라, 선교사로 나가라"라고 하는 김 선교사님의 목소리가 들렸다는 것이다.

"신학해라! 신학해라!" 하는 소리가 들리니까 그다음부터는 "김태원 목사님 손 잡는 것 조심해라"라는 소문이 돌았던 것이다.

물론 김 선교사님도 그 소문을 듣고 있었다. 그는 상대가 하나님이 택한 사람이라는 확신이 들면 상대의 의사도 묻지 않고 무조건 신학을 하라고 강권했다. 그래서 결국 순종하고 신학한 사람들이 많았다. 어렵게 유학의 길을 밟은 그들이 하나님의 부름을 받아 박사 논문을 포기하고 '죽으면 죽으리라'는 각오로 주님의 길을 선택했다. 지금도 그들은 선교지 도처에서 헌신하며 많은 열매를 맺고 있다.

(3) 북한 정무원 총리 사위 강명도가 주님을 영접하고

1994년 당시 김 선교사님은 독일 프랑크푸르트 은혜한인교회를 담임하고 있었다. 120여 명의 성도들이 모인 가운데 주일 예배 설교를 하고 있을 때였다. 앞쪽 문으로 시커먼 선글라스를 낀 젊은 남자 두 명이 주위를 두리번거리면서 들어왔다. 깔끔하게 정장 양복을 입고 있었지만 그들을 보는 순간 그는 전직 북파 요원 출신답게 이상한 기운을 느꼈다.

그들에 대한 궁금증은 예배가 끝나고 성도 교제 시간에 풀렸다. 그들은 중국 연변 교포이며 사업가라고 했다. 유명한 하이네켄 맥주 회사를 중국으로 유치하기 위해 상담차 왔는데, 오늘 우연히 이곳에 들어왔다는 것이었다. 난생처음 교회에 와 봤는데 오늘 설교를 듣다가 무슨 까닭인지 눈물이 나더라는 이야기도 했다.

김 선교사님은 정신이 번쩍 들었다. 당시 그의 눈에 띄는 사람들은 주의 종이 되는 길로 들어서거나 아니면 기도의 응답을 받고 물질에 축복을 받아 선교 후원자가 되고 있었다. 하나님이 이 형제님들을 중국(2,000여 개 지하 가정 교회가 있었음) 선교에 꼭 필요한 물질의 후원자로 그에게 보내 주신 것은 아닐까 하는 생각이 들었다. 김 선교사님은 이 형제님들에게 꼭 예수를 영접시켜야겠다고 생각했다.

김 선교사님은 그들을 붙잡고 먼저 안수 기도를 했다. 그들은 주저하지 않고 기도를 받았으며 눈물을 흘렸다. 김 선교사님은 예수를 증거했고 예수를 구주로 받아들이겠다는 결신 기도까지 입으로 시인하게 했다. 이제 2주 후에 열리는 사랑의 불꽃에 참석하게만 하면 되는 것이다. 그들이 어떻게든 행사에 참석해서 은혜를 받았으면 좋겠다는 생각에 의향을 물었다.

"2주 후에 이곳에서 좋은 프로그램이 있는데 참석하지 않겠어요?"

안타깝게도 그들은 2주 후면 중국에 돌아가 이곳에 없을 거라고 했다. 그러나 김 선교사님은 포기하지 않고 재차 권유했다.

"기도의 파워가 얼마나 센지 알아요? 목사인 내가 기도해 주고, 꼭 필요한 것이라면 하나님이 반드시 들어 주실 겁니다."

김 선교사님은 그들에게서 일정이 바뀌어 혹 이곳에 더 머물게 되면 꼭 프로그램에 참석하겠다는 약속을 받고, 그들의 머리에 손을 얹고 간절히 기도했다. 앞으로 중국 선교를 위해 크게 쓰임 받는 사람들이 되게 해 달라고 기도를 해 주고는 돌려보냈다.

그후 김 선교사님은 이 일을 잊어버리고 있었다. 아니나 다를까, 사랑의 불꽃이 시작되는 날 그 중국 교포 중 한 사람이 참석했다. 그의 이름은 유철석이었다. 그는 한 사람은 이미 중국에 돌아가고 자기 혼자만 남았다고 했다.

유철석 형제님은 프로그램에 열심히 참여했다. 많은 것을 깨닫고 하나님의 은혜를 갈구하는 것 같았다. 이따금 쉬는 시간에 김 선교사님이 유 형제님에게 다가가 사랑한다고 말하며 꼭 껴안아 주면 유 형제님은 깜짝 놀란 얼굴을 하며 김 선교사님을 빤히 쳐다보았다. 그러고는 이렇게 말했다.

"목사님, 저라는 인간을 알게 되면 사랑을 못해 줄 거예요. 저를 알면 사랑을 못 할 거예요."

그래도 김 선교사님은 그의 등을 토닥이며 부드럽게 말해 주었다.

"아닙니다. 하나님은 여전히 유 형제님을 사랑하고 계십니다."

그리고 이틀이 지났다. 많은 사람이 은혜를 받는 아주 중요한 순서에 유 형제님의 모습이 보이지 않았다. 김 선교사님은 너무 안타까웠다.

'어디 간 걸까?

이 시간에 유 형제님이 참석해서 꼭 은혜를 받아야 하는데.'

그를 찾아 프로그램에 참석시키고 싶은 마음은 굴뚝 같았지만, 그렇다고 맡겨진 임무를 소홀히 할 수 없어 아쉬움을 달래며 다음날을 맞았다. 마지막 날 아침 그는 퉁퉁 부은 눈으로 김 선교사 앞에 나타났다.

김 선교사님은 걱정이 되어 물었다.

"무슨 일 있었어요?"

"아닙니다. 어제 밤새도록 펑펑 울어서 그런 모양이에요."

순간 며칠 전에 "목사님이 저를 알면 사랑을 못할 거예요. 저를 알면 사랑을 못할 겁니다"라고 했던 말이 떠올랐다.

김 선교사님은 '이 친구가 세상에서 허랑방탕하게 살았구나'라고 생각하고 위로의 말을 건넸다.

"형제님, 하나님이 얼마나 사랑이 많은지 아세요?

나는 유 형제님과 비교도 안 되는, 말할 수 없는 큰 죄인이었어요. 그런데 보세요. 이렇게 하나님을 만나 새 사람이 되었을 뿐만 아니라 목사가 되지 않았습니까?"

그런데도 그는 계속 같은 말을 되풀이하며 또다시 울먹였다.

"그런 하나님이라도 나를 알면 사랑을 못합니다. 나는 용서 받을 수 없는 죄인입니다."

잠시 후 마음을 가라앉힌 그는 김 선교사님에게 두툼한 봉투를 내밀었다.

"목사님, 이건 행사가 다 끝나고 읽어 보세요."

그와 헤어지고 나서 김 선교사님은 얼른 사무실로 가서 겉봉을 뜯었다. 행사가 끝난 후에 읽어 보라고 했지만 김 선교사님은 그때까지 도저히 참을 수가 없었다.

'대체 무슨 사연이 있기에 그토록 눈이 퉁퉁 붓도록 울며, 큰 죄인이라고 하는 것일까?'

편지에는 과연 놀라운 내용이 담겨 있었다.

저는 사실 북한 사람이고 고위 직책에 있는 사람입니다.

그동안 제가 저지른 일을 알면 하나님이 뭐라고 하실까요?

하나님이 과연 용서하실까요?

저는 하나님을 영접한 것이 너무 기쁘고 가슴이 벅차오릅니다. 이곳에서 하나님의 사랑을 체험한 것 그리고 목사님께 받은 사랑은 영원히 잊지 못할 것입니다. 이 550달러는 지금 가지고 있는 돈의 전부입니다. 얼마 되지 않지만 내 기쁜 마음이니 받아 주시고 나중에라도 돈이 생기면 더 많은 헌금으로 갚겠습니다.

그때 당시 사랑의 불꽃 회비가 150달러였는데, 김 선교사님이 회비를 대신 부담했다는 말을 듣고 헌금을 한 모양이었다. 그의 편지를 읽고 김 선교사님은 가슴이 벅차올라 그 길로 김광신 목사님을 찾았다. 그리고 그간의 사연을 이야기하며 헌금에 대해 물었다.

"어떻게 할까요, 목사님?"

"그 사람이 무슨 돈이 있어서 헌금했겠소? 1,000달러쯤 만들어서(450달러를 보태서) 선교하는 셈치고 도로 돌려주는 게 낫겠소."

그래도 김 선교사님은 이 돈을 돌려주어서는 안 되겠다는 생각이 들었다. 하나님의 은혜에 감격해 기쁨으로 헌금했으니, 하나님이 누구의 헌금보다도 기쁘게 받으실 거라는 생각이 들었던 것이다. 김 선교사님은 목사님께는 말씀을 드리지 않고 그냥 헌금함에 넣었다.

놀라운 일은 그것으로 끝나지 않았다. 행사가 끝나고 간증 순서가 있었는데, 그때 이 유철석 형제님이 앞으로 나와 마이크를 잡고 울면서 간증을 하는 것이었다. 자신은 이북에서 온 사람이며, 하나님을 만나고 보니 그 기쁨과 감격을 주체하지 못해 이 자리에 나왔다고 밝혔다.

그 자리에 있던 사람들 모두 "할렐루야!"를 외치며 유 형제님을 위해 열심히 기도했다. 김 선교사님은 유철석 형제님이 어디로 가든 지금의 이 감격을 잊지 않고 하나님을 전하는 사람이 되도록 권면했고, 참석한 팀 멤버 중에 호텔을 경영하는 집사님에게 숙소를 마련해 줄 것을 부탁했다. 그리고 김태원 선교사님은 그 일을 잊어버리고 있었다.

그로부터 약 3개월쯤 지났을 때였다. 느닷없이 새벽에 한국 여기저기에서 전화가 불티나듯 왔다. 조선일보, 중앙일보, 한국일보 등의 기자들이 김 선교사님을 찾는 것이었다.

"이건 특종입니다. 북한 강성산 정무원 총리 사위 강명도 씨에 대해 아십니까?"

"누구요?"

알고 보니 유철석 형제님을 두고 하는 말이었다. 그는 귀순을 결심하기 전에는 가명을 썼던 것이다. 그가 독일에서 예수를 영접한 후 남한에 귀순해 그에 관한 기사가 온 신문 지면을 장식하고 있었다. 게다가 정무원 총리의 사위로 북한 고위층 인사라는 면에서 큰 화제를 뿌렸다.

그런데 강명도 형제님이 귀순 기자 회견 때 유럽 기독교 수양회에 참석해 변화를 받아 귀순했다고 밝힌 것이었다. 그 수양회를 인도한 분이 누구냐고 묻는 기자의 말에 김태원 목사라고 얘기해 기자들이 이쪽으로 불이 나게 전화를 걸어온 것이었다. 기자들은 수양회 때 찍은 사진이 있으면 보내 달라고 하는가 하면, 그 프로그램에 참여할 때 강명도씨가 어떤 태도를 보였는지 알고 싶다고 했다. 그에 관한 정보라면 무엇이든 좋으니 협조해 달라고 부탁했다("부록 2"의 강명도 형제님 사진 참조).

그때 김태원 선교사님은 사랑의 불꽃 프로그램의 위력과 하나님이 행하시는 위대한 일들을 다시 한번 실감했다.

하나님의 사랑이 얼마나 크고 얼마나 뜨거웠으면 북한에서 남부러울 것 없이 지내던 이 형제가 체제를 뛰어넘는 위험을 감수했겠는가!

그것은 분명 하나님의 사랑 때문이다. 나중에 김 선교사님은 강명도 형제님이 김선도 목사님이 시무하는 교회의 도움으로 신학을 공부하며 큰 사업도 병행하고 있다고 들었다.

(4) 물적 자원을 동원하시는 하나님의 은혜

김태원 선교사님이 유럽선교센터와 한국의 서울은혜선교센터를 겸임하고 있을 때 성령께서 역사하신 은혜로운 일화 하나를 소개한다. 김 선교사님은 선교의 여러 부문 중에서도 구소련 선교를 뒷받침할 물적 자원에 신경을 많이 썼다. 유럽이나 한국의 많은 성도들이 낸 헌금은 소련 지역 선교를 위해 아주 긴요하게 사용되었다.

한국에서 '사랑의 불꽃'(TD)을 마치고 떠나기 전날에는 주로 행사를 준비했던 핵심 멤버들(선교에 열정적인 젊은 형제들)이 김 선교사님이 묵고 있는 호텔에 아이들까지 데리고 와서 이런저런 은혜로운 간증 이야기를 나누다가 이별을 아쉬워하며 헤어지곤 했다.

그날 저녁도 행사를 은혜롭게 마치고 숙소에 모여 아름다운 교제의 시간을 갖고 있었다. 밤 11시쯤, 늦은 시간에 김 선교사 부부를 잘 따르는 젊은 부부가 아이를 안고 들어왔다. 근사한 외모를 갖고 있는 남편은 재력도 있고 학식도 높은 사람으로 신앙이 돈독했으며, 부인도 선교에 관심이 많았다. 젊은 부부는 뭔가 이야기할 것이 있어서 온 눈치였는데 다른 사람들이 한 시간이 지나도 일어날 생각을 하지 않자 먼저 자리에서 일어나려고 했다.

이들 부부는 그 전 사랑의 불꽃 때 김성녀 선교사님에게 기도를 부탁한 적이 있었다. 당시 김성녀 선교사님은 영력이 대단해 기도를 부탁하는 사람이 많았다. 기도 제목이 주유소 운영권을 얻게 해 달라는 것이었다. 그들이 갖고 있는 토지가 서울과 인천 간 고속도로 건설을 위해 수용되었는데, 정부가 고속도로 건설에 수용되는 토지 주인 30명 중 한 사람을 추첨해 주유소 운영권을 준다고 했던 것이다.

30대 1의 확률이니 결코 당첨되기 쉽지 않은 확률이다. 그때 김성녀 선교사님이 간절히 기도해 준 적이 있는데 이번에 한국에 나왔더니 주유소가 당첨되어 엄청난 프리미엄이 붙었다며 감사의 뜻으로 식사 대접을 하겠다고 했다. 부부는 분당에 있는 아구탕 전문 식당으로 김 선교사 부부를 안내해 맛있게 식사를 했는데 갑자기 동작 빠른 권사님 한 분이 식사비를 먼저 지불해 버렸다. 결국 젊은 부부는 김 선교사님을 대접하려다가 얻어먹기만 하고 돌아가게 되었다.

그런데 그날 밤 늦은 시간에 찾아왔기에 김 선교사님은 그들이 식사 대접 약속을 지키지 못해 미안한 마음을 표하러 온 것이라 생각했다. 젊은 부부가 먼저 가려고 일어서자 김 선교사님은 배웅을 하기 위해 방을 나섰다. 큰 호텔 복도에 이르렀을 때 갑자기 김 선교사님의 마음에 **저들에게서 선교 헌금을 받으라는 감동이 강하게 일었다.** 그러나 난감한 일이 아닐 수 없었다.

젊은 부부가 헌금할 마음이 있는지 어쩐지도 모르면서 어떻게 헌금을 하라고 말할 수 있다는 말인가?

가슴은 마구 뛰는데 '빨리 받아라' 하는 하나님의 음성이 들리는 듯했다. 차마 말을 하지 못하고 어느새 승강기 앞까지 왔다.

'그거 누르면 내려가는 거야!'

또 이런 음성이 들리는 것 같다. 솟구쳐 오르는 감동을 소멸하면 큰일이다 싶어 용기를 내어 말했다.

"헌금 가져온 것 있으면 내놓으세요."

세상에!

어느 목사님이 헌금 내놓으라는 말을 당당하게 한단 말인가!

입 밖으로 말은 튀어나왔지만 김 선교사 자신도 어이가 없었다. 그 말을 들은 부인의 눈이 휘둥그레졌다. 부인은 아기를 안고 있는 남편을 향해 사인을 보내는 듯했다. 마치 무언의 시위를 하는 것처럼, 남편은 김 선교사 얼굴을 흘끗 바라보며 들으란 듯이 아내를 향해 말했다.

"꼭 지금 내야 하나?"

그 말을 듣자마자 김 선교사 입에서 또 이런 말이 튀어나왔다. 헌금이라는 것은 작심했을 때 내야 합니다. 안 그러면 나중에 마음이 변할 수도 있습니다. 김 선교사님은 마치 빚쟁이가 빚 독촉하듯 다그쳤다.

그러자 우물쭈물하던 남편이 봉투를 내미는 것이었다. 그들은 사실 헌금을 준비해 온 것이었다. 김 선교사님은 얼른 봉투를 받아 그 자리에서 봉투를 열어 보았다. 수표가 들어 있을 수도 있다는 생각은 못 하고 손에 봉투를 쥐는 순간 너무 얄팍하다는 생각에 당장 뜯어 본 것이다. 정말 얼토당토않은 일이다.

봉투 안에는 수표가 들어 있었다. 돈에 관한 개념이 없는 김 선교사님은 도대체 얼마가 들어 있는지 언뜻 감이 오지 않았다. 더군다나 액수가 너무 큰 것 같아 부부에게 물었다.

"아니, 이게 얼맙니까?

800만 원입니까, 8,000만 원입니까?"

"예, 8,000만 원입니다."

"그럼. 10만 달러?"

순간 김태원 선교사님은 머리가 핑 돌았다. 그렇게 큰 헌금을 받아 본 것은 처음이었다. 김 선교사님은 그 부부를 다시 방으로 데리고 들어갔다. 간단히 헌금만 받고 보낼 문제가 아니라는 생각이 들었다. 방 안에는 모두 일곱 가정이 모여 있었는데 모두 눈이 휘둥그레졌다. 인사하고 나간 사람들이 다시 들어오는 것을 보니 뭔가 심상치 않은 일이 있다고 생각한 모양이었다.

김 선교사님은 다짜고짜 이 헌금을 놓고 함께 기도하자고 했다. 헌금 액수에 대해서는 말하지 않고 그저 이 헌금이 적절한 곳에, 하나님이 기뻐하시는 곳에 쓰이게 해 달라고 간절히 기도하자고 했다. 기도를 마치고 나서 김 선교사님은 무릎을 "탁" 쳤다. 전날 TD 후 김광신 목사님이 하신 말씀이 생각이 났던 것이다.

행사 마지막 시간에 목사님은 선교 비전 이야기를 하시면서 소련 상트페테르부르크에 영재학교를 세울 예정이라고 말씀하셨다. 앞으로 30년 후면 그 학교를 졸업한 사람들 중에 최소한 국회의원이 나올 수도 있고 더

30년이 지나면 대통령이 나올지도 모른다고 하셨다. 대통령이 이 미션 스쿨을 나왔다는 사실 하나만으로도, 그곳 사람들이 기독교를 인정만 해도 성공이라는 것이었다. 그런데 당장 상트페테르부르크에 영재학교를 세우는데 10만 달러가 필요하다고 하시며 기도를 부탁하셨던 것이다.

김광신 목사님으로부터 그런 이야기를 듣자마자 큰 헌금을 받았으니 놀라울 수밖에 없었다. 김 선교사 부부는 때마다 필요한 것을 채워 주시는 하나님께 감사하며 다시 독일로 들어갔다. 독일에 도착하자마자 미국 은혜한인교회에 전화를 했더니 지금 당회 중이라고 했다.

옛날 같으면 당회를 한다고 하면 어디 감히 목사님을 바꿔 달라고 하겠는가. 아무리 급한 사안이라도 당회 끝날 시간에 맞추어 다시 전화를 해야 하지만, 이번만큼은 큰소리 좀 치고 싶었다. 김 선교사님은 빨리 목사님을 바꾸라고 재촉했다. '역시 하나님은 이번에도 역사하셨습니다'라는 소리를 듣고 싶었던 것이다. 목사님의 목소리가 들려왔다.

"왜, 무슨 일 있습니까?"

"아, 목사님 그때 말씀하신 '김나지아영재학교' 건 말입니다. 그 10만 달러가 해결됐습니다."

"어디서? 어떻게?"

목사님도 놀라시는 눈치였다.

"감사하게도 어느 젊은 부부가 선뜻 헌금을 내주었습니다."

그들이 낸 10만 달러의 헌금은 상트페테르부르크에 '김나지아영재학교'를 세우는 중요한 역할을 했다.

참 놀랍지 않은가?

김 선교사 부부의 주요 사역지는 유럽임에도 불구하고 **하나님은 한국의 젊은 부부가 주유소에 당첨되게 하시고, 이들 부부로부터 거액의 헌금을 받도록 역사하신 것이다.** 물론 이 모든 일은 하나님이 하신 일이다. 그들이 헌금을 한 것도, 김태원 선교사 부부가 중간에서 그 역할을 한 것도 모두 하나님의 계획하에 이루어진 일들이다.

2) 복음을 땅끝까지 - 남미에서의 사역

남미 선교는 중남미 30개국 5억의 영혼을 구원하는 일이다. 중남미 목사들의 하나님을 향한 뜨거운 열정은 대단하다.

아르헨티나 같은 경우는 40년 전만 해도 세계 5대 강국 중 하나였으나 지도자를 잘못 만나 후진국이 된 나라다. 한국 영토의 28배나 되는 큰 땅덩어리와 좋은 자원을 가지고 있는데 인구는 고작 3,400만 명밖에 되지 않는다.

국교는 카톨릭이지만 소수의 개신교 성도들이 말씀을 배우려고 하고 하나님의 은혜를 사모하는 열정이 강하다. 안타까운 것은 제대로 신학을 공부해서 목사가 된 사람이 10%도 되지 않는다는 것이다. 초등학교 학력의 사람들이 모여 서로 "당신이 목사하시오" 하다가 가장 시간 많은 사람이 목사가 되는 식이다. 아니면 여러 사람을 모아 놓고 박수를 가장 많이 받은 사람이 그날부터 목사가 되는 것이다.

이렇게 목사가 되지만 한국처럼 사례비를 받는다는 것은 상상도 못 할 일이며 직접 돈벌이를 해서 생계를 꾸려 나가야 한다. 남미 사람들은 밤 문화를 즐기기 때문에 밤 7시부터 예배가 시작되는데 낮에 생활 전선에 나가야 하므로 목사들은 설교를 준비할 시간이 없다. 목사들은 늘 시간에 쫓긴다. 그들의 예배를 보면 찬양만 하다가 시편 한 편을 읽고, 찬양하고 시편을 읽고, 또 찬양하는 식이다. 앉았다 섰다를 반복하면서 예배를 4시간씩 드리는 경우가 많다. 이렇게 성경 지식이 부족하고 영성이 메말라 있으니 제대로 신앙이 자랄 리 없다.

아르헨티나 목사들의 가정은 대개 자녀를 5명에서 10명 정도 둔 경우가 많은데, 교회 찬양팀은 목사의 자녀들로 구성된 경우가 많다. 심지어 다섯 살짜리 아이들도 드럼을 친다. 조금 큰 아이들은 기타를 치며 딸들은 모두 찬양과 율동을 담당하고 있다.

설교와 예배는 목사님이 인도하되 찬양 인도는 거의 사모님인 여자 목사님이 인도한다. 이들의 기도 제목은 소박하기 그지없다. 가족과 친지들까지 모두 합해 성도가 25명인 어느 교회의 가장 큰 기도 제목은 앞으로 25명을 더 교회로 인도해 성전이 꽉 차도록 해 달라는 것이다.

김태원·김성녀 선교사 부부는 이들 목회자가 체계적으로 신학을 공부해 성경 지식을 쌓고 영성을 회복하게 할 뿐만 아니라 눈높이를 높이고 기도 제목을 확장시키려는 선교 계획을 가지고 남미로 파송되어 갔다.

먼저 안수받은 목사님을 대상으로 '사랑의 불꽃'(America Fuego de Amor, A. F. A: TD) 프로그램에 참여케 해 하나님의 사랑을 다시 한번 체험하고 영성을 회복하도록 했으며, 원하는 목회자들을 대상으로 신학을 가르치기 위해 남미 은혜선교센터와 은혜신학교를 세웠다. 김태원 선교사 부부의 궁극적인 목표는 남미 여러 나라의 목회자들이 먼저 '사랑의 불꽃'을 통해 진정한 하나님의 사랑을 느끼게 하고, 그다음에 신학교에서 제대로 된 신학으로 무장하여 중남미 전역의 복음화에 헌신케 하는 것이다.

아르헨티나 은혜신학교에서 신학 공부를 하는 목회자들은 두 달에 한 번씩 2주간 합숙하며 집중 신학 공부를 한다. 유니폼 2벌과 문구 용품 등은 은혜선교센터에서 무료로 제공하며, 미국에서 모두 세 분의 교수가 나와 강의를 한다.

하나님이 남미에 통역들을 예비해 주셔서 의사소통에 어려움은 없다. 통역들은 1960년대 농업 이민을 와서 고생을 많이 했던 한국 교포들의 자녀들로 성품이 반듯할 뿐만 아니라 신실하고 통역 또한 훌륭해서 공부하는 목사님들에게 큰 도움을 주고 있다.

남미 은혜신학교의 강의는 새벽부터 시작된다. 새벽 5시 반에 기상해 6시에 새벽 기도를 한 후 저녁 10시 30분에야 모든 프로그램이 끝난다. 점심 시간이 유일한 휴식 시간으로, 일정이 매우 빠듯하다. 사실 이렇게 하는 것이 쉬운 일은 아니다. 밤 문화를 즐기고, 행동이 느리고, 낙천적인 사람들에게 특수 부대원들 다루듯 스파르타식으로 강 훈련을 하니 얼마나 힘이 들겠는가. 그런데도 누구 한 사람 불평불만을 늘어놓지 않고 하나라도 더 배우기 위해 강 훈련에 순종하는 것을 보면 감격에 겨워 눈물이 핑 돌 때가 한두 번이 아니다.

아르헨티나에서 많은 열매를 거둠에 따라 칠레에서도 '사랑의 불꽃'(TD)을 시작하게 되었다. 칠레 목회자들은 남미의 다른 국가들에 비해 수준이 높은 편이다. 대학 교육을 받은 사람들, 정식 신학교를 졸업한 사람들도 많고, 총회장 목사님도 많은데 이들도 사랑의 불꽃을 통해 은혜를 받고는 아르헨티나로 신학 공부를 하러 온다. 칠레에서는 40명의 신학생이 아르헨티나의 신학교에 등록했고, 이들도 두 달에 한 번씩 큰 관광버스를 전세 내 아르헨티나 은혜신학교에 와서 2주 동안 합숙하며 집중 공부를 하고 돌아간다. 물론 은혜선교센터에서 모든 비용을 부담해 준다.

칠레뿐만 아니라 파라과이, 우루과이, 브라질, 페루 등에서도 은혜신학교에 와서 공부하고 있으니, 벌써 남미 6개 나라의 학생이 와서 공부하는 것이다. 이들은 저마다 배우겠다는 열의가 대단하다. 은혜신학교를 졸업하기 위해서는 2주간씩 12회의 교육을 받아야 한다. 2주 동안 교육을 받은 후 각자 교회로 돌아가 학교에서 배운 것을 1개월 동안 사역에 적용한다. 성도들에게 생명의 말씀을 전하고 새롭게 경험한 이야기를 나누고 다시 학교로 돌아오게 된다. 그래서 1년에 6회를 2주간씩 합숙 공부를 하고, 이렇게 2년을 공부하여야 졸업을 할 수가 있다.

교육을 받은 목회자들은 은혜신학교에서 배운 것이 너무 많아 그 기쁨과 감사를 표현할 수 없을 정도라고 입을 모은다. 교회가 날로 부흥하는 것은 물론이고 성도들의 입에서 목사님의 설교가 변했고, 목사님 자체가 변했다는 말을 한다. 선교사 입장에서 이것은 큰 기쁨이요 하나님께 영광이다.

그뿐만 아니라 2주 동안 공동체 생활을 함에 따라 이전에 알지 못했던 하나님의 사랑과 섬김의 방법을 배울 수 있었다고 눈물을 흘리며 간증한다. 남미에서는 지역마다 문화 차이가 극심해 목회자들이 한자리에 모이는 일이 거의 없었다고 한다. 특히 칠레와 아르헨티나는 그다지 좋은 관계가 아니었는데, '사랑의 불꽃'에서 많은 은혜를 체험하고 신학교에서 공동체 생활을 하면서 주님 안에서 연합하고 사랑으로 화목하게 되어 이제는 서로를 보고 싶어하는 존재가 되었다는 것이다.

이렇듯 은혜선교센터와 은혜신학교가 은혜롭게 운영되는 와중에 참으로 감사한 일이 생겼다. 2003년에 같은 교단 소속인 미국 샌디에고 갈보리장로교회(한기홍 담임 목사)에서 자체 남미 선교센터 건물을 마련해 준 것이다. 건평 1,500평의 5층 건물로, 선교센터 사무실과 식당이 있으며 250명이 숙식을 하며 강의를 들을 수 있다. 아르헨티나의 별 4개짜리 호텔과 맞먹는 시설을 갖추고 있어서 마음 놓고 신학교를 운영할 수 있으니 얼마나 감사한지 모른다.

더욱 감사한 것은 시설비와 건물 수리에 필요한 모든 재원을 LA 은혜한인교회의 김광신 목사님이 부담해 주신 것이다. 더 좋은 환경에서 사역을 할 수 있게 되어 섬기는 이들과 학생들이 얼마나 행복해하는지 모른다.

김태원 선교사 부부는 남미에서 은혜선교센터, 사랑의 불꽃, 은혜신학교를 운영하며, 칠레 선교에도 힘을 쏟았다. 칠레는 당시 5기까지 사랑의 불꽃이 치러졌으며 이를 통해 하나님께 헌신을 다짐한 수료자가 550명이나 된다. 이제 빠른 시일 내 파라과이와 도미니카 공화국에서도 사랑의 불꽃을 실시할 예정이다. 그렇게 되면 그곳에도 은혜선교센터가 세워질 것이고, 앞으로 중남미 30개국에 은혜선교센터와 은혜신학교가 세워지게 될 것이다.

또 김태원 선교사님은 신학교 졸업생들로 구성된 선교협의회를 만들려고 한다. 선교협의회를 통해 전 세계에 남미의 선교사들을 파송하는 것이 꿈이다. 김 선교사님은 그들이 전 세계로 복음을 전하는 선교의 사명을 감당할 수 있도록, 또 그들이 스스로 선교사를 파송할 수 있도록 훈련을 시키고 있다. 앞으로는 그들 스스로가 신학교 졸업생들의 이력과 신앙을 세

밀히 심사해 자격을 갖춘 하나님의 군사들을 선발해 전 세계로 파송하게 될 것이다. 물론 파송된 선교사의 모든 생활비와 선교비는 선교협의회에서 부담하게 된다.

선교사를 통해 사랑의 불꽃을 하고 곳곳에 신학교가 세워지면 지금까지는 미국에서 교수들을 모셔 오고 통역이 있어야만 수업이 가능했지만, 앞으로는 남미 은혜신학교를 졸업한 현지인 목사들이 교수가 되어 직접 자기 나라 말로 학생들을 가르치게 될 것이다.

이제 앞으로 10년 내 중남미 30개국 각 나라에 은혜선교센터와 은혜신학교가 세워지고 전 세계로 주님의 나라가 확장되어 나간다면 땅끝까지 이르러 복음을 전파하라는 마태복음 28:18-20의 지상 명령이 실행되게 되는 것이다. 이런 역사가 중·남미에서 빠른 시일 내에 성취될 것이라고 믿는다.

> 예수께서 나아와 일러 가라사대 하늘과 땅의 모든 권세를 내게 주셨으니 그러므로 너희는 가서 모든 족속으로 제자를 삼아 아버지와 아들과 성령의 이름으로 세례를 주고 내가 너희에게 분부한 모든 것을 가르쳐 지키게 하라 볼찌어다 내가 세상 끝날까지 너희와 항상 함께 있으리라 하시니라 (마 28:18-20).

3) 3개월 시한부 삶이 10년으로

2007년, 남미에서의 사역이 어언 10년쯤 되었을때 김태원·김성녀 선교사님은 LA의 선교 대회에 참석했다가 온 김에 주치의에게 검진을 받았다.

여러 가지 검사 후 주치의 신승철 장로님은 김 선교사만 따로 부르더니 청천벽력과도 같은 이야기를 했다. **김성녀 선교사님이 C형 간염 말기로서 3개월을 못 넘길 것이라고 했다.**

더군다나 김성녀 선교사님은 혈소판이 약해서 수술도 불가능하니 선교지에 돌아가지 말고 김성녀 선교사님은 미국에서 머물고 김태원 선교사 혼자 아르헨티나에 가서 빨리 정리를 하고 나오라고 한다. 당시 김성녀 선교사님은 아르헨티나의 신학교 학장으로서 신학교 사역에 깊이 관여해 있을 때였다.

김 선교사님이 아내에게 주치의 신 장로님의 이야기를 했더니 자기가 꼭 직접 가서 다음 선교사님에게 인계해야 마음이 놓인다고 하면서 함께 가겠다고 한다. 김성녀 선교사님은 악착스럽게 따라가서 정식으로 인계를 하고 아르헨티나 선교지를 떠나왔다.

주치의는 김성녀 선교사님이 혈소판이 약하여 한번 출혈이 생기면 바로 죽음에 이를 수가 있다고 하면서 코피 등 출혈을 극히 조심하라고 당부했다. 그런데 아르헨티나 신학교 인계 중 새벽 기도 때마다 김성녀 선교사님이 '주여!' 삼창과 통성 기도를 너무 크게 외쳐 김태원 선교사님은 걱정했다. 하루는 열심히 통성 기도하는 아내를 좀 진정시키려고 어깨에 손을 얹으려는 찰나 하나님이 "너 뭐해!"라고 우렁찬 음성으로 질책하시는 바람에 김태원 선교사님은 소스라치게 놀랐다고 한다.

미국 본 교회로 돌아와 계속 병원에 다니면서 진료도 받고 한기홍 담임목사님과 교회 온 성도님들의 중보 기도 덕분인지 3개월밖에 살 수 없다던 김성녀 선교사님은 6개월 정도 치료하는 가운데 건강은 많이 회복되어

가고 있었다.

이때 브라질의 하선 선교사님으로부터 연락이 왔다. 김태원 선교사님은 아르헨티나 선교지로 가기 전 1년여 동안 브라질에서 선교 사역을 한 일이 있다. 그때 하선 선교사님은 브라질 교민으로서 남편은 한의사이고 본인은 의류 판매업을 하는 사업가로서 열심히 살아가는 가정이었다. 이들 부부는 김태원 선교사님과 김성녀 선교사님을 만나고 나서 큰 은혜를 받았다. 은혜를 받고 나서 열심히 신앙생활을 하는 하선 자매님을 김태원 선교사님은 통신으로 신학 공부를 시켰다. 하선 자매님은 졸업 후에는 LA 은혜한인교회의 브라질 선교사로 파송 받게 하여 김태원 선교사님이 아르헨티나로 떠난 후 브라질 선교센터를 운영하도록 했다.

김태원 선교사님은 아르헨티나 선교사로 나가자마자 바로 아르헨티나 팀 멤버를 데리고 브라질에 가서 브라질 목회자 A.F.A.를 시작해 주었고, 이후 하선 선교사님은 브라질에서 A.F.A.로 크게 사역을 잘 하고 있었다. 이번에는 청소년 A.F.A.도 준비했으니 김태원 선교사님에게 이를 인도해 달라고 연락이 온 것이다.

김태원 선교사님은 제자를 돕는 차원에서 아직 의학적으로는 정상이 아닌 아내 김성녀 선교사님과 함께 브라질 A.F.A. 청소년 1기를 인도해 주기 위해 페루 경유 브라질행 비행기 표를 끊었다. 어차피 브라질로 가려면 페루 리마공항을 경유해야 하는데, 이왕이면 페루에서 하루밤을 묵으면서 페루에 살고 있는 아르헨티나 은혜신학교 및 A.F.A. 출신들도 만나고 싶었다. 페루의 아르헨티나 은혜신학교 출신 릴리라는 여자 목사님에게 공항 마중을 부탁했다.

페루 리마공항에 도착하니 릴리 목사님은 여러 명의 A.F.A. 출신 목사님들 외에 몇 명의 다른 분들이 함께 마중나왔다. 김태원 선교사님도 잘 모르는 이들은 페루의 이름 있는 귀한 목사님들이라고 한다. 어리둥절 해 하는 김 선교사 부부에게 릴리 목사님은 다음과 같은 자초지종을 이야기 하는데 김태원 선교사님은 릴리 목사님의 이야기를 듣고는 깜짝 놀랐다.

릴리 목사님이 아르헨티나 은혜신학교에서 공부를 할 때 김 선교사님은 아주 엄격하기로 소문이 나 있었다. 흡사 북파 요원들을 훈련을 시키듯 위계질서와 규율를 엄격히 지키는 교육을 시키고 있었다. 수업 시작을 알리는 종이 딸랑딸랑하고 울리면 학생들은 빨리 교실에 들어가 모여야 한다.

그런데 한번은 릴리라는 페루에서 공부하러 온 여자 목사님이 김 선교사 방으로 찾아와 뭔가 이야기를 했다. 그것도 당당하게 김 선교사 얼굴을 쳐다보고 말하는 것이 아니라 우물쭈물하면서 말했다. 김 선교사님은 스페인어가 부족해서 한국어 통역을 대동하고 모든 행사를 치루는데 그때 마침 통역이 없어 릴리 목사님에게 한국말로 "빨리 교실에 들어가서 공부를 하세요"라고 소리쳤다.

그런데도 뭔가 스페인어로 계속 말을 하는 것이 아닌가!

릴리 목사님의 말 중에는 A.F.A. 어쩌고저쩌고 하는 말이 있는 것 같았다. 교실로 들어가라고 해도 서로가 의사 불통인데도 계속 이야기를 하기에 김 선교사님은 귀찮아서 그냥 "알았어, 알았어!" 하고는 그 학생을 교실로 보내려고 했다. 나중에 조용히 통역을 대동하고 이야기하고 싶어 그랬던 것이다. 그런데 릴리 학생은 "알았어"란 말만 알아듣고는 좋아서 연신 고맙다고 인사를 하며 교실로 뛰어갔다.

오늘 알고 보니 그때 릴리 목사님은 아르헨티나에서 하는 A.F.A.란 프로그램이 너무 좋아서 자기가 살고 있는 페루에도 이 A.F.A.를 해 달라고 간절히 부탁했던 것이다. 그런데 김 선교사님이 "알았어!"라고 했으니 릴리 목사님은 김 선교사님의 페루 A.F.A.를 승인받아서 기뻐 뛰었던 것이다.

신학교 졸업 후 페루로 돌아온 릴리 목사님은 그동안 페루 A.F.A.를 위해 몇 군데 큰 교회 목사님들에게 이야기해서 페루 A.F.A. 출신들과 함께 금식 기도까지 하면서 준비를 하고 있었다고 한다.

그래서 기도에 동참한 목사님들과 함께 공항에 마중을 나온 것이었다. 김태원 선교사님은 아르헨티나 사역 때문에 페루에는 A.F.A.를 만들어 줄 계획도 없었고 또 지금은 아내의 병간호 때문에 미국에 들어와 있는 형편이지 않은가. 그러나 금식 기도까지 했다는 목사님들의 서운해할 마음을 위로해 주기 위해 김 선교사님은 이분들을 잘 대접을 하면서 간곡한 거절의 의사를 밝히고자 했다.

그래서 페루에서 제일 비싼 호텔에서 점심 식사를 대접하기로 했다. 식사가 끝나면 정중히 페루 A.F.A.를 할 수 없다는 양해의 말을 할 예정이였다. 모두 열두 명의 목사님들이 참석했다.

그런데 식사가 끝날 무렵 자기네들끼리 뭔가 수군수군하는 것이었다. 그리고는 돈을 모아 식사비를 지불하려고 하는 것 아닌가. 김 선교사님은 황급히 막아서면서 내가 지불해야 한다고 말하면서 돈을 집어넣으라고 했다.

"당신네가 무슨 돈이 있어요. 당신들이 낼 것이라면 내가 이렇게 비싼 식당으로 모시지도 않았어요!"

가난한 남미 목사님들의 주머니 사정을 김 선교사님은 너무나 잘 알고 있었기 때문이다.

이때 여러 목사님이 동시에 돈이 들려 있는 김 선교사 손을 막아 잡으면서 다음과 같이 말하는 것이 아닌가!

"우리가 받은 사랑이 얼만데요?"

이 말을 듣는 순간 김 선교사님은 가슴이 뭉클해지면서 눈에 눈물이 핑 돌았다. 그동안 가난한 남미 목회자와 선교를 위해서 눈물로 기도하면서 섬겼던 사랑과 복음이 이렇게 큰 열매로 맺어 있을 줄을 몰랐기 때문이다. 그 말 한마디가 너무나 고맙고 감사 하게 다가왔고, 속으로 무척이나 기뻤다. 김 선교사님은 자기 간이 병들어 망가지는 줄도 모르고 남미의 불쌍한 영혼들을 위해서 기도하던 아내의 얼굴을 쳐다봤다. 아내 또한 눈시울을 붉히면서 김 선교사님을 바라보고 있었다.

'그렇다, 바로 이것이다. 우리가 이 땅에 살아 있는 동안 페루의 영혼 구원을 위해 목숨을 걸자. 이 영혼들을 살려내자.'

그러기 위해서는 아내 김성녀 선교사님의 병을 하나님께 맡기고 다시 한번 페루 선교를 위해 헌신하자고 다짐했다. 그들을 집으로 돌려보내고 난 뒤 김태원 선교사님은 본인이 일방적으로 결정한 것을 미안한 마음으로 아내에게 이야기를 하니 김성녀 선교사님도 똑같은 생각을 하고 있었다. 성령님이 이들 부부의 마음을 감동시킨 것이다. 할렐루야!

브라질 청소년 A.F.A.를 인도해 주고, 다시 페루에 선교사로 온다는 기쁜 마음으로 본 교회로 돌아왔다. 김 선교사 부부가 한기홍 담임 목사님을 찾아가서 그간의 사정을 이야기하고는 다시 페루 선교사로 파송시켜 달라고 요청했다. 한 목사님은 김성녀 선교사님의 건강을 걱정하면서도 쾌히 승락을 해 주어서 다시 페루로 파송을 받아 나갔다.

더욱 감사한 것은 아르헨티나에서 김 선교사 부부에게 훈련받고 통역으로 활약하다가 스페인에 파송되어 있던 안젤라 선교사 부부가 김태원·김성녀 선교사님이 페루에 파송되어 왔다는 이야기를 듣고 찾아왔다. 안젤라 선교사님은 6살에 아르헨티나로 이민와 한국말과 스페인어에 유창했다.

김 선교사 통역으로 일하던 그녀는 칠레에서 아르헨티나 부에노스아이레스의 은혜신학교에 유학을 온 칠레인 구스타보를 만나 김태원 선교사님의 주선으로 결혼했다. 안젤라·구스타보 선교사 부부는 김 선교사 부부 밑에서 좀 더 훈련을 받고 싶다고 요청해서 안젤라 부부는 다시 페루에서 통역으로 함께 사역하기 시작했다. 김 선교사님은 아내 김성녀 선교사님과 함께 페루에서 5년간(2008-2013년) 모든 선교 사역을 무사히 잘 감당했다.

페루에서 선교 사역을 한 지 5년쯤 되었을 때, 이제 본 교회로 돌아갈 준비를 하는데 갑자기 칠레 선교사님이 공석이 되었다. 어쩔 수 없이 본 교회로 들어가는 것을 미루고 칠레에서 2년을 더 선교 사역을 감당했다. 안젤라 선교사님은 김태원 선교사님이 아르헨티나에서부터 마치 친딸처럼 귀하게 여기며 선교사로 양육을 해 왔고, 결혼까지 주선해 주었다. 특히 페루에서 김태원·김성녀 선교사 부부는 안젤라·구스타보 부부와 한집에서 3년을 함께 살면서 모든 선교 사역을 함께 했다.

2015년, 김성녀 선교사님의 건강이 다시 악화되어 김태원 선교사님은 아내와 함께 LA 본 교회로 돌아와 은퇴했다. 칠레까지 따라와서 10여 년을 김 선교사 부부와 함께 생활하면서 훈련받고 또 통역으로 봉사한 안젤라 선교사 부부는 이제 김 선교사 부부가 못다한 중남미 선교 사역을 훌륭히 감당하리라 믿었다.

하나님은 3개월 시한부 삶의 판정을 받은 김성녀 선교사님과 남편 김태원 선교사님에게 8년을 더 남미 선교를 맡기신 것이다.

김태원 선교사님은 사람은 누구의 손에 잡히느냐에 따라 인생이 바뀐다는 지론을 가진 분이다. 그는 김광신 목사님의 영적 지도력에 잡혀 늦은 나이인 52세부터 30여 년간을 유럽과 남미 선교사로 헌신했다.

은퇴 후, 김성녀 선교사님은 하나님의 부르심을 받았고, 김태원 선교사님은 지금 은혜한인교회의 은퇴 선교관에서 조용히 여생을 보내고 있다.

3. 김성녀 선교사님의 선교

1) 결혼과 파독 간호사로

김성녀 선교사님은 1941년 2월 24일 강원도 삼척에서 농부의 5남매 중 셋째 딸로 태어났다. 그녀는 어릴 때부터 간호사의 꿈을 갖고 있었다. 1963년, 3년제 서울간호전문학교를 졸업하고는 간호사 국가 고시에 합격하여 정식 간호사가 되었다.

1963년 6월, 김성녀는 22살의 나이에 당시 간호사들에게는 선망의 대상이던 강원도 태백시 장성 광업소 지역에 소재한 국영 기업인 대한석탄공사 장성 의료원에 간호사로 취업했다. 당시 장성 탄전 지대에는 강아지도 만 원짜리 지폐를 물고 다닌다고 할 정도로 경제적으로 아주 풍요로운 지역이었다.

그러나 광산 지대라 1000여 미터가 넘는 지하 갱도 같은 곳에서 사고가 잦아 김성녀 간호사가 근무하는 병원에는 매일같이 환자들이 밀려들었다. 그러나 눈코 뜰 새 없이 바쁜 와중에서도 그녀는 나이팅게일 정신을 발휘하여 환자들을 정성껏 돌보아 주어 의료원 주위에서 유달리 인기가 많은 간호사가 되었다.

한편 경제적으로 풍요로워 돈이 잘 돌아가는 장성 광업소 지대에는 사고가 잦아 내일 일을 장담 못 하는 광산 지역인 탓에 팔도의 건달들이 다 모여든 살벌한 지역이기도 했다. 그런 살벌한 지역에서 극장을 운영하는, 누구도 못말린다는 최고의 건달 빨간 마후라의 사나이란 사람이 있었다.

무슨 일인지 어느 날 그 사나이가 김성녀 간호사가 근무하는 장성 의료원 병동 3층에 나타났다. 그런데 일이 될려고 그러는지, 하나님의 섭리하심인지, 김 간호사의 눈에 비친 그 사나이는 소문과는 달리 첫인상이 부드럽고 자상해 보였으며 멋있기까지 했다.

간호사로 취직하여 일한 지 1년 정도 되는 어느 날, 그 사나이의 부하인 듯한 한 젊은이로부터 연락이 왔다. 꼭 할 말이 있다고 하면서 ㅇㅇ다방으로 저녁 7시에 나오라는 것이었다. 1964년 5월 어느 날 저녁, 그날은 김성녀 간호사에게 영원히 잊을 수 없는 날이 되고 말았다.

누구도 못 말린다는 빨간 마후라의 그 사나이(지금의 김태원 선교사님)는 김 간호사를 보자마자 오랫동안 알고 지낸 사이처럼 아주 부드럽게 그러나 서슴없이 일방적으로 말했다.

"나는 인생의 쓴맛 단맛을 다 경험했지만, 너무도 외로운 사나이요. 인생을 굵고 짧게, 하지만 멋지게 살려고 마음먹었으나 뜻대로 되지 않는데, 바로 당신같은 여자가 내 곁에 있다면 위로받고 행복하게 살 수 있을 것 같소. 그러니 나와 결혼해 주어야겠어."

이건 완전히 명령이었다.

"세상 살아가는 것이 너무 피곤하오. 때로는 누나처럼 때로는 엄마처럼 기대고 싶소."

그는 강권적으로 확답을 요청했다.

그녀는 너무나 놀라고 당황하여 어찌할 바를 몰랐다. 당시 장성 의료원에는 50여 명의 동료 간호사들이 있었는데 한결같이 빨간 마후라랑 결혼하면 그녀가 불행해질 거라며 극구 결혼을 만류했다. 집에서도 온 식구가 결사적으로 반대하고 나섰다. 동료 간호사들은 온순하기 그지없는 김 간호사와 빨간 마후라의 결혼을 반대하다 못해 데모까지 할 지경이었다.

그러나 목숨을 걸고 결사적으로 다가오는 그의 열성에는 도무지 당해낼 도리가 없었다. 결국, 한사코 반대하던 부모님과 형제들, 동료 간호사들까지 포기했으나, 나중에는 그들의 결혼을 진심으로 축하해 주었다. 만난 지 1년쯤 후인 1965년 4월 5일 김성녀 간호사와 빨간 마후라의 사나이 김태원은 결혼식을 올렸다.

김성녀가 결혼 생활을 하면서 겪은 남편 김태원은 결코 평범한 사람이 아니었다. **그는 무한한 가능성을 지닌, 멋진 사람임에는 틀림이 없었다.** 그러나 아무리 남편이 건달 세계와 손을 끊고 바르게 살려고 안간힘을 써도 아침부터 몰려오는 친구들과 후배 건달들의 발길을 막을 수가 없었다. "형님, 문제가 생겼습니다" 하면서 찾아오는 후배들과 몰려 나가면 이틀

날 새벽녘에야 술에 취해 들어오기 일쑤였다.

이제 김성녀는 과감한 결단을 내렸다. 결혼 5년만인 1970년 두 아들, 네 살짜리 동석이와 첫돌의 신이를 남겨 둔 채 눈물을 머금고 파독 간호사로 선발되어 독일로 떠났다. 독일의 공업 도시 루드빅스하펜의 시립 병원에 동료 간호사들과 함께 배치되었다.

첫돌짜리 아들을 두고 온 김성녀는 병원에서 일을 하면서 시시때때로 젖이 불어 가슴에 흘러내렸다. 그럴 때면 '내 아이가 배가 고파 울겠구나'라는 생각에 일을 하면서도 눈물이 쏟아 내렸으며, 잠자리에 들면 엄마를 찾는 아기의 모습이 떠올라 하염없이 눈물이 흘러내려 밤을 지새운 적이 한두 번이 아니었다.

그러나 남편 김태원은 자상했다. 젖먹이 아들을 떼어놓고 떠난 아내를 위로하기 위해, 또 아내를 실망시키지 않기 위해, 거의 매일같이 하루의 일과를 상세하게 적은 편지를 시립 병원 기숙사로 써 보내왔다. 김성녀 역시 변해 가는 남편이 고마워 매일 사랑의 답장을 보냈다.

1972년 2월, 드디어 김성녀가 모범적으로 근무한 시립 병원의 도움으로 남편 김태원이 헤어진 지 2년 만에 한국 남자로서는 처음으로 시립 병원 보조 간호사로 취업이 되어 독일로 왔다. 그리고 남편이 도착한 지 6개월 만에 두 아들 동석이와 신이도 한국 간호사로는 처음으로 자녀들까지 독일로 오게 되었다. 기특하게도 두 아들은 언어의 장벽을 극복하면서 독일의 초등학교에 잘 적응해 나갔다.

1977년경, 파독 간호사들 사이에 미국으로 간호사 취업을 가는 이민 붐이 일었다. 김태원·김성녀 부부는 자녀들의 장래를 위해 미국으로 이민을 가기로 결정했다. 1977년 9월 16일 뉴욕에 도착한 그들은 뉴욕공항 이민국에서 바로 영주권을 받고, 캘리포니아 오렌지카운티로 왔다. 그들의 미국 이민 생활의 시작이었다.

2) 독일에서 미국으로, 그리고 믿음의 생활로

김성녀는 우선 미국 병원에서 시간당 3달러 50센트를 받고 일하면서 열심히 공부하여 정식 간호사 자격증(RN)을 취득했다. 당시 미국 교민 사회에는 새로운 이민자가 오면 제일 먼저 한인 교회의 전도 팀이 방문했다. 그러나 남편 김태원은 여자가 교회 나가면 집안 망친다고 하면서 교회 사람들이 집으로 찾아오는 것을 극구 반대했다.

그러나 어느 날 여자 권사님들이 김치 통을 들고 찾아와 자녀 교육을 잘 시키려면 온 가족이 교회에 나와야 한다는 것이었다. 김태원·김성녀 부부는 "자녀 교육을 잘 시키려면"이라는 말에 귀가 솔깃하여 처음으로 교회에 다니기를 시작했다.

그런데 어느 날부턴가 생활 자체가 귀찮아지고 공허감이 밀려오기 시작했다. 미국에서의 따뜻한 생활을 기대했었는데 세월이 흘러도 남편은 자기를 여전히 군인 다루듯 대하는 태도가 짜증스럽기 그지없었다. 오히려 열심히 일하던 독일에서의 생활이 그리웠다. 동서남북이 다 막혀 있는 것 같았다. 교회에 나가면서도 '나는 도대체 어디서 와서 무엇 때문에 살며 어디로 가고 있는가?'라는 의문이 꼬리를 물었다.

잦은 부부 싸움도 지겹고 아이들한테도 미안해 하던 어느 날 하나님을 만나려면 LA 북쪽에 있는 팜데일기도원에 가 보라고 교회 여선교회 회장이 말했다. 김성녀는 당장 병원에 3일간의 휴가를 내고, 출타 중인 남편에게는 간단한 편지를 남기고는 바로 기도원으로 향했다. 혼자 차를 타고 기도원으로 가면서 곰곰히 생각해 보니 결혼 후 처음으로 남편 허락 없이 집을 비우고 혼자 나간 사건이었다. 간절히 사모하고 올라간 때문인지 팜데일기도원은 너무도 은혜스러웠다.

예배실은 100명 정도가 겨우 앉을 수 있는 장소였는데 기도 소리, 찬양 소리, 이상한 말 소리가 계속 들려왔는데, 그건 그녀가 생전 처음 듣는 통성 기도와 방언 기도 소리였다. 김성녀도 간절히 사모하며 기도를 했는데, 그것은 마치 '사람 살려!'라는 비명과도 같은 간절함이 묻어나는 기도였다.

그런데 갑자기 김성녀에게 이상한 환상이 보였다. **그녀가 엄마 배 속에서 쇠사슬에 묶여 태어나는 장면이 보이더니, 38년 동안 그녀를 묶고 있던 쇠사슬이 어느 순간 '뚜욱' 하고 끊어졌다.** 그러자 앉아 있던 그녀가 공중에 '부웅' 하고 올라갔다가 내려앉으면서 뜨거운 눈물과 함께 회개의 기도가 터져 나왔다.

한편 김성녀가 기도원으로 떠나던 날 집으로 돌아온 남편 김태원은 집에 보여야 할 아내의 차가 보이지 않아 여기저기를 둘러보았으나 아내의 차를 찾을 수가 없었다. 걱정을 하며 집에 들어온 김태원은 방안을 둘러보던 중 아내가 남겨 둔 편지를 발견하곤 가슴이 철렁했다.

'드디어 아내가 가출했구나!'라는 생각이 머릿속을 번개처럼 스쳐 지나갔다. 손이 떨려 도저히 편지를 열어 볼 엄두가 나지 않았지만 억지로 편지를 집어 들고 읽어 보았다.

아니, 여태껏 아내는 혼자서 외출을 해 본 적이 없는 여자였다. 혼자서 운전해서 팜데일까지 갔다 온다는 게 도저히 무리라고 판단한 김태원은 즉시 차를 몰고 팜데일로 향했다. 기도원에 도착한 그는 그냥 맨손으로 기도실로 들어갈 수가 없어 입구 사무실에서 성경책 한 권을 빌려서 기도실로 들어가려고 막 기도실 문 손잡이를 잡으려는 순간, 어디선가 '이 노오-옴!' 하고 아주 커다란 음성이 들려왔다.

깜짝 놀란 그는 주위를 돌아봤으나 아무도 없었다. 다시 문고리를 잡으려는 순간 또 다시 '이 노오-옴, 어디를 함부로 들어가려고 하느냐!'라는 천둥과 같은 소리가 들려왔다. 이에 깜짝 놀란 김태원은 너무도 놀라 두근거리는 가슴을 안고 그길로 바로 집으로 돌아왔다.

한편 간절히 사모하며 기도하던 김성녀는 드디어 뜨거운 회개의 눈물과 함께 죄에서 자유함을 얻게 되었다. 그녀는 너무도 기쁘고 감격스러워 그 자리에서 세 가지를 하나님께 서원했다.

첫째, 주여 저를 저 불쌍한 아프리카에 선교사로 보내주소서.

둘째, 주여 너무도 감사해서 주님을 위해 40일 금식 기도를 하겠습니다.

셋째, 십일조를 꼭 하도록 하겠습니다.

그녀는 너무도 큰 기쁨을 안고 집으로 돌아왔고, 이후 그녀의 삶은 완전히 변화된 삶이었다. 그녀의 변화된 삶에 가장 놀라워한 사람은 바로 남편 김태원이었다. 남편도 곧 주님을 뜨겁게 영접했으며, 하나님의 사람으로 변화되 가기 시작했다. 드디어 그들의 가정은 웃음을 되찾았다.

이후 김성녀는 남편과 함께 순복음교회에서 신앙생활을 하면서 1979년부터 오렌지카운티의 순복음교회에서 운영하는 베데스다신학교에 입학하여 1982년 장학생으로 목회학 석사(M.Div.) 과정을 졸업했다. 1984년 김태원·김성녀 부부는 선교의 열정으로 뜨거운 은혜한인교회에 등록하게 되었다.

은혜한인교회에 등록한 지 약 1년 후, 김태원·김성녀 부부는 유럽에 사는 과거 동료들에게 이 기쁜 소식을 전하고 싶어졌고 그래서 그들이 많은 은혜를 받은 김광신 담임 목사님의 성경 공부 테이프, 그중에서도 '율법과 복음' 테이프를 집중적으로 독일 땅 간호사들에게 보냈다. 그리고 한 달 동안 자비로 유럽을 순회하면서 유럽 땅 한국의 그리스도인들이 영적으로 잠들어 있다는 결론을 내리게 되었고, 남편과 함께 유럽을 깨우러 가야겠다고 결심했다.

김성녀 집사는 하나님과의 약속을 지키기 위해, 또 구원 받은 것도 감사한데 하나님의 일에 쓰임 받는 것이 너무도 감사하여 40일 금식 기도를 하기로 했다. 그녀는 금식 기도원으로 유명한 한국의 오산리기도원으로 갔다.

오산리기도원은 불도가니요 그녀 또한 불도가니였다. 개인 기도굴에서 그렇게 많이 울어 본 적도 없고 그렇게 많이 기도해 본 적도 없었다. 이 기도원에서 40일 동안 금식하며 쉬지 않고 나눈 하나님과의 대화는 그녀에게 잊을 수 없는 아름다운 시간들이었다. 하나님의 도우심으로 40일 동안 무사히 금식을 끝냈으나 탈수가 너무 심하여 기도원에서 보식을 할 수가 없었다. 할 수 없이 올케가 사는 서울 가락동 아파트로 거처를 옮겼다.

미국에서 급히 남편이 와서 그녀를 데리고 가까운 병원으로 갔다. 탈수가 너무 심하여 혈관을 찾지 못하자 큰 병원으로 가 보라고 하면서 성동구에 있는 방지거병원을 추천해 주었다. 심장 박동은 약해지고, 심장 박동이

멈추다 뛰곤 했다. 구급차로 러시아워를 헤치고 방지거병원에 도착했더니 응급실에서 모든 준비를 갖추고 그녀를 기다리고 있었다. 겨우 혈관을 찾아 주사 바늘을 혈관 안에 주입 시켜 링거 주사를 맞을 수 있었다. 그리고 심장 박동을 알기 위해 E.K.G.를 왼쪽 가슴에 부착시켜 심장의 고동을 들었다.

'삐익 삐익.'

의사와 간호사들은 검사를 하기 위해 일사분란하게 움직였다. 얼마의 시간이 지났을 때였다. 모두 그녀의 주위로 와서 카디오그라피를 읽고 있는데 '삐이익' 하고는 더 이상 아무 소리도 들리지 않았다. 그러자 모두가 이제 포기한 듯 그녀를 침대와 함께 옆으로 밀어 놓았다. 그런데 **신기한 것은 김성녀 집사의 육신은 끝이 났는데, 육신 속의 그녀 영혼은 그대로 살아 사람들의 목소리가 다 들리는 것이었다.** 과장 의사의 목소리가 들렸다.

"이 환자는 오늘 밤 12시를 넘기지 못하니 장례 준비를 하십시오."

그리고 보호자를 찾으면서 사인을 하라는 소리가 들렸다.

그 순간, 그녀의 영의 눈이 열려 그녀 눈앞에 문이 하나 나타났다. 그 문이 예수 그리스도라는 사실을 그녀는 단번에 알 수 있었다. 그 문은 너무도 거룩하기 때문에 바라보기만 할 수 있었다.

그런데 주님의 음성이 들렸다.

"세상에서 아직 네가 해야 할 일들이 남아 있으니 내가 너를 다시 세상으로 보내리라."

그 즉시 아직까지 철거하지 않은 E.K.G.가 다시 살아났다. '삑- 삑- 삑-' 아주 힘차게 소리가 들려왔다. 의사와 간호사들이 모두 "살았다!" 하고 일제히 환호성을 질렀다. 그녀는 응급실에서 일반 병실로 옮겨졌고, 곧 건강을 회복하여 남편과 함께 미국으로 돌아왔다.

3) 유럽 선교사로 파송받고 다시 독일로

1986년 10월 5일은 은혜한인교회가 창립된 이후 첫 선교사 파송의 날이었다. 그동안 협력 선교사 파송은 있었으나 은혜한인교회의 본격적인 단독 선교사 파송은 처음이었다.

김태원·김성녀 선교사 부부는 두 아들에게는 방 한 칸짜리 아파트를 얻어 주면서, 큰아들 동석이(19세)는 중국 식당에 작은 아들 신이(16세)는 일본 식당에 종업원으로 취직시켜 주면서 스스로 벌어 생활하라고 했다. 식당에서 일하면 굶지는 않을 거라고 생각하면서 "하나님이 너희들을 반드시 지켜주실 것이다"라고 말했다. 그러나 믿지 않는 세상 사람들은 그들 부부를 향해 정신나간 사람들이라고 손가락질했다.

유럽으로 떠나던 날, 많은 성도가 김 선교사 부부를 배웅하기 위해 공항에 나왔다. 정들었던 성도들, 사랑스런 아이들과 헤어져야 하는 시간이 되었다. 김성녀 선교사님은 혹시 다시는 아이들을 못 볼지도 모른다는 생각에 살점이 떨어져 나가는 듯한 고통과 아픔의 순간을 겪었다. 갈채를 받으며 선교사로 파송 받던 순간은 너무도 행복했었는데, 지금 이 순간은 어린 아이들의 어미로서 도저히 발걸음이 떨어지지 않았다.

억지로 비행기에 타고, 이륙하여 유럽으로 가는 도중 계속 울고 있는 그녀에게 하나님의 음성이 들렸다.

'성녀야, 너 왜 울고 있느냐?'

참으로 부드럽고 따뜻한 음성에 그녀는 즉각 대답했다.

'일가 친척이라고는 아무도 없는 미국 땅에 어린 동석이와 신이를 두고 떠난다고 생각하니 엄마의 가슴이 너무 아파 울고 있습니다.'

다시 하나님의 음성이 들렸다.

'성녀야, 내가 그 애들을 키워 주면 되지 않겠니?'

그 순간 하나님이 그녀의 마음을 빼앗아 가고 하나님의 마음을 그녀에게 넣어 주셨다. 이후 그녀는 아이들에 대해 더 이상 걱정할 일이 없어졌다.

김태원·김성녀 선교사 부부는 7년간 간호사로 살았던 독일에 이제는 선교사로 들어가 프랑크푸르트에 '유럽은혜선교센터'를 세웠다. 그리고 그동안 그들 부부가 보낸 성경 테이프를 듣고 은혜 받은 사람들이 모였는데 제일 먼저 시작한 것이 목요 기도회였다.

이 기도회는 하나님이 매우 기뻐하셨다. 기도하러 들어오는 자마다 성령 세례를 받고 회개의 역사가 일어났으며, 병든 자가 치료를 받고 자유함을 얻는 역사가 일어났다. 하나님이 죽어 가는 영혼들을 구원하기 위해 그들을 쓰시고자 한다는 것을 확실히 깨달았다. 기도 모임이 있는 날은 불같이 달아올랐고 하나님의 기적을 체험한 이야기들을 서로 간증하며 헤어지는 것을 아쉬워했다.

그 당시 미국 본 교회인 은혜한인교회의 담임 **김광신 목사님의 '율법과 복음'**이라는 성경 공부 테이프는 전 유럽에 있는 우리 동족들을 영적인 잠에서 깨어나게 했다. 이 테이프를 듣다가 성령님이 임해 그 자리에서 성령 세례와 동시에 방언을 받는 사람들도 있었다.

그런가 하면 어떤 사람은 자동차로 아우토반(독일의 고속도로)을 달리면서 말씀을 듣다가 성령님이 임한 적도 있다. 너무 놀라 '성령님, 잠깐만 기다리세요' 하고는 길옆으로 빠져나와 자동차를 세우고는 '성령님, 이제 들어오시옵소서' 하고 눈물 콧물 흘리며 회개하는데 방언이 터져 나와, 그 기쁨을 주체하지 못하고 '이럴 때 어떻게 하면 되느냐?'고 선교센터로 전화를 걸어오는 경우도 있었다.

김광신 목사님을 모시고 실시한 첫 부흥회는 대성공이었다. 김광신 목사님은 1988년 8월 13일 제1기 유럽 사랑의 불꽃을 실시하는데 50명의 캔디데이트를 모으라고 명하셨다. 이에 순종하고 즉각 캔데데이트를 모집했으며, 미국 본 교회의 팀 멤버 50명은 캔디데이트들을 사랑으로 정성껏 섬겨 제1기 유럽 사랑의 불꽃은 마치 오순절 다락방을 연상케 했다. 본 교회 교인 팀 멤버들은 모두 자비로 여비를 마련해서 유럽까지 왔는데 그들이 베푼 정성과 사랑의 섬김은 대단했으며, 모든 캔디데이트들은 성령 충만하여 완전히 새로운 사람으로 변했다.

이 행사로 은혜를 받고 새로운 사람으로 탄생된 페스카도르(TD 수료자)들은 재헌신 되었다. 사명 받은 자들은 주 예수 그리스도의 뜨거운 사랑에 감격해 눈물을 흘리며 "부름 받아 나선 이 몸, 어디든지 가오리다. 주여, 내가 여기 있아오니 나를 보내소서"라고 고백했다. **성령님의 역사하심이 아니고는 결코 일어날 수 없는 일들이 일어났다.** 사랑의 불꽃을 통해 사명 받은 사람들이 주의 종의 길을 가기 위해 본 교회 신학교와 통신으로 신학 공부를 했다. 유럽 사랑의 불꽃은 매년 두 차례 열리며 지금까지 계속되고 있다.

김태원·김성녀 선교사 부부는 유럽 지역에 흩어져 있는 한인 이민자, 유학생들을 위해 프랑스, 독일, 네덜란드 등의 대도시들을 찾아다니며 준비해 간 비디오 기기와 미국 은혜한인교회의 예배 실황이 담긴 비디오테이프를 주면서 하나님의 복음의 집이 되라고 기도하고, 계속 비디오로 예배를 드릴 것을 권면했다. 주일만 되면 주변의 유학생들을 불러 한국 음식을 대접하며 본 교회의 비디오테이프를 보며 예배를 드렸다.

박사학위를 취득하기 위해 유학 온 독신 남녀 학생들은 비디오테이프 속에서 은혜롭게 찬양하는 우리 민족들을 보는 순간 외로움에서 해방되어 감격해서 울고, 말씀을 듣다가 회개의 영이 터져서 눈물을 흘렸다. 유럽 각처에서 비디오로 예배를 드린 처소가 3개월이 될 때 쯤에는 김성녀 선교사님이 직접 찾아가 은사 집회를 인도해 주면 하나님의 은혜를 새롭게 깨닫고 큰 은혜를 받곤 했다. 그러면 봉사도 사역도 더욱 열심히 했고, 은혜를 받아 감사하다는 전화가 쉴새 없이 와서 그녀는 큰 힘을 얻었다.

김 선교사 부부는 여건이 허락하는 대로 곳곳에 세워진 'Video Church' 그룹들을 한자리에 모아 은혜의 시간을 가졌다. 하나님은 특별히 김태원 선교사님에 의해서 많은 유학생이 신학 공부를 하게 하고, 주의 종으로 헌신하도록 인도해 내는 달란트를 주셨다. 그래서 1991년 구소련 선교의 문이 열렸을 때 **유럽의 유학생 출신 주의 종 12명이 구소련 지역 여러 곳에 선교사로 헌신해 들어갔다.** 김태원·김성녀 부부 선교사님을 통한 유럽 선교는 구소련 선교를 위한 예비 선교였다고도 할 수 있었다.

1990년, 본 교회 당회장 김광신 목사님의 명으로 김성녀 선교사님은 구소련에 들어갔다. 3개월 동안 모스크바를 비롯해 카자흐스탄의 카라간다, 사할린 등을 방문했는데 가는 곳마다 김성녀 선교사님을 통한 성령의 역사하심은 대단했다. 김성녀 선교사님은 이를 두고 **"영적으로 대청소를 했**

다고 하면 정확한 표현이 될 것이다"라고 했다.

사할린에서는 청소년과 어린이들 150명이 은사 집회에 참석했다가 사도행전 2장의 역사가 그대로 일어났다. 심방 예배 때는 나이 80이 된 연로하신 할머니가 방언을 받는 사건도 일어났다. 모두 종교를 탄압하던 공산국가 사할린에서 처음 일어난 사건이라고 하면서 천지의 대주재이신 하나님께 영광을 돌렸다.

1993년 소련 상트페테르부르크에서의 10,000명 대형 선교 대회, 1994년 13,000명이 참석한 모스크바 대형 선교 대회는 유럽 선교가 있었기에, 또 유럽 선교를 통해 하나님이 행하신 크신 역사였다고 김성녀 선교사님은 회고했다.

유럽 은혜교회 교인들 및 서울의 유럽 뜨레스디아스 출신들과 함께 1993, 1994년의 소련 선교 대회를 크게 지원한 김태원·김성녀 선교사 부부는 1997년, 다시 브라질과 아르헨티나 선교사로 파송되어 헌신했고, 또 페루와 칠레에서도 다년간 남미 선교를 위하여 헌신했다.

2007년, 김태원 선교사 부부는 아르헨티나에서 사역 중 잠시 귀국하여 건강 검진을 받았다. 주치의인 은혜한인교회의 내과 전문의 신승철 장로님은 김성녀 선교사님의 간이 극도로 나빠져 3개월 이상 살기 힘들다는 시한부 삶의 진단을 했다. 그러면서 빨리 선교지에서 철수하여 치료에 전념할 것을 간곡히 당부했다. 이에 이들 부부는 몇 달간 투병 생활을 했는데 극적으로 건강이 회복되어 다시 페루로 파송 받아 갔다. 그리고 칠레까지 파송 받아 2015년까지 8년간을 더 선교 사역을 잘 감당했다.

페루에서 사역하던 중 연초에 노회 참석차 귀국한 김태원·김성녀 선교사 부부를 만난 신승철 목사님은 기절초풍하듯 놀랐다.

"아니, 어떻게 지금까지 살아 계세요?"

신승철 목사님은 선교사님 부부를 마치 다시 살아서 돌아 온 사람을 만나듯 했다고 한다. 내과 전문의로서 김성녀 선교사님에게 간경화로 3개월 시한부 삶을 판정했던 신승철 목사님은 건강을 회복하여 8년을 더 선교 사역을 감당하는 김성녀 선교사님을 보고는 "이건 정말 기적이요 하나님의 은혜"라고 했다.

김 선교사 부부는 남미 사역 중 현지 신학교 관련 업무로 필자가 근무하는 LA 그레이스미션대학교에도 매년 두세 차례 들러 필자와 환담도 했었는데 건강상 별 문제가 없었다.

2015년, 김성녀 선교사님은 다시 건강이 악화되어 LA로 돌아와 투병 생활을 하다가 3개월 시한부 선고 10년 후인 2017년 3월 하나님의 부르심을 받았다.

80세가 넘도록 선교에 헌신하다가 지금은 은퇴 선교관에서 지내고 있는 김태원 선교사님과 소천한 김성녀 선교사님 부부는 하나님께 크게 쓰임받은 선교사로 모든 선교사의 모범 선교사라 하지 않을 수 없다.

제3장

이인호 선교사님의 선교

1. 이인호 선교사님의 성장 배경과 미국 이민

 1936년 5월 14일 인천에서 태어난 이인호는 6.25 전쟁 중 피난지 부산에서 잠깐 고등학교를 다닌 것을 제외하고는 주로 인천에서 성장하고 서울에서 생활했다.

 6.25 정전 협정 후 스무 살 때인 1956년 12월 공군에 입대했다가 3년 후인 59년에 제대했다. 월남전이 한창 치열하던 1968년 2월, 이인호는 공군 복무 시 미군이 지원하는 공군 보급품 관리 부대에 근무한 인연으로 미 25사단 지원 회사인 PA&E에 취업하여 월남으로 갔다.

 당시 사이공(지금의 호치민시) 근교 구찌 마을에 주둔 중이던 25사단 예하에서 C-레이션(C-Ration) 식료품 등 여러 가지 보급품과 소방서를 관할하는 일을 했다. 그는 많은 월남인 용역 인부들을 감독하면서 그들로부터 베트남어를 배우면서 근무했다.

당시 미군들은 보급품이 얼마나 차고 넘쳤던지 전기가 몇 시간만 나가도 모든 식료품은 포크레인으로 땅을 파서 묻어 버렸다. 그러면 이인호는 밤에 몰래 주변 동네의 월남인들을 불러 땅을 파 그 식료품들을 가져가게 했다. 그리고 부대에서 먹다 남은, 버리기 아까운 음식들은 시시때때로 지프차에 싣고 마을로 가 촌민들에게 나누어 주었다. 이런 일은 많이 있었고, 그때마다 월남인들은 이 선교사님에게 감사와 고마움을 표시하곤 했다.

한번은 사이공 시내에서 30마일 정도 떨어져 있던 주둔지에서 근무 후 저녁때 동료 몇 명과 함께 사이공 시내로 지프차를 타고 나들이를 했다. 가는 도중 큰 개울을 다리로 지나가는데 다리 마지막 쪽이 바리케이트로 막혀 있었다. 차를 세웠더니 순식간에 옆 숲속에서 베트콩 게릴라들이 총을 겨누며 나타났다.

미군 지프차임을 확인한 베트콩들 중에 한 사람은 목에 총을 겨누고 있고 다른 한 사람은 다시 숲속으로 들어갔다. 숲속에서 책임자인 듯한 나이 든 사람이 와서 이 선교사님을 자세히 살펴보더니 "아, 이 사람은 우리에게 식료품을 많이 준 고마운 사람이야!"라고 하더니 그 지프차로 다시 부대 근처에 가서 차는 압수하고 이 선교사 일행은 걸어서 부대로 보내 주었다.

지프차는 그 자리에서 즉시 불을 질러 폐차시켜 버렸다. **부대 근처에 있던 많은 현지인들은 낮에는 일하는 농부요, 밤에는 베트콩이었던 것이다.**

월남전 종전을 위한 파리 회담이 거의 마무리 되어 가자 미군들은 철수 준비를 했고, 이에 이인호도 1972년 3월, 만 4년간의 월남 근무를 마치고 귀국했다.

이듬해인 1973년 미군 군속 근무 경력과, 아내의 식품영양학과 전공이 인정을 받아 부부는 미국으로 이민했다. PA&E 회사에 함께 근무하던 동료가 마침 시카고에 자리를 잡고 있어 시카고로 가기로 하여, 이인호 부부는 1973년 9월 16일 토요일 시카고에 도착했다. 서울에서 영락교회에 출석하던 이인호는 마침 영락교회 부목사 출신이 개척한 교회가 근처에 있다는 것을 알고는 미국 도착 다음 날 교회에 가서 주일 예배를 드렸다.

이인호는 시카고에서 베스킨라빈스(Baskin-Robbins) 아이스크림 가게를 운영했고 아내 이수복은 부동산 중계사를 했다. 활달한 성격에 대인 교제 관계가 좋았던 아내는 부동산 중계업에 꽤 성공하여 많은 수입을 올렸다.

1989년 이인호는 LA 은혜한인교회의 '뜨레스디아스' 프로그램에 참가하여 큰 은혜를 받았다. 이때 남은 여생을 선교사로 헌신하기로 작정했다. 1991년 이 선교사님은 은혜한인교회 내에 있는 유니언신학교에 등록하고 일 년에 몇 차례씩 시카고에서 LA 은혜한인교회의 신학교를 왕복하며 신학 공부를 했다.

1993년 유니언신학교를 졸업한 이인호는 본인이 희망하던 대로 그 해 2월 21일 아내와 함께 베트남 선교사 파송패를 받았다. 그는 선교사들 중 가장 나이가 많은 57세에 선교사 파송패를 받은 것이다. 3월 9일 이인호 선교사님은 베트남어를 조금 아는 것 외에는 아무 연고도 없고, 아는 사람도 없는, 적막강산과도 같은 베트남으로 홀로 출발했다.

2. 유니언신학교의 서덜랜드(Southerland) 교수님

은혜한인교회의 유니언신학교에는 서덜랜드라는 미국인 교수님이 있었다. 졸업 학기 마지막 즈음에 한번은 서덜랜드 교수님이 강의를 마치면서 다음과 같이 물었다.

"여러분 중에 베트남에 선교사 파송 받기를 희망하고 있다는 미스터 리(Mr. Lee)라는 학생이 있다는데 누구지요?"

이인호 선교사님은 "접니다" 하고 의자에서 일어서며 대답했다. 서덜랜드 교수님은 시간 있으면 잠깐 교무실로 오라고 했다.

교무실에서 서덜랜드 교수님은 의자를 권하며 과거 자기가 베트남에 있었던 이야기를 했다. 교수님은 베트남 전쟁 중 미국 C&MA(Christian and Missioary Alliance) 교단으로부터 베트남 선교사로 파송을 받았다. 그는 베트남 칸호아(Khanh Hoa)성 나트랑(Nha Trang, '냐짱': 베트남 발음)의 나트랑신학대학에서 학장 겸 교수로 선교 사역을 했다고 하면서 그때 베트남에서의 보람 있었던 사역들을 잊을 수가 없다고 했다.

당시 베트남 신학생들을 목회에 성공할 수 있도록 최선을 다해 지도했는데, 그중에서 특히 우수한 학생이었던 후에(Hue)와 칸(Khanh)이라는 두 학생은 특별히 과외 공부로 영어를 가르쳤다고 했다. 1975년 초 종전과 함께 베트남을 떠난 서덜랜드 교수님은 이 두 목사님을 특별히 내게 추천하면서 베트남 파송패를 받으면 다시 오라고 했다.

베트남으로 떠나기 전 다시 서덜랜드 교수님을 찾아갔더니 교수님은 그동안 후에와 칸 두 목사님의 연락처나 거주지를 알아보려고 백방으로 노력했으나 도저히 알 수가 없다고 했다. 그들의 옛날의 주소지와 후에, 칸두 목사님에게 이 선교사님을 소개하는 편지를 한 장씩 써 주었다.

교수님은 이 목사들을 만나면 반드시 베트남 선교 사역에 큰 도움이 될 거라고 하면서 베트남은 기독교를 박해하는 지역이니 모든 사역에 기도로 하나님을 의지하며 최선을 다하라고 당부했다. 교수님은 마지막으로 베트남에서의 안전과 모든 어려움을 잘 극복할 수 있도록 간절히 축복 기도를 해 주었다.

참으로 막막했다. 두 베트남 목사님의 이름과 과거 거주지를 적은 메모를 성경책 속에 잘 넣기는 했으나 꼭 시골 사람이 서울에 가서 김 서방, 이 서방을 찾는다는 생각이 들었다. 그러나 아무것도 모르고 없는 것보다는 낫다는 심정은 있었다. 그래서 서덜랜드 교수님의 말씀대로 모든 것을 기도하며 하나님께 맡기자고 생각했다. 교수님께 감사의 인사를 드리고 하나님께 모든 영광을 돌리며 교수님 방을 나왔다. 교회를 나오면서 김광신 목사님께도 경위를 말씀드렸다.

3. 베트남 선교지에서 있었던 일들

1) 베트남에서의 첫 밤을 노숙자로

1993년 3월 10일, 이인호 선교사님은 서울을 거쳐 베트남 호치민(옛 사이공)시에 도착했다. 입국 수속을 마치고 공항 밖을 나오니 마치 사우나탕에 들어온 듯 습기에 찬 무더위가 확 덮쳐 왔다. 택시 운전사와 요금을 흥정한 후 옛날에 묵은 적이 있는, 홍콩인이 운영하는 금란호텔로 갔다. 호텔은 만원이고 앞으로 두 달간 빈방이 없다고 했다. 더군다나 방 값은 최하가 하루에 70달러나 한다고 했다. 근처의 다른 몇 개의 호텔도 알아보았지만 모두 만원이었고 방 값도 90-100달러나 한다고 했다.

베트남의 소위 '도이머이정책'(베트남 공산당이 1986년부터 시행한, '새롭게'[머이], '변한다'[도이]는 뜻의 경제 개방 정책)에 의해 일본, 싱가폴, 한국 등과 국교가 수립됨으로써 베트남과 경제 교류를 하려는 기업인들의 러시가 이러졌고 호텔을 미처 짓기도 전이라 방 값은 폭등하고 모든 호텔은 만원이었다. 호치민시 교외의 호텔들도 만원으로 투숙객들은 버스로 호치민시로 들어와 일을 본다고 했다.

이 선교사님은 미처 예상치 못한 현실에 암담했다. 옛날에 파리 날리던 호텔들이 금값이 되어 있었다.

"주여, 나는 어디로 가야 합니까?"

기도가 저절로 나왔다.

> 보아라, 내가 택한 보배롭고 요긴한 모퉁잇돌을 시온에 두니, 그분을 믿는 자는 결단코 부끄러움을 당하지 않을 것이다(벧전 2:6).

> 너는 내게 부르짖어라. 내가 네게 응답하겠고, 네가 알지 못하는 크고 비밀스러운 일을 네게 알려 주겠다(렘 33:3).

"전능하신 하나님, 저도 주님의 십자가를 지고 이 땅의 택하신 백성을 위하여 복음을 들고 찾아 왔습니다. 긍휼히 여겨 주시옵소서!"

다시 택시를 불러 타고 10km 밖 민가까지 가 보았지만, 민박도 불가능했다. 당시 베트남은 에어컨, 냉장고에다 양변기까지 있는 집만 민박할 수 있도록 엄격히 제한되어 있었다. 졸지에 노숙자 신세가 되었다.

하는 수 없어 어느 처마가 긴 집에 가서 주인 남자에게 사정하여 하룻밤만 처마 밑에서 쉬고 가겠다고 간신히 허락을 받았다. 2개의 짐을 주인에게 맡기고 저녁 식사도 건너뛴 채 처마 밑에 쪼그리고 앉아 있으니 모기들이 '이때다' 하고 사정없이 달려들었다. 피곤했는지라 그러다가 살짝 잠이 들었다.

2) 유치장에서

누가 이 선교사님의 발목을 차는 바람에 졸음에서 깼다. 라이터를 들고 있는 공안원(경찰)이 보였다. 그 공안은 집주인과 다른 한 사람과 셋이서 한참을 이야기하더니 이 선교사 얼굴에 불빛을 비추면서 신분증을 보자고 했다. 미국 여권을 보여 주니 압수하면서 집주인과 함께 공안소(파출소)로 가자고 했다. 이튿날 아침 공안 소장이 올 때까지 집주인과 함께 유치장에 갇혀 있는 신세가 되었다. 그때가 새벽 2시경이었는데 다른 세 사람이 먼저 유치장에 들어와 있었다.

유치장은 대나무 창살로 되어 있고 모기들은 쉴 사이 없이 창살 틈으로 들락거리고 있었다. 바닥은 맨땅이 아니라 멍석을 깔아 놓아 습기가 덜하여 오히려 처마 밑보다 좋았다. 비가 와도 비 맞을 걱정은 없었다. 잠은 오지 않고 모기들과 싸우면서 아침이 되기를 기다리고 있었다.

이 선교사님은 마음속으로 어떤 처벌을 받더라도 제발 추방만은 되지 않기를 간절히 기도했다. 그리고 같이 있는 집주인 때문에 집에 있는 그의 가족들은 얼마나 걱정을 많이 할까 하는 생각이 들어 그 가족들을 위하여도 기도했다.

> 너희에게 하나님 우리 아버지께로부터 오는 은혜와 평강이 있을지어다 (골 1:2).

이 선교사님은 주인에게 대단히 미안하다고 사과를 했다. 집주인은 '탄'이라는 사람이었다. 이에 탄은 자기는 당신을 집 안에 들인 것이 아니기에 괜찮을 것 같다고 하면서 오히려 이 선교사 걱정을 많이 했다. 이 선교사님은 집주인 탄이 아주 착한 사람이라는 생각이 들어 고맙게 느껴졌다. 탄과 이야기를 해 보니 그 동네에는 20가구마다 공안 정보원이 있어 사소한 것이라도 이상한 것이 있으면 어른과 아이 할 것 없이 공안에 신고한다고 했다.

먼동이 터오고 있었다. 더운 날씨에 목이 하도 말라 의자에 앉아 졸고 있는 공안원을 불러 물을 좀 달라고 했더니 마실 물은 옆집 수도로 가야 하는데 지금은 자기 혼자라 갈 수가 없다고 했다. 탄은 공안소에는 먹을 것도 없고 주지도 않는다고 하면서 간단한 사식은 허용한다고 했다.

옛날 사이공에서의 생활이 생각이 났다. 아침 일찍 빵 장사가 다닌다는 것을 알고 있는데 공산화가 된 지금도 그럴까 하는 생각이 들었다. 공안원에게 혹시 빵 장사가 지나가면 불러달라고 부탁했다.

7시경에 드디어 반갑게도 공안원이 빵 장사를 불러왔다. 이 선교사님이 탄과 함께 나와서 따뜻한 빵 2개를 먼저 공안원에게 주었다. 그리고 안에 있는 세 사람에게도 2개씩 주고 이 선교사님과 탄도 2개씩 샀다.

빵을 손에 들고 하나님께 조용히 감사의 기도를 했다. 그리고 빵 장사 보고 11시경에 점심이 필요하니 다시 와달라고 하면서 지나가다 혹시 커피 장사가 있으면 불러달라고 했다. 금방 커피 장사가 왔다. 공안원에게 먼저 커피를 주문하라고 하니 공안원은 이번에는 이 선교사님에게 먼저 하라고 양보를 했다. 먼저 와 있던 세 사람과 공안원 모두 여섯 명이 따끈한 커피를 맛있게 마시니 모두가 한 가족이 된 것 같고, 카페에 앉아 커피를 마시는 기분이었다. 공안원을 포함하여 모두들 이 선교사님에게 감사하다고 인사를 했고, 시계는 10시 가까이 가고 있었다.

> 하나님 아버지와 그리스도 예수 우리 주께로부터 오는 은혜와 긍휼과 평강이 너에게 있을지어다(딤전 1:2 하반절).

3) 민박집에서

교대 근무 공안원 2명이 들어오고 10시쯤 공안 소장이 출근했다. 아침 회의를 하는 것 같았고, 잠시 후 탄 씨를 불러내 갔다. 또 얼마 후 이 선교사님을 불러서 공안 소장 앞에 가 앉았고 탄 씨는 문 앞에 앉아 있었다. 소장이 이 선교사님의 여권을 이리저리 살펴보더니 다음과 같이 물었다.

"미스터 리는 어제 베트남에 도착했군. 그런데 왜 호텔을 정하지 못했나?"

이에 이 선교사님은 호치민에서 아무리 방을 찾아봐도 구할 수가 없어 포기하고, 택시를 타고 이곳 변두리까지 나와서 여인숙이라도 알아보았으나 도저히 방을 구할 수가 없었습니다. 밤이 깊었기에 주인의 허락도 없이 비를 피하고자 긴 처마 밑에서 머무르게 되었다고 대답했다.

소장은 잠시 생각을 하더니 다음과 같이 말했다. 작년 하반기부터 사업 관계로 많은 외국인이 호치민에 오는데 호텔이 부족하여 방을 못 구하는 외국인들이 애를 먹고 있는 사정을 잘 알고 있다고 했다. 언제까지 외국인들을 실망시키는 이런 한심한 일이 계속될지 답답한 심정이라고 말했다.

국가 정책 및 보안상 냉장고, 양변기, 에어컨이 없는 집은 민박을 불허하며 이를 단속하기 때문에 이 선교사님이 어젯밤을 유치장에서 고생했다고 말했다. 그러면서 그는 의외로 아주 부드럽게 다음과 같이 말했다.

"조금 전 회의를 하고 탄 씨와도 의논했는데 미스터 리가 외국인이지만 정직하고 인정이 많다고들 했어요. 호텔이 부족한 베트남이 오히려 부끄러운 일이지. 어젯밤 일도 하나의 인연이라고 생각하고 탄 씨가 성의껏 모신다고 하니 당분간 출장 업무를 마칠 때까지 잘 모시라고 내가 부탁했습니다."

역시 베트남도 유교적 관습이 강한 나라임을 다시 한번 확인할 수가 있었다. 이 선교사님은 공안소를 나올 때, "모든 공무를 잘 마치고 건강히 돌아가십시오!"라고 깍듯이 인사말을 했다.

탄 씨와 함께 공안소를 나오는데 소장의 배려와 탄 씨의 인정에 두 눈에서 눈물이 흘러내렸다. 숙소 문제가 싸고도 잘 해결되어 하나님께 감사드렸다. 역시 선하게 베푸는 자에게 하나님은 몇 갑절로 응답하신 것이었다.

마침 공안소 입구에 11시에 오라고 했던 빵 장사가 서 있었다. 약속한 말이 있기에 빵을 사 봉지에 넣어 가지고 탄 씨 집으로 왔다. 집에 도착하니 아내와 애들이 시름없이 앉아 있다가 인기척이 나니 애들이 뛰어나왔다. 빵 봉지를 주니 애들이 기뻐 뛰었다.

이 선교사님이 탄 씨에게 "점심때가 되었는데 근처 식당이 있으면 우리 모두 함께 점심하러 갑시다"라고 하니 탄 씨는 좀 주저하는데 큰 아이가 "가까이에 식당이 있다"고 했다. 한낮 무더운 시간이지만 식당으로 앞서 가는 아이들의 발걸음은 유쾌해 보였다. 식당에 가니 '껌승'(숯불에 구운 양념 돼지고기)이 먹음직스러워 보였다. 얼음 냉차 6컵과 껌승 6접시를 주문했다. 이 선교사님과 탄 씨의 온 식구들은 껌승 요리를 양념을 뿌려 가며 야채 국과 함께 맛있게 먹었다.

돌아오는 길에 쌀 가게에 들러 탄 씨 아내에게 어느 쌀이 맛있는 쌀인지 물어보고 50kg을 사서 10kg씩 5봉지에 나누어 들고 왔다. 집에서 나올 때 쌀 그릇에 한 주먹 정도의 쌀밖에 없는 것을 보았기 때문이다. 또 탄 씨의 딸에게 미화 20달러 정도의 베트남 돈을 주면서 엄마랑 장을 보게 했다. 그날 저녁 돗자리에 많은 반찬을 차려 놓고 온 가족이 둘러앉아 공깃밥을 들고 맛있는 저녁 식사를 했다.

밤에 잘 때는 건넌방 문을 활짝 열고는 모기장을 치는데 모기장이 찢어진 곳에 헝겊으로 꿰맨 데가 열 군데가 넘었다. 바닥에 깔 요도 없어 옷을 입은 채로 잔다. 큰아들과 함께 누웠는데 마음속으로 이 민박을 허락한 하나님께 감사의 기도를 드리는데 천장에는 도마뱀들이 기어 다니고 있었다. 노숙이 아니라 민박 탄 씨 집에서의 첫날이었다.

 탄 씨 집에서 3일째 되는 날 아침이었다. 이 선교사님은 이 집에 얼마를 머무를지 모르지만, 냉장고의 필요성을 느꼈다. 가족들이 먹다 남긴 음식을 개미, 파리, 쥐들이 극성인 부뚜막에 그냥 헝겊으로 덮어 놓고 있었다. 마실 물을 청할 때마다 잘 대접하느라고 매번 어린아이 베개만 한 얼음 덩어리를 사 오고 있었다. 가족들이 모두 이 선교사님에게 잘 해 주었고, 이 선교사님도 솜씨 좋은 아내가 해 주는 베트남 음식을 잘 먹어 피차간에 불편함은 없었다. 이 집에는 아들 둘과 딸이 하나 있었다.

 아침 식사 후 이 선교사님은 탄 씨와 아들과 함께 시내에 좀 나가자고 했다. 여러 군데 묻고 물어서 냉장고 상점을 찾았다. 마침 낯익은 한국의 'Gold Star' 마크의 금성 냉장고가 있었다. 1.2m 정도 높이의 마음에 드는 냉장고가 있었는데 한국에서 수입한 것이라고 했다. 선풍기도 금성 선풍기 2개를 골랐다. 오후 3시경 집에 운반이 된다고 하는데 탄 씨 집 주소가 어려워 세 사람이 운반차에 함께 타고 가기로 했다.

 시간이 남아서 시장에 들러 아들의 웃도리와 세 아이의 운동화를 탄 씨 보고 골르게 해서 샀다. 사이공 강변을 따라 걷기도 하며 노상 식당에서 시원한 콜라도 사서 마시고 점심으로 생선 조림과 닭요리도 사 먹었다. 그때마다 탄 씨는 안 그래도 된다고 사양하면서 미안해했다. 이 선교사님은 탄 씨가 공안 소장에게 말을 잘하여 이렇게 아름다운 사이공 강변을 걷는다고 하면서 오히려 고마움을 표했다.

냉장고와 선풍기를 실은 차를 타고 집에 도착했다. 가난에 시달려 온 아내와 아이들에게 사기를 높여 주고도 싶은 것이다. 운동화를 받아든 아이들은 기뻐 어쩔 줄 몰랐다. 냉장고에 스위치를 꼽고 문을 여니 환하게 불이 비쳤다. 아이들은 손뼉을 치며 기뻐했다. 선풍기도 방 2개에 하나씩 배치했다. 탄 씨 아내는 냉장고를 써 본 경험이 있는 분이었다. 저녁 식사 후 가족 회의를 했다.

이 선교사님이 이 집에 있게 된 것도 모두가 인연이라고 하면서 가족 중 누군가 수입이 있을 때까지 전기료는 이 선교사님이 책임지겠다고 했다.

탄 씨 집에서 아끼는 호텔비만도 몇백 달러가 아닌가?

4) 구충제 이야기

이인호 선교사님이 1970년대 베트남에서 PA&E 회사에 근무할 때 회사에서는 2주일에 한 번씩 식당 입구에서 무조건 모든 사람에게 키니네 한 알씩을 먹게 했다. 모기로 인한 말라리아를 예방하기 위해서였다.

또 당시 베트남의 비위생적인 환경으로 아이들에게는 회충이 많다는 것을 알았다. 그래서 이 선교사님은 선교사로 베트남에 오면서 PA&E 회사가 철수할 때 얻어 둔 100알이 든 키니네 여러 병과 한국의 선교사 후원 단체에서 얻은 회충약 200개들이 10박스를 가지고 왔다. 키니네는 1968년도 제품이었지만 아직도 효력이 있다는 것을 알고 있었다.

아침에 세수하는데 대문 밖에서 아이들 소리가 나서 나가 보니 탄 씨의 딸 타오가 10살 정도의 여자아이에게 새로 산 운동화를 보이며 자랑하고 있었다. 조금 있으니 5-6살 되어 보이는 남자아이들이 누이를 찾으러 왔는데 바싹 마른 아이들이 배만 불룩 나와 있었다.

이 선교사님은 언뜻 저 불룩한 배는 잘 먹어서가 아니라 필경 회충이 많은 탓일 거라는 생각이 들었다.

"너희들 아침 먹었니?" 하고 물었더니 아직 안 먹었다고 했다.

"그럼 내가 사탕을 줄게. 잠깐 기다려!" 하고 이 선교사님은 얼른 안으로 들어가 회충약을 가지고 나오면서 타오에게는 물을 가져 오게 했다. 아이들에게 회충약과 물을 주면서 씹지 말고 꿀꺽 삼키라고 했다. 조금 참고 있으면 과자를 준다고 했다.

한 40분 정도 되니까 배가 아프다고 우는 아이가 있고, 어떤 아이는 배를 움켜쥐고 인상을 쓰기도 한다. 한 아이의 바지 아래로 회충이 떨어졌다. 모두 다 바지를 벗으라고 말하는 사이에 모든 아이에게서 항문으로 회충이 나오기 시작했다. 어떤 것은 덜 죽어 땅에서 꿈틀거리고 있었다.

타오 친구들이 집에 가 어른들에게 알려 여러 사람이 모였다. 탄 씨가 나와서 이 선교사님이 미리 설명 해 준대로 아이들이 먹는 음식물의 영양분을 회충들이 모두 가로채 먹어 아이들이 마르고 잘 자라지 않는다고 이야기해 주었다. 한 아이당 대략 50-60마리의 회충이 나온 것 같았다.

이 소문이 퍼져 대낮인데도 아이들을 데리고 왔다. 그래서 내일 아침 7시에 아이들에게 아무것도 먹이지 말고 데리고 오라고 하며 돌려보냈다. 다음날 아침 7시에 아이들 9명이 보호자와 함께 왔다. 차례대로 회충약을 주며 물로 넘기는 것을 일일이 확인했다. 그중에는 이 선교사님이 첫날, 탄 씨 집 처마 밑에 있는 것을 공안에 고자질한 집 아이도 있다고 탄 씨가 알려주었다.

계속 여러 날을 아침 7시만 되면 많은 아이가 부모와 함께 왔다. 어떤 아이 엄마는 약 먹는 장소에서 말하기를, 자기 아이는 아침 11시까지 회충이 나왔다고 했다.

그러나 조심했다. 가난한 지역에서 혹시 무슨 일이 일어날지도 모르기 때문이다. 달동네 같은 데는 사사로운 일로 탈도 많고 말도 많은 곳이 아닌가. 예수님도 온갖 이적으로 많은 병자를 고쳐 주었지만 결국에는 무리가 예수님을 십자가에 못 박지 않았던가.

5) 군 중앙정보국 게스트하우스를 숙소로

시간은 흘러 어느덧 10일째가 되었다. 이인호 선교사님은 옛날 기억을 더듬어 서너 곳의 교회를 찾아보았다. 교회 건물은 그대로 있었지만, 출입구는 모두 널판목으로 X자로 못을 박아 출입은 봉쇄되고 교회 건물은 낡아 허물어가고 있었다.

허탈함을 느끼며 이리저리 돌아다녀 보다가 이윽고 탄 씨 집 근처까지 왔다. 그런데 왠지 금방 집으로 들어갈 맘이 생기지 않아 근처 야자수 나무 그늘에서 장사 준비를 하는 아주머니에게서 냉 콜라를 한 잔 사서 마시며 더위를 식히고 있었다.

콜라를 마시며 오가는 오토바이를 보고 있는데 웬 군용차 한 대가 건너편에 정차하더니 두 사람이 내려 어디론가 가고 운전사는 차에 기대어 있는데 군복이 땀에 많이 젖어 있었다. 어쩌다가 눈이 마주쳐서 군인을 손짓으로 불렀다. "오늘 많이 더웠나봐"라고 말을 건네면서 옆 의자에 앉으라고 했다. 이 선교사님이 시원한 걸 한 잔 사 주겠다고 하면서 무엇을 마시겠냐고 하니 냉 콜라를 원한다고 하여 그것을 한 잔 시켰다.

함께 콜라를 마시며 이런저런 대화를 하다가 군인 운전사가 다음과 같이 말했다.

"옹(어른)¹은 베트남 사람이 아닌 것 같네요?"

이에 이 선교사님은 자신이 한국 사람이라고 했더니, 군인 운전사는 그에게 이 근처에 사냐고 물었다. 그래서 이 선교사님은 자기가 며칠 전에 도착했는데 호텔을 구하지 못하고 있다고 했다. 그랬더니 군인 운전사는 다음과 같이 웃으며 물었다.

"옹은 돈은 있어요?"

이 선교사님은 외국 사람이 베트남에 오면서 빈 주머니로 오겠냐라고 했다. 그러면서 지금 머무는 집은 밤에 더워서 도저히 잠을 잘 수가 없어 호텔이 구해지면 오늘 저녁이라도 옮길 거라고 했다. 이 선교사님의 말이 떨어지자마자 운전사는 다음과 같이 말했다.

"제가 호텔같은 방을 하나 구해드릴까요?"

이 선교사님은 그게 가능하냐고 물었더니 운전사는 다음과 같이 대답했다.

"제가 옹이 계실 만한 방을 구해서 6시에 이리로 모시러 올게요. 저는 아까 상관들이 오면 모셔다드려야 해요. 저는 옹이 마음에 들어요. 콜라도

---

1 '옹'은 '어른'이라는 뜻의 베트남어로서 유교 문화가 강한 베트남에서 젊은이가 나이 든 사람을 존칭하는 말이다.

고맙고요."

'하나님, 이 젊은 군인의 말을 믿어도 되나요?
하나님 도와주세요, 민박 집에 있기 힘든 형편을 아시잖아요?'
속으로 기도가 저절로 나왔다.

젊은 군인이 천사 같기도 하고 아닌 것 같기도 하다는 생각을 하면서 탄 씨 집으로 돌아왔다. 탄 씨에게 과일도 하나 못 사가지고 와서 미안하다고 하면서 저녁 6시에 어디 좀 갈 일이 있다고 했다. 방에서 일단 짐을 꾸려 놓았다.

그러나 지프차와 운전사가 안 오면 어떻게 할 것인가?

걱정이 앞을 가렸다. 6시 10분 전쯤 큰길로 나가 봤더니 지프차와 운전사가 이미 와 있었다. 집에 들어와서 싸놓은 가방 2개를 들고나오면서 탄 씨네 가족에게 어디 좀 다녀온다고 인사를 했다. 탄 씨는 얼른 가방을 하나 뺏어 들고나와서 지프차에 실어 주고는 이 선교사님이 지프차를 타고 떠나가는 모습을 지켜보았다.

지프차를 타고 가면서 운전사가 여러 가지 이야기를 했다. 자기 부대는 군 정보국으로서 장군들이 호치민시를 방문하면 묵는 숙소(guest house)가 있다고 했다. 자기는 '옹'(이 선교사)을 잘 모르지만, 한국 사람으로서 콜라를 사 주는 등 인정이 많은 사람이기에 자기 소장에게 '옹'을 추천했다고 했다. 베트남은 제사나 장례 의식 등이 한국과 비슷하며 유교 문화가 아주 강한 나라이고, 나이 든 어른을 상당히 존경하는 문화가 있다.

게스트 하우스에 도착하여 운전사와 함께 소장실로 들어갔다. 소령 계급장을 단 '뚱'이라는 이름의 소장과 악수를 하며 인사를 나눈 후 권하는 의자에 앉았다. 신분 확인을 위하여 여권을 보여 주었다. 여권을 보더니 "한국인이며 미국 시민이시네요. 오셔서 대단히 감사합니다"라고 하며 여권을 돌려주었다. 그러면서 다음과 같이 말했다.

"사실 우리는 지난 여러 달 동안 쌀은 배급이 잘 되었으나 부식비 지원이 제대로 안 되어 여기 근무하는 14명 모두가 어려움이 많았습니다. 그래서 우리가 의논하여 5개월 전부터 방을 하나 빌려줄 사람을 찾아보았으나 적당한 사람이 없었는데 마침 이 운전병이 미스터 리를 추천하여 이렇게 모시게 되었습니다. 미스터 리가 원하신다면 방을 하나 빌려 드리겠습니다."

그러면서 방세로 부식비를 충당하고자 한다고 하면서, 방세는 하루 미화 12달러, 월 360달러로 결정했는데 단 현찰로 주어야 한다고 했다. 이 선교사님은 장성들이 묵는 게스트하우스라 방은 괜찮겠다는 생각이 들어 방을 보지도 않고 즉석에서 좋다고 했다.

'아! 이렇게 싸게 호텔급의 정보부 게스트하우스에 방을 얻을 수가 있다니.'

이인호 선교사님은 속으로 심히 놀라며 하나님께 감사의 기도를 했다 (**당시 호텔은 하루에 80-100달러였다**). 즉시 3월 말까지 10일분 120달러, 4월분을 선금으로 360달러, 합계 480달러를 운전사가 보는 앞에서 지불했다.

뚱 소장은 이 선교사님이 선뜻 방세를 선금으로 480달러를 지불하는데 놀라는 표정을 지으며 감사와 놀라움의 표시인 '쭈어이 쭈어이'(하나님, 하나님)을 연발하며 고맙다고 다시 악수를 청해 왔다. 그리고 운전병에게 누군가를 불러오라고 하더니 그 사람에게 우선 엽차를 가져오라고 하고는 방은 장군이 묵는 방으로 하고, 이것저것 준비를 하도록 지시했다.

뚱 소장은 이 선교사님에게 계산이 참 확실한 분이십니다.

"대단히 감사합니다"라고 거듭 감사의 인사말을 했다. 엽차를 마시면서 뚱 소장은 "그런데 이곳에 얼마나 계실 수가 있겠습니까?"라고 물었다.

이 선교사님은 다음과 같이 말했다.

"소장님, 방을 빌려주셔서 대단히 감사합니다. 저는 우선 일 년 정도는 있겠습니다."

뚱 소장은 매우 흡족한 표정을 지었다. 밖에서도 관리하는 사람들이 기뻐하는 소리가 들려왔다.

이 선교사님이 소장에게 말했다.

"소장님, 그런데 이 지역에 공안소(경찰서)가 어디 있습니까? 외국인은 매달 거주지를 신고해야 한다는데요."

말이 떨어지자마자 뚱 소령은 정색을 하며 다음과 같이 말했다.

"아니 우리가 미스터 리를 여기에 모시고 있는데 누가 미스터 리의 거주지를 조사한다고요?

여기에 계시면 절대 공안의 간섭은 없으니 공안 걱정은 하실 필요가 없습니다. 단 이민국에서 비자는 필요하시면 연장하셔야 하겠지만 그 외의 모든 것은 우리가 편안히 계실 수 있도록 도와드리겠습니다."

'여호와 이레! 하나님이 베트남에 복음을 잘 전하도록 이렇게 모든 준비를 잘 해 주시네요!'

기도가 저절로 나왔다.

이 모든 일은 베트남 복음화를 위한 하나님의 섭리하심이었지만, 또 베트남 국민을 절대 2등 국민으로 생각하지 않고 동료나 친구처럼 섬기고,

우리나라와 같은 유교적 인정으로 베푸는 이인호 선교사님의 인격에 감동한 베트남인들의 화답이라고도 할 수 있었다.

안내해 준 방으로 올라가니 장군들이 쓰는 방이라 그런지 정말 잘 정리된 호텔급의 방이었다. 방 안에는 양변기에다 냉장고까지 있었으며, 샤워시설은 물론 에어컨도 펑펑 잘 나왔다. 뚱 소장이 직원들에게 뭐라고 지시를 했는지 사병들은 극진히 이 선교사님을 섬기듯 잘 안내를 해 주었다.

이 선교사님은 가방 2개를 풀어 모든 소지품을 옷장과 캐비닛에 정리하고 참으로 오래간만에 샤워도 했다. 늦은 시간이라 나가서 식당을 찾기도 그렇고, 저녁을 걸렀지만, 샤워하고 개운한 마음에 시원한 방 침대에서 쉽게 잠이 들었다.

모기 없는 시원한 방에서 잘 자서 그런지 아침에 깨니 기분이 몹시 상쾌하고 가벼운 마음이었다. 마침 길 건너에 국숫집이 있어 포(Pho) 국수로 아침 식사를 했다. 이 선교사님은 방으로 돌아와 곰곰이 생각했다.

'자, 하나님이 이렇게 완벽하게 숙소 문제를 해결해 주셨으니 이제부터는 본격적으로 베트남 선교 사역 준비를 해야겠다.'

시급한 준비물 리스트가 떠올랐다. 우선 기동성 있는 오토바이는 필수품이었다. 여기에 기본 장비로 헬멧과 가죽 장갑 그리고 판초 우의 등이 있어야 했다.

밖으로 나와 10인승 승합차, 속칭 '땍땍이'를 타고 시내로 갔다. 오토바이 상점에는 좀 엉성해 보이는 대만제와 태국 조립품 오토바이만 있었다. 이 선교사님은 포장이 된 시내보다는 포장이 안 된 가난한 달동네나 산족을 찾아 험한 산길을 달려야 하는데 아무래도 좀더 튼튼한 제품이 필요했다. 주인에게 물어보니 한 달 후면 일본제 100-125cc의 혼다 오토바이가 들어온다고 하면서 가격은 2,300-2,600달러 정도가 될거라고 했다.

다음에 다시 오기로 하고 지도를 봐 가면서 호치민시에서 맛으로 또 양이 많기로 유명한 파스터(Pasteur) 길에 있는 국숫집에서 점심을 먹고, 대형 벤탄 시장을 구경하고는 게스트하우스로 돌아왔다.

> 아브라함이 그곳 이름을 여호와 이레라고 불렀으니, 오늘날도 사람들은 '여호와의 산에서 준비될 것이다'라고 말한다(창 22:14).

6) 기적과도 같이 하나님의 사람을 만나다

(1) 후에 목사님을 만나다

아침에 일어나자마자 늘 하던 대로 침대 옆에 꿇어앉아 다음과 같은 요지로 간절히 기도했다.

"하나님, 살벌하고 험한 공산사회 베트남에서 늘 정신과 마음을 가다듬고 깨어 있게 하여 주시옵소서. 하나님이 베트남의 선교 사역을 위해 저에게 문을 열어 주시옵소서. 예수 그리스도의 복음을 선포할 수 있는 길을 열어 주시옵고, 이 땅에 복음을 전할 사람들을 만나게 하여 주시옵소서."

여기서는 선교사라고 신분을 드러낼 수도 없고, 또 아무에게나 함부로 복음을 전할 수도 없는 공산사회가 아닌가!

참으로 조심스러웠다. 신분이 드러나 한번 추방되면 다시 오기도 힘든 곳이었다.

주일날 아침이었다. 근처에서 교회 종소리가 울려왔다. 찾아가 보니 간판 교회인지 중국식 삼자 교회인지 분간하기 힘든 어설픈 교회였다. 그러나 호랑이를 잡으려면 호랑이 굴로 들어가야 한다는 심정으로, 혹시라도 신실한 한 사람이라도 만날 수 있을지 모른다는 생각으로 교회 안으로 들어갔다.

주보도 없고 안내도 없었다. 살펴보니 교회 분위기는 좀 냉랭했다. 한국 교회같은 뜨거운 열기의 찬송가도 없었다. 공안에서 파견된 감시원의 시선 때문인지 강단 위의 목사님은 하나님의 은혜라는 말도 제대로 못하고 설교를 어물어물 대충하는 식으로 넘어가는 것 같았다.

물론, '아멘'으로 화답하는 것도 찾아볼 수가 없었다. 이런 교회와 이런 설교에서 과연 교인들은 은혜를 받을 수가 있을까 하는 생각이 들었다.

기독교는 미 제국주의의 종교라고 탄압하는 이곳에서 그래도 신실한 믿음의 신자가 모이는 지하 교회 같은 곳이 있을 것 같은데 그곳은 과연 어디일까?

신실한 신자를 만나고 싶었다.

예배가 끝나고 모두가 조용히 나가는데 그때 앞 좌석에서 나오는 소녀와 눈이 마주쳤다. 이 선교사님이 '하이'라고 하면서 먼저 나가라고 길을 비키고 서 있는데 그 소녀는 놀랍게도 "땡큐, 유 퍼스트!"(Thnak you, you first)라고 하면서 오히려 이 선교사님을 보고 먼저 나가라고 손으로 안내를 하는 것이 아닌가.

하도 기이하다는 생각이 들어 교회 앞마당에 나와서 소녀보고 다음과 같이 물었다.

"너 참 영어 잘하는구나. 그런데 여기 다른 사람들은 영국식 영어를 쓰는데, 너는 미국식 발음을 하네? 영어를 어디서 배웠니?"

소녀는 다음과 같이 말했다.

"저는 집에서 아버지에게서 배웠습니다."

그래서 이 선교사님은 아버지가 영어를 어디서 배웠으며 무얼 하시는 분이냐고 물었더니, 소녀는 어머니를 보고 다시 물었다. 소녀의 어머니는 소녀의 아버지가 나트랑시에 있던 신학교에서 공부하며 영어를 배우신 것 같다고 했다. 신학 공부를 하셨다면 아빠가 목사님이셨냐고 물으니 그렇다고 했다.

이 선교사님은 참으로 궁금하고도 묘한 기분이 들었다. 이 선교사님이 아버지를 찾아뵙고 인사라도 드리고 싶다고 하니 소녀는 단호히 거부했다. 외부 사람은 자기 집에 출입할 수 없다고 했다.

그렇다면 나는 한국 사람으로서 미국 시민권자인데 소녀가 아버지와 함께 내가 있는 집으로 좀 올 수 없냐고 간절히 물었다. 소녀는 아버지에게 말씀을 전해 주겠다고 했다. 그러면 내일 10시 정각에 노짱롬 52번지 길에서 꼭 만나자고 다짐, 또 다짐했다. 게스트하우스로 돌아오면서 계속 기도를 했다. 어떠한 인연인지는 모르지만, 하나님께 그들을 만날 수 있게 해 주십사 간절히 기도했다.

10시 10분 전이 되었다. 미리 나가서 기다리자는 생각으로 큰길로 나갔다. 이미 소녀는 아버지와 함께 와서 기다리고 있었다. 반가운 마음으로 간단히 인사를 하고는 골목으로 들어와 게스트하우스로 안내를 했다.

소녀의 아버지가 게스트하우스를 보더니 이곳은 특수한 군인 부대라서 자기 같은 민간인들은 얼씬도 못 하는 곳이라고 하면서 이 선교사님을 쳐다보았다. 이 선교사님은 "네, 맞습니다만, 제가 이곳에 거주하고 있으니 걱정을 마시고 들어가도 괜찮습니다"라고 안심을 시키고는 3층에 있는 이 선교사 방으로 함께 올라갔다.

방에서 다시 정식으로 이 선교사님은 자신은 한국인이며, 이름은 이인호(Lee, Inho)로서 미국 시민권자라고 인사를 했다. 그리고 혹시나 싶은 생각으로 조심스럽게 물어보았다.

"초면에 실례가 많습니다만, 목사님은 나트랑시의 신학대학에서 공부를 하시고 목사가 되셨다고 어제 사모님으로부터 들었습니다.

한 가지 더 여쭈어보고 싶은 것은 혹시 목사님이 베트남 통일 전에 시무하시던 교회가 '다랏시'에 있었습니까?

"오오, 참 놀랍군요! 맞습니다. 그렇습니다.

어떻게 이 선생께서 그걸 알고 계십니까?"

"제가 미국에서 신학 공부를 할 때 교수님이 베트남에 가면 꼭 찾아보라고 하신 분이 있습니다. 그 교수님은 나트랑의 신학대학에 학장으로 계셨다고 하셨습니다."

"그 교수님 이름이 무엇이며, 교수님이 찾아보라고 하신 사람의 이름이 무엇입니까?

그 교수님은 서덜랜드라는 미국 분이며, 교수님이 학장 시절 수제자로서 특별히 영어 공부 과외를 시킨 학생인데 이름은 칸 목사님과 후에 목사님이라고 하셨습니다."

"오! 제가 바로 윙 반 후에입니다."

그 목사님은 덥석 이 선교사님의 손을 잡았다.

이 선교사님도 너무나 반가워 후에 목사님의 손을 함께 잡았다.

'아니 이럴수가! 오, 하나님 감사합니다.

어떻게 이렇게도 빨리 후에 목사님을 만나게 해 주시다니요?'

후에 목사님은 물었다.

"서덜랜드 박사님은 아직도 살아 계십니까?"

"예, 제가 공부한 미국 LA의 유니언신학교에 교수로 계십니다."

이 선교사님은 마침 가지고 있던 신학교 졸업 사진을 보여 주었다. 후에 목사님은 서덜랜드 교수가 있는 사진을 보더니 의자에서 내려와 덥석 무릎을 꿇고는 사진을 잡고 흐느껴 울었다. 이 선교사님도 어렵게라도 만날 수 있을까 걱정을 하던 후에 목사님을 이렇게 기적과 같이 만난 감격에 "오, 주님 감사합니다"라고 하며 눈물을 흘리지 않을 수 없었다.

주소도 모르고 번지도 모른 채, 이름만 갖고 9천만 베트남인들 중에서, 마치 넓은 백사장 모래 속에서 바늘 하나 찾기 같던 후에 목사님과 만남이 베트남에 온 지 한 달도 안 되어 일어나다니!

이는 분명 베트남의 복음화가 시급하다는 하나님의 신호라고 여겨졌다.

후에 목사님에게 서덜랜드 교수가 써 준 소개 편지를 드렸다. 편지를 읽고 난 후에 목사님은 선교를 위해 오신 이 선교사님을 무슨 일이든지 돕겠다고 굳게 약속했다. 자기는 4년 반을 감옥 생활을 하다가 형 집행 유예로 나왔으며, 자택에서 30m 밖으로 출입이 금지되어 있고, 외부인도 자기 집에 출입이 금지된 상태라 아무 일도 못 하고 있었는데 이 선교사님이 베트남에 복음을 전하러 잘 사는 나라 한국과 미국을 떠나 이렇게 온 걸 보니 자신은 부끄럽다고 했다.

이 선교사님은 하나님의 은혜로, 주님 안에서 베트남에 온 지 한 달도 안 되어 후에 목사님을 만나게 되었다고 하나님께 감사했다. 후에 목사님도 앞으로 베트남에 복음을 전하는 일에 이 선교사님과 함께 동역하여 최선을 다하기로 굳게 약속했다.

이 선교사님은 이 만남의 기념으로 후에 목사님 댁에서 가족들과 함께 저녁 식사를 하자고 제안했다. 그러면서 장을 보고 음식을 장만하라고 함께 온 딸 옘에게 미화 50달러 상당의 베트남 돈을 주었다. 후에 목사님과 상의 후 날짜는 이틀 후 수요일 저녁 7시로 정했다.

이인호 선교사님이 베트남 도착 후 한 달도 안 되어 후에 목사님을 만난 건 성령의 인도하심과 역사하심이 아니고서는 도저히 이루어질 수 없는 일이었다. 그만큼 하나님은 베트남 복음화를 서두르고 계셨던 것이다.

> 마음을 살피시는 분께서 성령의 생각이 무엇인지를 아시니, 이는 성령께서는 하나님의 뜻대로 성도를 위하여 간구하시기 때문이다(롬 8: 27).

(2) 신실한 동역자들을 만나다

수요일 저녁이 되었다. 숙소 앞에서 후에 목사님의 딸 옘을 만나 가난한 달동네 골목길을 따라 후에 목사님 댁으로 갔다. 단칸방에 들어가서 우선 후에 목사님의 두 아들과 인사를 했다.

방에는 새로 장만한 그릇들에 여러 가지 음식들이 정성스레 담겨 있었다.

특히 닭고기를 찢어 무친 음식이 큰 그릇에 담겨 있었는데 특이한 향기가 방안에 가득했다. 사모님과 아이들의 음식은 따로 바닥에 펴 놓고 있었다.

식사 기도를 하기 전에 후에 목사님이 이야기했다.

"옹 리에게 양해를 구할 말이 있습니다. 다랏시(市)에서 이곳으로 소개되어 온 후 우리가 매우 어려울 때 이웃에 있는 두 분의 집사님들께서 감자와 고구마, 과일 등을 정성껏 도와주었는데 이분들을 초청하고 싶습니다."

이에 이 선교사님은 흔쾌히 대환영한다고 했다. 미리 이야기가 되었는지 큰 아이가 나가서 금방 두 분을 모시고 왔다. 서로 인사를 나눈 후, 후에 목사님이 오늘의 만남이 있기까지의 모든 일에 감사하고 또 회개하는 눈물의 식사 기도를 했다. 이 두 분 집사님은 이름이 뚜(Tu)와 롱(Long)이란 분들이었다.

모두가 즐거운 식사를 한 후 차를 마시며 이런저런 지난 날의 이야기를 했다. 후에 목사님은 여러 계층의 사람들과 함께 감옥 생활을 하는 동안 공산주의 사상을 주입식으로 강제 교육을 받았다고 했다. 사상적으로 불온하다는 죄수들을 향한 간수들의 증오와 학대, 척박한 음식으로 인한 영양실조 등으로 많은 사람들이 감방 생활 중에 죽어 갔다고 했다. 자기는 오직 하나님께 의지하고 기도로 인내하며 4년여의 감옥 생활 후 집행 유예로 가석방되었다고 했다.

이웃에서 온 뚜 집사님은 오랜만에 이렇게 좋은 음식을 대하고 보니 '고밥구'에 사시는 존경하는 민(Minh) 장로님이 생각난다고 했다. 이 선교사님은 그런 좋은 분이면 가능한 한 빨리 한 번 찾아 뵙자고 했다. 모두가 찬성했다. 다음날 아침에 우선 뚜 집사님이 민 장로님 댁을 방문해 보기로 했는데 장로님으로부터 방문해도 좋다는 연락을 받았다.

그날 오후에 이 선교사, 후에 목사, 뚜와 롱 두 집사 등 네 명이 모여 식당에서 저녁을 먹은 후 선물로 베트남 사람들이 좋아하는 닭 한 마리 요리와 과일을 준비했다. 7시에 오토바이를 2대를 빌려 타고 넷이서 장로님 댁으로 갔다.

모두 반갑게 인사를 나눈 후 장로님의 두 아들과 함께 차를 마시며 지나간 일들을 회고하며 많은 이야기들을 했다. 전쟁과 베트콩의 이야기, 공산화 통일 후 교회가 탄압받은 일 등. 민 장로님은 따이한의 옹 리 씨는 어떻게 베트남 말을 그리도 잘 하느냐고 물었다. 그러면서 오늘 아침에 뚜 집사님이 와서 미국 시민권자이며 한국인이라고 하셨는데 그 좋은 선망의 나라에서 어떻게 이렇게 가난하고 못 사는 나라, 기독교가 핍박받는 나라에 왔느냐고 했다.

이 선교사님은 1968년에 베트남에 와서 미군 군속으로 베트남인과 함께 일하며 베트남 말을 배운 일, 미국에서 신학교를 졸업하고 주님의 지상 명령인 선교의 사명을 가지고 베트남에 오게 된 경위 등을 이야기해 주었다. 그러면서 신분 보안상 노출을 조심하고 조용히 활동하고자 한다고 했다. 민 장로님은 다음과 같이 말했다.

"대단한 믿음이십니다. 참 존경스럽습니다. 그런데 나이가 좀 있으신 분 같은데?"

"예, 저는 1936년생으로 갑자생입니다."

"그러면 환갑이 내일 모래인 분이신데 그럼에도 하나님의 일꾼으로 오셨다니 크게 환영합니다. 이곳에 계시는 동안 주님의 가호가 늘 함께하기를 기도하겠습니다."

알고 보니 민 장로님은 이 선교사님과 거의 동년배였다. 후에 목사님은 이 선교사보다 11년 아래였다. 이 선교사님은 언뜻 떠오르는 생각이 있었다. 다음과 같이 민 장로님에게 제안했다.

"장로님은 덕망이 있으신데다, 믿음이 두터우시고 또 신·구약성경에도 통달하시다는데, 앞으로 주일에는 장로님 댁에서 신실한 믿음의 자녀들이 모여 장로님의 인도로 예배를 드렸으면 합니다. 예배 후에는 차나 과일을 함께 하면서 서로 친교도 나누었으면 좋겠습니다. 이 모임의 경비로 약소하지만 제가 매달 40만 동을 지원해 드리겠습니다. 가정 교회 식입니다. 부탁드립니다."

후에 목사님도 민 장로님과 함께 보충 논의를 했다. 특히 마지막에 후에 목사님은 동석자들과 함께 손을 잡고 통렬한 회개를 하면서 앞으로는 절대로 연약한 마음을 뿌리치고 성령 충만함 속에서 죽도록 하나님께 충성하겠다는 맹세의 기도를 했다. 저녁 9시경 민 장로님에게 40만 동을 먼저 드린 후에 네 사람은 후에 목사님 댁으로 돌아왔다.

후에 목사님 댁에서 헤어질 때, 후에 목사님은 다음과 같이 말했다.

"옹 리, 이제 저는 주님 안에서 저에게 내려진 세상의 벌인 '집행 유예형'을 나 자신의 자유함을 위해서 스스로 끊어버리겠습니다. 앞으로 옹 리를 도와 열심히 하나님의 사역을 감당하도록 하겠습니다."

후에 목사님의 말에는 성령의 충만함이 넘치고 있었다.

이인호 선교사님이 매월 민 장로님에게 지원하기로 약속한 베트남화 40만 동은 미화로는 20달러 정도가 된다(당시 1달러는 2만 동 정도). 당시 경찰 한 명의 봉급은 미화 30달러, 즉 60만 동 정도였다. 따라서 민 장로님에게 지원하는 금액은 4인 가족이 먹고살 수는 있는 돈이었다.

이 선교사님이 그렇게 지원을 약속한 이유는 우선 민 장로님이 식생활 걱정을 안하여야 제대로 예배 준비를 하고, 가정 교회 운영과 전도도 마음 놓고 할 수 있을 것이기 때문이다. 또 예배 후에는 참석자들에게 음식도 베풀 수가 있어야 했다.

7) 베트남 선교의 문이 열리다

며칠 후 뚜 집사님이 민 장로님 댁을 방문한 결과를 다음과 같이 알려왔다. 이 선교사님 일행이 방문하고 떠난 바로 다음 날, 민 장로님은 가족 회의를 열어서 가정 예배에 초청할 명단을 작성했다고 한다. 민 장로님 부부가 아는 사람들 8명, 아들들의 친구 6명, 딸아이의 약혼자와 친구 4명 그리고 장로님 가족 6명, 도합 25명이었다. 이들은 주일이 오기 전 주중에 시범적으로 먼저 예배를 드려 보았다고 한다.

민 장로님은 그동안 공산당 치하의 종교 탄압이 무서워서 죽은 시늉을 하며 엎드려만 있었다고 한다. 그런데 오랜만에 후에 목사님과 옹 리를 만나고는 명색이 장로인 내가 무엇을 하는가 하는 생각에 눈물로 회개를 하며 성령님께 도와달라고 밤새워 기도했다고 한다. 이제는 주 안에서 무한한 자유함과 기쁨을 느끼고 있으며 하나님께 한없는 감사가 솟아나고 있다고 한다. 하나님이 두려움을 없애 주시고 새 힘과 새 생명을 주셨으니 남은 여생을 주님의 영광을 위해 바치겠다고 뚜 집사님에게 다짐했다고 한다.

그리고 후원금을 주신 덕분에 지난 며칠간 사람을 만나고 조직 활동을 하는데 요긴하게 조금씩 쓸 수가 있어 얼마나 도움이 되었는지 모른다고 했다. 옹 리는 가난한 베트남에 하나님이 보내신 종이라고 했다고 한다.

함께 듣던 후에 목사님은 손뼉을 치며 이런 식으로 신실한 신자들이 모여 예배 처소를 만들어 가면 앞으로 좋은 지하 교회 조직으로 만들어 갈 수 있겠다고 좋아했다.

25명의 성도 중 민 장로님 가족 6명을 제하더라도 19명의 새 신자가 탄생한 것 아닌가?

그리고 뚜 집사님은 더 가슴 뛰는 소식을 이 선교사님과 후에 목사님에게 들려주었다. 민 장로님은 친구 찐(Chinh) 장로님이란 분이 빈탄구(區)에 사는데 우리에게 소개를 하고 싶다고 했다고 한다.

이 선교사님과 후에 목사님은 '할렐루야!'를 합창하며 "아멘, 아멘" 했다. 이 선교사님은 후에 목사, 두 집사와 함께 넷이서 모여 먼저 전도를 위한 간절한 기도를 한 후, 빈탄구의 찐 장로님 댁을 민 장로님과 함께 방문하기로 했다.

선물로 큼직한 닭 한 마리와 두 가지 과일을 준비하여 5시경 민 장로님 댁에 도착했다. 매사에 신중하면서도 적극적인 민 장로님은 바로 찐 장로님 댁으로 가자고 했다. 그러나 후에 목사님은 식당에서 먼저 저녁 식사를 하고 7시쯤 도착하자고 했다. 그래서 장로님 아들이 소개한 고밥식당에 가서 식사를 했다.

찐 장로님 댁으로 가는 길은 좁아 차량 정체가 심하므로 좀 일찍 출발했다. 도착하자 기다리고 있던 찐 장로님은 일행들을 위하여 기도를 해 주었다. 찐 장로님의 가족은 8명이며, 뒷마당은 넓고 옆으로 큰 개울이 흐르고 있었다. 찐 장로님이 이 선교사님을 보더니 "한국 사람이라고 하던데요?"라고 했다.

이에 민 장로님이 이 선교사님은 미국 시민권자로서 베트남 말을 꽤 잘하시며 이곳에 선교사로 파송되어 오신 분이라고 소개했다. 몇 가지 담소가 끝나고 후에 목사님이 본격적으로 방문한 목적을 설명했다.

"찐 장로님은 덕망이 있으신 분으로서 대인 관계도 아주 좋으시다고 들었습니다. 장로님이 신자를 위하여 집에서 가정 예배를 여시고, 또 남은 여생을 보람 있게 이웃 불신자 전도도 좀 하셨으면 합니다. 장로님의 훌륭하신 인격으로는 전도도 잘 이루어질 것을 확신합니다."

찐 장로님은 오랫동안 시대가 너무도 좋지 않아 답답하게 긴 날을 보냈는데 이제 늦었지만, 하나님의 사역을 할 때가 온 것 같다고 하면서 쾌히 승낙했다.

이 선교사님은 민 장로님 댁과 마찬가지로 가정 예배 후에는 성도 간 교제가 중요하니 예배 후에는 꼭 장로님이 음식을 베풀며 성도 간 교제를 잘하시라고 당부를 했다. 그리고 찐 장로님이 가정 교회와 전도에 전념하실 수 있도록 매월 40만 동을 후원하겠다고 하면서 즉시 40만 동을 드렸다. 그리고 서로 간 과거 지나간 믿음 생활 이야기, 신·구약성경 이야기 등을 하면서 보람 있는 담소를 나누었다. 마지막에는 앞으로의 찐 장로님 댁 가정 교회의 부흥과 전도를 위한 후에 목사님의 열띤 기도로 방문을 마무리했다.

이 선교사님은 마음속으로 이 모든 영광을 하나님께 돌리고, 찐 장로님과 그 가족들을 축복하면서 나왔다.

이와 같이 너희 빛을 사람들 앞에 비추어서 그들이 너희 선한 행실들을 보고 하늘에 계신 너희 아버지께 영광을 돌리게 하여라(마 5:16).

이 선교사님은 이제 뚜, 롱 두 집사님을 어떻게 처우하여야 하는가 하는 문제를 생각했다. 당시 베트남 서민들은 너무도 가난했다. 툭하면 끼니를 거르는 사람들이 많았다. 이 선교사님이 만나는 집사 장로들도 마찬가지였다. 어떤 면에서는 믿음 때문에 핍박을 받았던 그들이 더 어렵게 살고 있었다. 후에 목사님도, 탄 씨도 마찬가지였다.

이 선교사님은 지난 10여 일간 뚜, 롱 두 집사님을 지켜보면서 그들의 신실함, 또 앞으로도 그들의 도움이 베트남 선교에 절실히 필요함을 느꼈다. 두 집사님이 앞으로도 이 선교사님의 사역을 적극 돕게 하기 위해서는 그들도 생계 걱정을 안 해야 했기에 무슨 지원 대책이 있어야겠다는 생각을 했다. 그래서 후에 목사님과 의논했다.

후에 목사님에게 이 선교사님은 의견을 말했다.

"제가 베트남 도착 후 한 달도 안 되어 기적과도 같이 후에 목사님을 만났는데, 또 후에 목사님을 통하여 천사와도 같은 두 집사님을 만난 것은 큰 은혜였습니다.

앞으로도 우리의 베트남에서의 선교 사역을 위하여는 그들의 도움이 꼭 필요하지 않겠습니까?

그래서 그들도 먹고사는 생활 걱정이 없이 우리들의 사역을 돕게 하기 위해서는 그들에게도 생활비 보조를 하여야 한다고 생각합니다.

우리가 믿을 수 있는 사람들과 동역을 하여야 하지 않겠습니까?"

이에 후에 목사님은 안 그래도 이 선교사님에게 무언가 건의를 하고 싶었는데 자기도 도움을 받는 처지라 쉽게 말을 못 했다고 했다. 후에 목사님은 흘리는 말로 혹시라도 그들이 우리를 따라 다니느라고 일을 못 해 가족은 끼니를 굶었는지도 모른다고 했다.

이에 이 선교사님은 다음과 같이 말했다.

"아이고 그럼 진작 그런 말씀을 귀띔해 주시지요. 좋습니다. 그럼 제가 매월 그들의 생계비를 지원을 하도록 하겠습니다."

두 집사님을 불러 넷이서 함께 점심 식사를 하면서 앞으로의 선교 사역과 사역의 비전에 관한 이야기를 했다. 그동안 두 집사님의 헌신적인 도움에 너무도 고맙다고 하면서 앞으로도 열심히 함께 동역하자고 하면서 봉투를 하나씩 주었다. 속에는 사회에서 일 인당 한 달 월급에 해당하는 60만 동(30달러 정도)을 넣었다.

두 집사님은 저희가 무슨 수고를 했냐고 하면서 연신 고맙다고 인사를 하는데 눈에는 눈물이 고여 있었다.

후에 목사님도 다음과 같이 인사했다.

"옹 리의 너그러운 베풂에 감사합니다. 저도 짐을 덜어 안심이 됩니다."

그날은 두 집사님을 위하여 일찍 끝내고 쉬기로 했다. 오토바이를 타고 떠나는 그들의 뒷모습을 바라보는 이 선교사님의 마음은 한없이 뿌듯했고 하나님께 감사했다.

이 선교사님의 선교 사역도 점점 바빠져 갔다. 단신 선교지로 부임해 왔던 이 선교사님은 미국에 있는 아내 이수복 사모에게 베트남에 올 준비를 하라고 연락했다. 이수복 사모님은 이 선교사 베트남 선교 사역 만 1년 만에 베트남에 도착했다. 이 사모님은 이후 25년간 남편 이인호 선교사님과 베트남 선교 사역을 함께 했다.

> 내가 산들을 향하여 눈을 들 것이다. 나의 도움이 어디서 올까? 나의 도움이 천지를 지으신 여호와에게서이다(시 121:1-2).

8) 민박 집 탄 씨네가 걱정이 되어

아침에 일어나 기도를 한 후 오늘은 특별한 일이 없기에 민박집 탄 씨네가 걱정되어 가 보고 싶었다. 홀연히 지프차를 타고 탄 씨네를 떠난 후의 일이 궁금했다. 재래시장에 가서 맛있는 부위의 돼지고기 2kg과 콜라를 반 상자, 즉 12캔을 샀다. 게스트하우스 관리부를 찾아 지프차 사용을 부탁했다. 그동안 필요하면 하루에 2달러씩 주고 지프차를 사용했었던 것이다.

운전사 칸(Khanh)과 함께 지프차에 짐을 싣고 나와 국숫집 건너편에서 또 큼직한 고기만두 8개를 사서 탄 씨네로 달렸다. 마침 골목에 차가 들어갈 수가 있어 탄 씨네 긴 처마 밑까지 가 차에서 내리는데 온 가족이 차 소리에 놀라 뛰쳐나왔다. 탄 씨 부부와 인사를 나누는데 아이들은 마치 친척을 만난 듯 이 선교사님을 보고 참새 소리를 내며 기뻐했다. 안으로 들어가 칸 병장을 소개했다.

지난번처럼 밥상이 없으니 바닥에 흰 천을 깔고 그릇에 만두를 담아 나열해 놓았다. 큰 아이가 잽싸게 얼음덩이를 하나 사와 시원한 콜라를 마시며 즐겁게 담소하며 고기만두를 맛있게 먹었다.

착한 탄 씨는 지난번 이 선교사님이 갑자기 군용 지프차를 타고 자세한 말도 없이 떠나서 몹시 걱정했다고 했다. 그러면서도 한편으로 옹 리 씨는 분명 하늘이 도우시는 사람임에 틀림 없다라고 생각했다고 한다. 그러자 운전병 칸은 다음과 같이 말했다.

"이분은 모든 사람에게 기쁨을 주는 분이십니다. 저희 게스트하우스에 오신 이후로 모든 직원이 즐겁게 지내고 있으며, 관리소장 뚱 소령님도 특별히 옹 리 씨를 아끼고 계십니다."

이 선교사님은 탄 부부에게 진지하게 말했다. 지난날 열흘간 이 집에 있으면서 주변을 살펴보니 아주 조용한 동네인데 탄 씨네 집은 동네 중간에 위치해 있고, V자로 갈라진 길의 사람들의 왕래가 많은 곳이라 무슨 일을 해도 목이 좋은 위치라고 말했다. 그러면서 이 동네에 카페가 없으니 부부가 한번 심사숙고해 보라고 했다. 자기가 최대한 도울 테니 앞으로 커 가는 아이들을 위해서라도 용기를 내서 무엇을 해야 하지 않겠느냐고 했다.

모레 아침에 다시 오기로 하고, 딸 타오에게 얼마간의 돈을 쥐어 주고는 운전병 칸과 함께 돌아왔다. 오면서 칸에게는 이 일을 혼자만 알고 있으라고 했다. 또 여름옷을 입고 있는데 많이 낡아서 옷을 한 벌 사서 입으라고 미화 10달러를 주면서 바꾸어서 쓰라고 했다.

오늘 아침에는 특별히 베트남어로 된 성경을 구할 수 있게 해 달라고 기도를 했다. 각 처소에 성경이 절실히 필요했기 때문이다.

아침에 운전병 칸이 기분이 좋은 듯 다음과 같이 말했다.

"옹 리 씨, 오늘은 탄 씨네 가서 아침 식사를 하기로 한 날인데요?

새로 산 옷을 입었는데 어때요?"

탄 씨네 집에 도착하여 아내에게 근처에는 국숫집이 없으니 오늘은 반꾼식당에 가서 먹자고 했다. 탄 씨네 다섯 식구와 7명이서 지프차를 타고 가는데 애들이 처음 타 본 지프차에 신이 나서 재잘거렸다.

식당에서 냉차 7잔에 반꾼 7접시를 주문했다. 아무래도 젊은 칸에게는 모자랄 것 같았고, 혹시 싶어 애들에게도 물어보았다.

"너희들 더 먹을 수 있겠니?"

말이 떨어지기가 무섭게 "예!" 하고 합창을 한다. 그래서 7접시 더 주문하니 애들이 좋아 함성을 질렀다. 식사 후 아빠 엄마는 아저씨와 얘기할 게 있으니 애들에게 먼저 집으로 가라고 하고는 지프차에 태워 보냈다. 탄 씨 부부와 카페에서 많은 이야기를 했다. 아내는 다음과 같이 회고했다.

그녀는 살기가 힘들어 무언가 해 보려고 호치민 시내에 아는 분을 통해 식당 등 여러 군데를 알아보았으나 모두가 밥은 먹여 준다고 했으나 월급은 못 준다고 했다. 그래도 오늘날까지 견디며 살아온 것은 하나님을 의지했기 때문이라고 했다.

'아, 이 가정도 하나님을 비밀리에 믿어 온 사람들이네? 할렐루야!'

이 선교사님은 심히 놀랐다. 속으로 반갑기 그지 없었다. 그녀는 말했다.

"약 2-3주 전 옹 리 씨의 처마 밑 노숙 사건 때도 저희 남편은 종일 못 먹어 허기진 사람이었는데 왜 하필이면 그 사람이 우리 집에 와서 우리를 이렇게 고통을 받게 하나 하고 원망스러워했습니다. 밤을 지새우며 울고 있었고, 아침이 돼도 모두가 서로 눈치 보며 걱정만 하고 있었습니다.

정오쯤에 옹 리 씨와 남편이 아무 일도 없었던 듯 돌아오며 봉지를 건네 주는데 그 속의 빵을 보고 참으로 반가웠고, 아이들에게 빵을 나누어 주며 얼마나 눈물이 나도록 고마웠던지요. 그리고 정말 오래간만에 식당에 가서 밥을 배부르도록 먹고, 오는 길에 좋은 쌀까지 50kg이나 사 가지고 올 때는 '이것이 꿈인가? 아니면, 옹이라는 분은 외계인인가?' 하는 생각을 했습니다.

베트남이 통일되기 전 어려서 철없이 다니던 교회 주일학교에서 목사님께 들은 하나님은 살아 계신다는 말이 이런 것인가 하는 생각도 들었습니다. 그리고 미국에 사시는 분이 노숙자로 변신하여 우리집에 와서 도와주는 것은 하나님의 계획은 아닌가 하고도 생각했습니다."

이인호 선교사님도 다음과 같이 화답했다.

"탄 씨 사모님이 하나님을 믿고 계신 것을 알고 저도 너무나 기쁩니다. 저도 하나님을 믿는 사람입니다. 탄 씨 집을 통하여 운전병 칸을 알게 되었고, 그래서 지금은 군 정보부 고급 숙소에 머물게 되었으니 이 얼마나 서로 좋은 인연입니까?"

이 선교사님은 탄 씨네와 참으로 좋은 관계를 맺어 앞으로 서로 동역도 할 수 있겠다는 생각을 하며 돌아왔다.

여호와를 만날 만한 때에 찾아라. 가까이 계실 때에 그분을 불러라 (사 55:6).

9) 별이 달린 정보부 장군용 세단을 타고 선교를

찐 장로님 가정 교회에서 어떤 신자가 좋은 정보를 이야기해 주었다. '동나이'성(省)에 신학 공부를 한 믿음이 훌륭한 따이(Tai)라는 분이 있다고 했다. 그는 통일이 되기 전 나트랑시의 C&MA신학대학 2학년 때인 1975년, 베트남이 공산화가 되는 바람에 목사가 되려는 청운의 꿈을 접어야 했다고 한다. 하지만 그는 아직도 홀로 계속 성경을 공부하고 있으며, 뜻을 이루려는 결심에 차 있다고 했다.

이 소식을 들은 이 선교사님은 물론 후에 목사님이나 찐 장로님도 동나이성에 가정 교회 처소를 만들어 전도의 거점을 만들고 싶었다. 그러나 성의 경계를 넘어 동나이성으로 가려면 통행증이 있어야 하는데, 이 선교사님은 외국인이고 후에 목사님은 가택 연금 상태로 먼 길 출입이 제한된 사람이라 도저히 갈 수가 없었다.

"하나님, 제가 베트남에 도착한 이후 하루도 하나님의 도움이 없는 날이 없었습니다. 베트남에 복음의 씨를 뿌리기 위해 여러 가지로 준비해 주시고 길을 열어 주신 하나님, 앞으로도 모든 일에 성령 하나님이 함께하여 주시옵고 동나이성에 가는 길을 열어 주시옵소서!"

며칠을 궁리하며 기도만 하고 지내고 있었다. 하루는 칸과 지프차로 탄씨 집을 방문하고 오후에 게스트하우스로 돌아왔다. 방으로 올라가려는데 직원 식당 뒤에서 그동안 전혀 보지 못하던 차들이 있었다. 가까이 가서 자세히 보니 소련제 고급 세단들인데 차 앞에는 장군 표시의 별들이 붙어 있었다. 요우 중사에게 물어보니 오늘 저녁 호치민의 떤선녓공항에 수도 하노이에서 중앙정보부 장성들이 오기 때문에 마중을 나가기 위해서라고 한다. 차는 미국의 캐딜락 못지않은 고급차였다.

이 선교사님은 그런가 하고 방으로 올라가다가 언뜻 생각 나는 게 있어 다시 내려왔다. 자기도 지금 지프처럼 돈을 주면 빌릴 수 있지 않을까 하는 생각에 정신이 번쩍했다. 급히 뚱소장 방으로 갔다.

"소장님, 저는 세단차가 있는 줄은 몰랐습니다.

혹시 미국이나 한국에서 손님 오면 저 세단차를 좀 빌려 탈 수가 있겠습니까?

"미스터 리는 우리 가족이라고 했지 않습니까?

지프는 하루 2달러이지만 세단은 하루 10달러로 하고 쓰십시오. 하노이에서 오는 장군님들이 3일 후에는 돌아가니까, 그 후로는 언제고 관리부에 신청해서 사용하면 됩니다."

다시 요우 중사에게로 갔다.

"요우 중사님, 내가 이 세단을 빌려 타면 통행증이 없어도 검문소를 통과할 수 있을까요?"

"미스터 리, 쉽게 말해 이 차는 아주 무서운 차예요. 누가 세우거나 시비를 걸 수도 없거니와, 가다가 길이 막히면 '엥' 하고 사이렌 소리만 내면 모든 자동차나 오토바이가 길을 비켜서 섭니다."

이 선교사님은 "예, 잘 알겠습니다. 감사합니다" 하고 방으로 올라왔다.

이 기쁨을 어떻게 표현할 수 있을까?

"아, 하나님 감사합니다. 할렐루야!"가 저절로 입에서 나왔다. 갑자기 성령 충만해져 머리 속에 예수 그리스도의 환상이 어른거렸다. 마음은 이

미 동나이성으로 가고 있었다.

방으로 올라가는데 아래층 주방에서 올라오는 맛있는 요리 냄새가 코를 찌른다. 이 선교사님이 온 이후로 게스트 하우스의 주방 아주머니가 몹시 바빠졌다. 전에는 부식비가 부족해 반찬을 거의 못해 먹었는데 요즘은 풍족한 부식비로 맛있는 요리를 마음껏 해먹으니 주방 아주머니는 즐거운 비명이다.

며칠이 지난 아침이었다. 동나이 건을 갖고 후에 목사님, 뚜, 롱 집사와 이야기를 하는데 아무래도 찐 장로님과 함께 이야기를 해야 할 것 같았다. 지프차를 타고 빈탄의 찐 장로님 처소로 갔다. 찐 장로님에게 그간의 전후 사정을 이야기 하고, 동나이로 갈 여러 가지 의논을 한 후, 내일 아침 9시에 차를 갖고 올테니 준비를 하고 기다리라 하고 돌아왔다.

다음날 이 선교사님은 요우 중사가 모는 장군 차에 후에 목사님과 뚜 집사님을 태우고 빈탄으로 갔다. 빈탄에서 다시 찐 장로님을 태우고 동나이로 향해 달렸다. 이 선교사님은 요우 중사가 준 장군 모자를 썼다. 검문소 가까이에 왔다. 장군차가 검문소를 서행으로 지날 때 검문소 직원들은 '차렷, 경례'를 했다. 이에 이 선교사님은 요우 중사가 미리 얘기해 준 대로 앞만 보며 고개를 약간 끄덕했다. 검문소 무사 통과에 모두 신이났다. 다시 장군 차는 속도를 내어 달렸다.

동나이성 콴티엔(Quang Tein)에 장군 차가 들어오고, 이 차가 따이 집 앞에 서자 따이는 심히 놀라 겁을 먹었다고 한다. 그동안의 안부와 함께 찐 장로님이 따이 씨에게 가정 처소에 관한 경험을 설명해 주고는 가정 교회를 잘 운영할 것을 당부했다. 후에 목사님도 자기의 후배 격인 따이 씨에게 서덜랜드 교수 이야기와 함께 여러 가지 조언을 해 주었다.

찐 장로님은 유쾌하게 다음과 같이 말했다.

"아무리 보아도 옹 리 씨는 보통이 아니야. 아, 글쎄 한국 사람이 그 무서운 정보부 게스트하우스에 산다니까. 어제는 군용 지프차를 타고 와서 놀라게 하더니, 오늘은 별이 달린 장군 차를 타고 와서 더 깜짝 놀라게 하고. 한국 사람으로서 미국 시민이라니 이것도 기절할 노릇이지. 하하하!"

이 선교사님이 처소 용 지원금을 건넨 후, 마지막에 서로 손을 잡고 처소의 부흥을 위하여 간절히 기도하고, 주님의 이름으로 서로 축복했다. 오는 길에 찐 장로님을 모셔다 드리고 숙소로 돌아왔다.

더욱 큰 하나님의 은혜는 이후 이인호 선교사님이 칸 병장이 모는 지프차나 요우 중사가 모는 별이 달린 장군 차를 타고 선교 처소에 가서 집회를 할 때 **갑자기 공안의 불시 검문이나 급습이 나오면 칸 병장이나 요우 중사가 정보부 신분증을 보이며 검문을 모두 막아주었다는 사실이다.**

이 선교사님은 공산사회 베트남에서, 베트남의 정보부 보호하에 선교를 한 것이다. 아니, 하나님이 베트남의 적절한 복음화 시기에 베트남의 복음화를 촉진시키기 위하여 이 선교사님의 선교를 보호해 주신 것이라고 하는 게 더 옳은 말일 것이다.

> 내게 능력 주시는 분 안에서 내가 모든 것을 할 수 있다(빌 4:13).

> 나의 하나님이 그리스도 예수님 안에서 영광 가운데 그분의 풍성하심을 따라 너희의 모든 필요를 채우실 것이다(빌 4:19).

10) 아! 성경책

아침에 눈을 뜨자 침대 옆에 꿇어 앉아 기도를 했다.

"하나님, 성경이 필요합니다. 성경책을 구할 수 있게 길을 열어 주세요. 각 가정 교회마다 목사님 장로님들이 최선을 다해 신자를 인도하지만 각 가정 교회마다 성경이 부족합니다. 꼭 성경이 필요합니다. 오늘은 성경을 위하여 특별 기도를 했다."

카페에 도착하니 뚜와 롱 집사님이 먼저 와 있었다. 후에 목사님을 기다리며 롱 집사님에게 어제 일은 어떻게 되었나 하고 물으니 다음과 같이 말했다.

"옹 리께서 후에 목사님에게 물어보시면 저보다 더 자세히 알 것이니 직접 물어보시는 게 좋겠습니다."

마침 후에 목사님이 도착하여 커피를 주문하고는 성경책에 대하여 이야기를 했다. 후에 목사님은 4년 선배 되는 목사님을 찾아뵙고 성경책을 말씀드렸다고 했다.

그 선배 목사님은 다음과 같이 물었다고 한다.

"탄압하고, 성경책을 압수하여 불태워 버리는 악랄한 시대인데 성경이 왜 필요한가?"

후에 목사님이 다음과 같이 대답했다고 한다.

"저녁이면 수시로 목사님이나 장로님들 댁 골방에 숨어서 예배를 드리며, 찬송도 하고 성경도 낭독하고 합니다. 그리고 서로 간증을 나누며 교제도 하는데 특히 자매님들이 성경책 구하기를 눈물로 기도하고 있습니다. 혹시 선배님이 옛날에 교회에서 쓰시려고 예비하신 성경이 있으시면 꼭 사고 싶습니다. 성경은 권당 미화 3달러씩 드리겠습니다."

"몇 권이나 필요한가?"

"지금 우선 20권이 필요합니다. 그러나 처소에 신자가 더 모이면 더 필요하게 될 겁니다."

"후에 목사님, 이제껏 숨겨 놓은 성경은 있네. 그런데 성경은 만인의 책인데 목사인 나로서 성경을 판다는 것은 용납이 안 되는 일이지만, 수입이 없어 고통에 허덕이는 나의 처지도 말이 아니라네. 할 수 없어 돈을 받는 것이니 용서해 주게. 20권을 가져가게. 그리고 25권이 더 있으니 필요할 때 가져가게."

"네. 알겠습니다. 내일 10시에 다시 찾아뵙겠습니다. 감사합니다."

그리고 후에 목사님은 이 선교사님에게 의논도 없이 권당 3달러로 정해서 미안하다고 했다. 이 선교사님은 놀랍도록 반가웠다. 긴가민가 했었는데 이제 실제로 성경을 손에 쥐게 된 것이다. 이 선교사님은 다음과 같이 말했다.

"두 분이 참 큰일을 하셨습니다. 대단히 감사합니다. 여기 60달러가 있습니다. 롱 집사님과 얼른 조심히 다녀오세요. 나와 뚜 집사님은 카페에서 기다리고 있겠습니다."

11시쯤이 되자 두 사람이 포대 자루에 성경책 20권을 가지고 오토바이를 타고 나타났다. 이 선교사님은 너무도 반가워 어쩔 줄 몰랐다. 그동안 후에 목사님의 열정적인 노력이 결실을 거둔 것이다.

'하나님, 감사합니다. 이 모든 영광 하나님께 올려드립니다. 만세, 만세,

만만세입니다. 하나님!'

사실 이 선교사님은 성경에 관한 어제 일이 궁금해서 아침도 못 먹고 기다리고 있었던 것이다.

"자, 이제 우리 마음 놓고 점심을 먹을 수 있으니 식당으로 갑시다."

이 선교사 일행은 나머지 성경 25권도 마저 가지고 왔다. 처소마다 성경을 나누어 주니 처소 장로님들도 아주 기뻐했다. 이 선교사님은 뿌듯한 마음에 이 정도면 이제 신학교를 열어도 되겠다는 생각이 들 정도로 성경이 준비되었다. 성령께서 물댄 동산으로 인도해 주신 것이었다.

> 하나님을 사랑하는 자, 곧 그분의 뜻대로 부르심을 받은 자들에게는 모든 것이 합력하여 선을 이룬다는 것을 우리는 안다(롬 8:28).

오늘도 남동 카페에서 모였다. 후에 목사님과 뚜, 롱 집사님 셋이서 두 가정 처소를 다녀왔다고 한다. 먼저 민 장로님 처소에 들러 성경 10권과 지원금을 건넸다고 하면서 처소의 소식을 들려주었다. 민 장로님은 성경책을 어루만지시며 어떻게 이렇게 성경을 구할 수가 있었느냐고 물었다. 롱 집사님이 후에 목사님이 하나님이 주신 지혜로 선후배 목사님들을 찾아가 가정 교회 말씀을 드리고 사온 것이라고 했다. 민 장로님은 그런 성의에 감탄하셨다고 한다.

민 장로님은 가정 처소에 수시로 모여 먼저 예배를 드리고 그다음에는 간증 시간을 갖고 마지막으로 친교를 하며 동네 소식들을 전하고 있다고 한다. 민 장로님 가정 처소는 짧은 기간에도 부흥하여 등록 신자가 47명으로 불어났다고 한다.

찐 장로님 처소에도 가서 성경 10권을 드리고, 지원금을 건넸다. 찐 장로님은 다음과 같이 말했다.

"어, 이제 성경책을 쉽게 구할 수가 있나 보네?

이제 공산당의 탄압이 좀 풀리나 보지?"

뚜 집사님이 급하게 "장로님 그게 아닙니다"라고 하면서 성경을 구한 내력을 설명해 주었다. 그리고 신자들에게 성경을 나누어 줄 때 조심해야 한다고 주의를 환기시켜 드렸다. 찐 장로님은 차후에 성경을 더 구입하게 되면 10권을 부탁한다고 하면서 지금 등록 신자가 40명을 넘었다고 했다.

11) 청소년 수양회

이 선교사님이 베트남에 도착한 지도 3-4개월이 지났다. 대학교 앞 책방에 들러 혹시 성경이나 찬송가 책이 있나 찾아보았으나 역시 없었다. 근처 서민 아파트를 지나는데 밝은 대낮에 난데없이 소낙비가 쏟아졌다. 급한 김에 아파트 입구로 들어가 비를 피하는데 어디선가 기타 소리가 들렸다. 그런데 자세히 들어 보니 복음성가, 찬송가 소리도 들리는 것 같았다.

그곳으로 가 보니 9명의 청소년이 모여 노래를 부르다가 이 선교사님을 보더니 노래를 멈췄다. 이 선교사님은 그들에게 인사했다.

"안녕, 기타 소리가 아름다워 보고 싶어서 왔어."

16-18세 정도의 아이들인데 두 아이가 기타를 가지고 있었고, 여자아이도 둘 있었다. 이 선교사님은 아이들에게 물어보았다.

"너희들 기타를 학교에서 배웠니?"

"아니요, 집에서 배워서 그저 노는 거예요!"

무더위에 아이들의 옷들이 땀에 젖어 있었다.

"너희들 덥나 보구나, 아저씨가 시원한 것 사 줄까? 이 근처 냉차 파는 곳이 있니?"

아이들은 한목소리로 다음과 같이 말했다.

"예, 있어요!"

밖에 나가니 소낙비는 보슬비로 변해 있었다. 아이들은 "이건 비도 아니에요!" 하면서 유쾌하게 걸어갔다. 포장 냉차 가게 옆에는 꽈배기 장사도 있었다. 이 선교사님이 아이들에게 "냉차 손들어! 꽈배기 손들어!" 하는데 아이들은 두 가지 모두에 다 손을 든다.

"너희들 두 가지 다 먹으면 배탈 날 텐데?"

아이들은 더 크게 한목소리로 대답한다.

"아니에요!"

아이들은 신나게 꽈배기와 냉차를 먹기 시작했다. 그런데 한 여자아이가 꽈배기를 먹지 않고 들고만 있었다. 이 선교사님이 그 여자아이에게 "너는 왜 안 먹고 있니?"라고 했더니, 그 여자아이는 다음과 같이 대답했다.

"동생도 먹고 싶어 할 것 같아서요!"

"너 이름이 뭐니?"

"항(Hang)이에요."

이 선교사님은 주인에게 값을 치르면서 더 구워지면 10개를 별도로 싸서 항에게 주라고 이야기했다. 항에게도 살짝 이야기해 주니 고맙다고 머리 숙여 인사를 한다.

이 선교사님은 생각나는 바가 있어 아이들에게 "너희들 말고 다른 친구들은 없니?"라며 물었다.

"있어요, 많아요! 아파트와 개천 건너까지 합하면 한 50명은 될 거예요."

"그러면 너희들 모두 학교 안 가는 주말에 언제 한번 붕따우 해변에 모일 수 있겠니?

금요일 4시에 모여 일요일에 저녁 먹고 해산하자."

"무얼 하는데요?"

"동아리 대항 노래 자랑 대회, 기타 연주 대회도 한다. 개인진 또한 있는데 곡목은 유행가 복음성가 등으로 한다."

아이들이 "와" 하고 함성을 지른다.

"중간에 토요일, 일요일 낮에는 수영하고 공도 차고 씨름도 하면서, 과일, 과자, 떡을 먹으면서 즐겁게 노는 거지!"

아이들은 신이 났다.

"특별히 복음성가, 찬송가 부르는 아이들은 1, 2, 3등을 뽑아 상도 준다."

아이들은 들떠 있었다.

"단, 너희들 모두 부모님의 허락을 받아야 해. 특별히 여자아이들은 꼭. 그럼 준비를 위해 인원수 파악을 해야 하니까 동아리 대표들은 참가하는 인원수를 파악하여 다음 주 화요일 4시에 아파트 앞에서 만나자. Ok?"

이 선교사님은 신이 나서 떠드는 아이들과 헤어져 숙소로 돌아왔다.

민 장로님 아들 난(Nhan)을 만나 청소년 집회 이야기를 하고 화요일 오후 4시에 함께 가자고 했다. 난의 형에게 물어보더니 "옹 리 씨가 함께 가면 무조건 좋다"라고 했다.

화요일, 이 선교사님은 뚜, 롱 집사, 난, 이렇게 넷이서 아파트 약속 장소로 갔다. 동아리 대표격으로 22명이나 왔는데 그중 여자아이가 8명이나 있었다. 집계해 보니 나올 수 있는 아이들의 숫자는 총 86명이나 되었다.

6시가 가까워 오기에 아이들과 식사를 하려고 분보훼식당으로 막 떠나려는데 "저기 항이 와요!" 하고 한 아이가 소리쳤다. 항은 다음과 같이 말했다.

"이모가 옹 리 씨에게 인사를 하고 싶다고 해서 같이 왔어요."

항 이모의 이야기는 이렇다. 집에 항의 동생이 아파 누워 있는데 며칠 전에 항이 가져온 꽈배기를 3개나 먹더니 병이 점점 차도가 있었다. 그동안 많이 나아져 오늘 아침에는 혼자 일어나 화장실도 갔다고 했다. 약 한 알도 사 주지 못했었는데 가족 모두가 그 외국 분이 의사인 것 같다고 했다. 너무나 고마워 인사를 하려고 이모가 항과 나왔다고 한다.

후에 목사님에게 이번 붕따우 청소년 집회에 토요일 한 시간 반, 주일 한 시간 반씩 말씀 준비를 부탁했다. 마침 롱 집사님이 붕따우에 아는 여자 전도사 호아(Hoa)라는 분이 있다고 했다. 이 선교사님은 롱 집사님을 보내 비어 있는 쌀 창고를 2박 3일간 빌려 쓰도록 호아 전도사님과 교섭을 하고, 식사도 전도사님과 함께 하면서 얼마간의 용돈을 주고 오라고 봉투 하나를 주었다. 뚜 집사님에게는 식사는 100명분으로 식재료를 준비하라고 하고, 무거운 쌀과 숯은 현지에서 조달하기로 했다.

이 선교사 일행은 금요일 12시에 모두 붕따우에 도착했다. 창고 바닥에 돗자리 50개를 깔아 남자들 숙소로 했다. 후에 목사님과 16명의 여자아이는 별도로 여관방 6개를 마련했다.

수양회는 성공적으로 진행되었다. 토요일, 일요일 이틀 동안 더운 날씨라 아침 식사를 오전 6시에 하고 7시에는 축구 시합을, 9시에는 후에 목사님 강의를, 한낮 더울 때는 오전과 오후에 한 시간 반씩 수영과 자유 시간을 주었다. 저녁 식사 후에는 노래 자랑과 기타 경연 대회를 했다. 이 선교사님은 지론 대로 먹는 데는 돈을 아끼지 않고 푸짐하게 식단을 준비했다. 또 식사 시간 사이와 밤에는 푸짐한 간식이 3회 제공되었다.

금요일, 토요일 오후에는 선도사님들의 간증이 있었고 토요일 저녁에는 후에 목사님이 한 번 더 설교한 후 결신자 기도회가 있었다. 놀랍게도 86명 전원이 예수님을 믿기로 결신했다.

8월에 2차 수양회를 하겠다고 공지를 했다. 그때는 모두 친구 한 명씩을 데리고 오라고 했는데 모두가 좋다고 했다. 새로 산 식당 도구와 돗자리 50개는 호아 전도사 곳간에 보관하기로 했다.

12) 베트남의 오토바이와 커피

베트남에 처음 오는 사람들은 오토바이의 물결에 놀란다. 왜 이리도 오토바이가 많은지, 무슨 연유라도 있는지 궁금해한다. 그런데 며칠만 있어 보면 이해가 간다. 길이 넓던 좁든 간에 강물처럼 흐르는 오토바이는 10대 학생으로부터 70대 할머니까지 허리를 곤추세우고 또 시장바구니를 걸고 운전한다.

베트남의 작렬하는 더위는 50m도 걸어가기 힘들다. 자칫하면 걷다가 더위를 먹어 열병에 걸릴 수도 있다. 좁은 길도 쉽게 갈 수 있는 오토바이를 타고 달리면 상쾌함을 느낀다.

베트남 사람들은 오토바이를 자신의 재산 목록 1호로 생각한다. 베트남 사람들은 집은 팔아도 오토바이는 안 판다고 할 만큼 필수품으로 여긴다. 가장의 오토바이는 일가족의 생계를 책임지는 밑천이며, 그 자체가 직장이다. 오토바이를 타고 모든 일을 처리하기 때문이다. 그리기 때문에 베트남인들의 오토바이에 대한 애착은 세계 어느 민족보다도 강하다. 우스갯말로 젊은 남녀가 연애하다가도 남자가 오토바이가 없는 것을 알면 쉽게 빠이빠이 한다고 한다.

개발도상국인 베트남에 일제 혼다 오토바이가 진입한 것은 1990년대 중·후반이었다. 그 당시 가격은 2,300달러 정도였다. 가격이 조금 비싸더라도 오래 탈 수 있는 것을 선호하며, 혼다는 베트남 시장의 약 60% 정도를 차지하고 있다. 50cc짜리 오토바이는 대개 부녀자들의 장보기용이고, 100cc는 성인들의 시내용이며, 125cc는 장거리용, 험한 산길용으로 주로 사용한다.

오토바이는 시동을 걸기 전에 반드시 사이드스탠드를 올리는 것을 잊지 말아야 한다. 안 그랬다가는 자칫 사고가 날 수도 있다. 오토바이를 탈 때는 가급적 추월을 삼가고 주변 오토바이들과 보조를 맞춰 가는 게 안전하다.

또 오토바이는 가급적 트럭이나 버스 같은 큰 차와는 옆이나 앞뒤로 거리를 좀 두고 가는 게 좋다. 헬멧은 생명과 직결되므로 좋은 것으로 써야 한다. 이인호 선교사님도 산족 선교를 하고 오다가 산길에서 커다란 트럭이 지나가면서 일으키는 회오리 같은 바람에 계곡 아래로 굴러떨어져 큰 사고를 당한 적도 있었다. 그는 이때 헬멧을 안 썼으면 목숨을 잃을 뻔했다. 또 베트남은 비가 많이 오므로 판초 우의도 필수품이다.

이인호 선교사님도 산족 선교 때문에 산길을 많이 달려 1994년 초부터 125cc 혼다를 애용했다. 베트남은 6개월 건기, 6개월 우기로 확연히 구별된다. 산속 깊은 곳에 있는 소수 민족에 선교를 갈 때 특히 우기에는, 사고나 고장을 대비하여 오토바이 2-3대로 팀을 이루어 간다. 베트남 선교 25년 동안 이인호 선교사님은 20여 만 마일을 달린 오토바이를 3번이나 교체했다. 총 약 60만 마일(약 96만Km)을 오토바이로 달리며 선교를 한 것이다.

베트남은 세계 2위의 커피 수출국이다. 호치민시(市)뿐만 아니라 어느 동네 골목을 가도 커피와 시원한 음료를 파는 카페가 있다. 강렬하게 내리쬐는 햇빛을 피해 카페나 바람 부는 그늘 목에 앉아 시원한 아이스 커피를 마시는 모습은 베트남인의 일상이자 취미이다.

베트남인은 커피의 카페인 성분 때문에 노동할 때 힘을 얻기도 한다. 베트남은 프랑스 식민 지배 탓으로 커피를 카페라고 하며 커피와 음료를 파는 집도 '카페'라고 하는데, 커피를 칭할 때는 "카페 ㅇㅇㅇ"라며 카페 뒤에 고유한 커피 이름을 붙여 부른다.

베트남의 남과 북은 커피의 취향도 차이가 난다. 남쪽 더운 지방 사람들은 '카페 쓰어다'를 즐긴다. 카페 쓰어다는 커피에 연유를 탄 후 자기 취향에 맞게 얼음을 넣는다. 카페에서 오더를 할 때는 얼음의 양을 적게, 많게 요청을 해야 한다. 쓰어다는 커피의 향과 연유의 단 맛이 혀에 느껴지며 얼음과 함께 목에 넘어갈 때 느끼는 시원함이 일품이라 한다.

김광신 목사님이 베트남을 방문하셨을 때도 카페 쓰어다를 즐기셨는데 베트남식 '6성 발음'을 쓰지 않고 한국식으로 "카페 쓰어다!" 하면 웨이터는 한 몇 초 있다가는 알아듣곤 했다. 사이공 쪽 사람들은 모든 연령, 모든 계층의 사람들이 즐기는 음료가 '카페,' 특히 '카페 쓰어다'라고 한다.

북부 베트남 사람들은 대부분 '카페 너우'를 즐긴다. 얼음이 들어가지 않는 너우는 따뜻하면서 맛이 진해 어떤 면에서는 약간 쓴맛이 난다고 할 수 있다. 날씨가 남쪽에 비해 비교적 쌀쌀한 데다가 단 것을 피하는 하노이 사람들의 취향이라고 할 수 있다.

13) 정보부 숙소 직원들과 공안과의 교제

한번은 숙소인 정보부 게스트하우스 직원이 이 선교사님에게 물어볼 것이 있다고 하며 방으로 찾아 왔다. 미국에 있는 친구가 보낸 선물이라고 하면서 보따리에서 양주 한 병과 미제 담배 한 보루를 꺼내 보이며 이게 얼마 정도의 가치가 있느냐고 물어왔다. 이 선교사님이 보니 군대 PX에서 면세로 산 것들이었다. 그래서 술은 한 병에 10-15달러 정도, 담배는 4-5달러 정도 한다고 했다. 그랬더니 그 직원은 자기는 돈이 필요하니 이 선교사님이 사 줄 수 없느냐고 했다.

이 선교사님은 언뜻 언젠가는 이 정보부 숙소에서 나가게 되면 공안과 접촉을 안 하면 안 될 터인데 이것을 선물로 미리 인사를 해 두는게 좋겠다는 생각이 들었다. 그래서 이 선교사님은 직원에게 20달러를 주면서 그 선물 보따리를 받았다. 며칠 후 이 선교사님은 탄 씨네 동네 공안을 찾아가 공안 소장에게 인사를 하며 선물로 이 술과 담배를 주니 소장은 너무도 고마워하며 선물을 받았다.

그 후에도 설이나 추석 등 절기가 되면 이 선교사님은 공안소를 찾아가 인사를 자주 했고, 식당에서 만나면 식사비도 여러 번 대신 내주었다. 공안 소장의 친구들은 "야, 너는 밥 잘 사 주는 외국 사람이 있어서 좋겠다"라고 농담을 하기도 했다. 이 소장은 고맙게도 이 선교사님이 첫날 노숙했을 때 추방을 할 수도 있었지만, 오히려 친절하게도 탄 씨네 집을 숙소로 쓰도록 허가를 해 주지 않았던가.

이 선교사님은 나중에 아파트로 이사를 나와서도 공안과의 관계를 잘 유지하는 데 신경을 많이 썼다. 덕분에 이 선교사님이 산속 선교를 하다가 그쪽 공안에게 잡혀 심문을 당할 때 거주하는 주소지 공안에게 정보를 요청하면 거주지 소장은 이 선교사님이 비즈니스 하는 사업가인데 취미로 사진을 많이 찍는 사람이라고 평소에 이 선교사님이 말한 대로 잘 답변을 해 주어 무사히 풀려난 적이 여러 번 있었다.

또 공안 본부에서 외국인 특별 감찰이 나오면 공안 소장은 이 선교사 더러 어디 휴양소나 2-3일 갔다 오라고 한다. 갔다 오면 이웃에 있는 중국인은 공안 본부 감찰 요원한테 괴롭힘을 당하고 용돈이나 뜯겼다고 불평했다. 공안 소장은 번번이 이렇게 이 선교사님이 본부 감찰을 피하게 해 주었다.

이 선교사님은 정보부 게스트하우스 직원들에게도 아주 인기가 있었다. 때가 되면 밥을 사 주거나 선물도 했고, 특히 자주 빌려 타는 지프차 운전사 칸이나 장군 차 운전사 요우 중사에게는 팁을 자주 주어서 그들의 사기를 북돋아 주었다. 그래서 이 선교사님이 처소를 방문하여 예배를 드리거나 집회를 할 때마다 공안이 들이닥치거나 찾아 올 때마다 칸이나 요우 등 운전사들이 앞장 서서 신분증을 제시하며 공안을 쫓아 보냈다.

이 선교사님은 가난한 빈민들이나 경제적으로 어려운 산족들의 선교에 힘썼다. 이들에게는 적은 선교비로 베풀며 접근하기도 쉬웠고, 또 가난한 사람들이 복음도 잘 받아들였다. 특히 산족들에게는 대량 전도가 가능했다. 이 선교사 자신도 어릴 때 힘들게 생활하면서 베푸는 사람들에 대한 고마움을 많이 느끼며 성장한 경험을 고백하기도 했다.

예수님도 버림받거나 가난한 유대인, 병자, 불구자, 창기, 사마리아인, 세리 등에게 접근하여 복음을 전파하셨다. 그들에게 기적을 행하고 베풀며 복음을 전파했을 때 그들은 자기들을 이해해 주고, 알아주고 베푸는 데 쉽게 고마움을 느껴 복음을 받아들였던 것이다.

14) 뚜엣 사모님과 키니네 4알

람동성(省) 담롱구(區) 휘링의 소수 민족인 마족 마을에 등증구(區)에 사는 냐(Nha) 목사님과 특별 예배를 드리고 오후 4시쯤 오토바이로 돌아오는 길에 산길에서 그만 타이어가 하나 터졌다. 냐 목사님과 오토바이를 밀고 끌고 하면서 어느 작은 마을에 와서 겨우 수리를 했다. 호치민시를 가는 버스를 타는 휘놈(Finom)까지 오니 저녁 7시가 넘었다. 이 선교사님은 버스를 타고 가기로 하고 냐 목사님은 먼저 보냈다.

7시 30분쯤 자가용 한 대가 지나가는데 10m쯤 앞에서 정지하더니 누가 고개를 뒤로 내밀고는 "이 선생!" 하고 불렀다. 가서 보니 백 선생이었다 (백 선생이라는 분은 선교사나 교인이 아니고 베트남에 원목을 수입하러 온 사업가였다. 이 선교사님이 함께 비자를 갱신할 때마다 베트남어로 도와주었다).

백 선생이 이 선교사님을 빨리 타라고 하며 왼쪽 문을 열어 주어 타 보니 여자 분이 비스듬히 앉아 있다가 바로 고쳐앉는다. 이 선교사님은 다음과 같이 말했다.

"백 선생님은 예쁜 사모님을 모시고 다니시네요?"

"예, 우리 통역관입니다. 한국말을 잘해요."

"베트남 사모님이신 것 같은데, 편히 가셔야 하는데 죄송합니다."

여자분이 한글말로 다음과 같이 대답했다.

"괜찮습니다. 편히 앉으세요."

이 선교사님이 대답했다.

"사모님 말씀이 평양 발음인데?"

"저는 옛날 하노이에서 대학 다닐 때 북한 김일성대학에 7년간 교환 학생으로 공부했는데, 그때 조선말을 배웠습니다."

그러면서 그 여자분은 자기 이름은 뚜엣(Tuyet)이라고 했다. 이 선교사님은 다음과 같이 말했다.

"아, 그러세요? 뚜엣 사모님은 학식이 아주 높은 분이시네요!

백 선생님, 시장한데 뭐 좀 먹고 가지요. 바오록에 가면 오리 국수집도 있고, 카페도 있습니다. 제가 버스비를 아꼈으니 대접하지요."

뚜엣 사모님은 그럼 쉬어가자고 하며 베트남인 운전사에게 식당 근처에서 서라고 했다. 식사 중 뚜엣 사모님은 여기는 커피 주산지인데 근처에 아주 향이 좋은 카페가 있다고 한다. 카페에서 뚜엣 사모님은 오늘 이 선생님 덕분에 향기 좋은 커피도 마시게 되었다고 하며 좋아했다.

다시 차를 타고 가는데 뚜엣 사모님이 물었다.

"이 선생님, 요새 베트남 비자 사정이 어때요?"

"아이고, 까다롭고 힘들어요. 캄보디아까지 나갔다 와야 하니 시간도 많이 걸리고. 비자 신청 후 찾는 날까지는 꼼짝도 못하지요!"

"비자 갱신 날이 언제인지요?"

"내일 모래 이민국에 가서 갱신해야 합니다."

"그럼 이 선생님 여권 좀 주세요. 제가 이민국 비자과에 볼 일이 있어 가는데 처음이지만 제가 한번 해 볼게요."

백 선생은 다음과 같이 말했다.

"여태껏 나와 통역으로 함께 다니면서 비자에 대해 아무 말도 없더니 처음 보는 이 선생은 도와준다하니 섭섭합니다."

뚜엣 사모님이 백 선생에게 물었다.

"백 선생님은 갱신이 언제지요?"

"20일 남았습니다."

"그럼 그때 연락 주세요."

뚜엣 사모님은 명함을 하나를 이 선교사님에게 주면서 "여기 제 전화번호와 주소가 있어요!"라고 했다.

3일 후가 되었다. 뚜엣 사모님으로부터 비자가 되었으니 가지러 오라는 소식을 듣고 이튿날 11시에 주소대로 찾아갔더니 뚜엣 사모님이 식당으로 가자고 했다. 식당에서 이 선교사님은 뚜엣 사모님에게 비자 갱신료 30달러를 주면서 여권을 받아 보니 비자가 6개월짜리였다. 그때까지만 해도 모두 3개월짜리 비자를 받았고, 그것도 3개월마다 국경을 넘어 캄보디아를 갔다 와야 비자를 갱신할 수 있는 어려움이 있었다. 이 선교사님은 놀라서 물었다.

"아이고, 사모님 비자가 6개월짜리네요?

캄보디아 갔다가 재입국도 안 했는데."

뚜엣 사모님은 비자국에 4촌 오빠가 있어 재입국을 안 해도 6개월짜리로 했다고 말했다. 그러면서 백 선생과 통역으로 함께 다닐 때 만나는 대부분의 한국 사람들은 자기를 이상한 여자로 본다고 했다. 속칭 '세컨드'처럼 본다는 것이다(사업가인 백 선생을 만나는 한국 사람들은 뚜엣 사모님 앞에서 말을 함부로 했다고 한다. "백 선생, 어디서 좋은 여자 하나 구했네"라는 식으로). 그리고 뚜엣 사모님은 다음과 같이 말했다.

"지난번 처음 만난 이 선생님은 제게 꼬박꼬박 존댓말을 하셨고, 저를 인격적으로 대해 주셔서 참 인자하고 예의 있는 분이시구나 생각이 들어 고마웠습니다."

뚜엣 사모님이 돈을 지갑에 넣는데 언뜻 보니까 장군 사진이 보였다. 이 선교사님이 물었다.

"그 사진 누구예요?"

"저의 아버지예요."

자세히 보니 놀랍게도 3성 장군이다. 뚜엣 사모님이 점심 무얼 드시겠냐고 묻자 이 선교사님은 "생선구이로 하겠습니다"라고 했다. 그러자 주방에서 한 남자분이 나왔다. 뚜엣 사모님이 다음과 같이 말했다.

"식당 주인이자 제 남편이에요."

그리고는 남편에게 웃으며 다음과 같이 말했다.

"여보, 오늘 밥값은 외상이에요.

그리고 이 선생님, 앞으로 비자 갱신 때는 언제나 저에게 연락 주세요."

정말 반가운 소리였다.

'캄보디아 왕래도 없이 6개월짜리 비자를 받을 수가 있다니!'

그때가 1996년 초였는데 그로부터 2003년까지 근 8년간을 이 선교사님은 외국 출, 입국 없이 6개월짜리 비자 갱신을 할 수 있어 모든 역량을 오로지 베트남 선교 사역에만 집중할 수가 있었다. 이는 이 선교사님이 인격적으로 베트남인들을 대하는 겸손함에 대한 베트남인들의 화답이자 하나님의 인도하심이었으며, 가는 정이 있어야 오는 정이 있다는 인간 관계의 진리를 다시 한번 확인하는 것이었다.

> 네가 가는 곳마다 내가 너와 함께 있었으며, 네 모든 적을 내가 네 앞에서 끊어 버렸다. 이제 내가 네 이름을 세상에서 위대한 사람들의 이름과 같이 만들어 주겠다(대상 17:8).

'아멘! 하나님, 감사합니다!'

기도가 저절로 나왔다.

이 선교사님이 베트남 호치민시 인근에 은혜신학교를 운영하던 1995년 쯤이었다(이인호 선교사님이 1993년 은혜한인교회를 선교 보고차 방문했을 때, 김광신 목사님은 베트남 제자 양육을 위하여 신학교를 운영할 것을 권유했다. 이에 이 선교사님은 그해 12월부터 후에 목사님과 함께 베트남에서 신학교를 운영했다). 점심 시간쯤 신학교 강의실에 오니 보탄 전도사님 아내가 석유 화덕이 고장나 음식을 못하고 있다고 했다. 학생들은 막 수업이 끝나고 있었다. 뚜 반장 더러 얼른 락식당에 가서 생전조림 22인분을 미리 주문하라고 했다.

턴 교수님과 식당으로 막 들어가는데 식당 입구 한구석에서 어떤 사람이 웅크리고 있었다. 가서 자세히 보니 땀이 흠뻑 나서 젖은 군복을 입고도 심히 몸을 덜덜 떨면서 신음을 하며 웅크리고 있었다. 심한 말라리아였다.

이에 이 선교사님은 식당 주인더러 그 사람을 그대로 기다리게 한 후 얼른 오토바이 택시를 타고 숙소로 가서 키니네 4알을 가지고 왔다. 군인 보고 즉시 한 알을 입에 넣어 주며 먹게 한 후 가만히 쉬라고 했다. 점심을 먹고 나와서 보니, 그사이에 덜덜 떨던 것은 없어졌다.

이 선교사님은 나머지 3알을 냅킨에 싸서 주면서 저녁때 한 알, 이튿날 아침저녁으로 한 알씩 꼭 더 먹으라고 하면서 시장하지 않느냐고 물었다. 그랬더니 수박이 먹고 싶다고 했다. 뚜 반장더러 병물 2개와 수박을 사서 식당 주인에게 맡기고 식당 주인에게 그 군인을 위해 국수 한 그릇도 시켜 두었다. 그리고는 군인의 어깨에 손을 얹고 '병들어 가련한 군인을 주님께 맡깁니다'라고 하며 빠른 치유를 위한 기도를 해 주었다. 그리고 신학교로 돌아왔다.

2004년 2월 뚜엣 사모님은 어머님이 중병이라고 하면서 하노이로 갔다.

비자 만기일이 되었는데도 소식이 없어 하는 수 없이 이 선교사님이 직접 이민국에 가서 비자 신청서를 작성, 제출하려고 했다. 이때 한 군복 입은 장교가 다가 오더니 말을 건넸다.

"옹 선생님, 혹시 한국 분이십니까?"

"예, 그렇습니다."

"한 가지 물어보겠습니다.

혹시 옛날에 식당에서 군인에게 약 주신 일이 있습니까?"

"무슨 약인데요?"

"약 이름은 모르지요. 병이 나서 떨고 있는데 약 한 알을 입에 넣어 주시더니 물을 주시면서 빨리 삼키라고 했습니다. 그리고 3알은 싸서 주셨습니다."

그제서야 이인호 선교사님은 약 9년 전의 일이 생각났다.

"그때 열병에 걸려 몹시 떨면서 가방을 끌어안고 나를 쳐다보던 군인이 생각납니다."

"그 사람이 바로 접니다. 이제서야 찾았습니다!"

그 군인은 몹시도 반가워했다. 그때 그 군인은 열이 조금 내려가 식당에 들어갔더니 시원한 수박뿐만 아니라 국수까지 미리 사 두셔서 정말 맛있게 먹었고, 그 열병은 이튿날까지 약을 먹고 다 나았다고 했다. 그 군인은 계속 말했다.

"너무 고마워 식당 주인에게 그분이 누구냐고 물었더니 가끔 오는 한국 사람이라고 했습니다. 혹시 장기간 계시는 분이면 반드시 비자를 갱신하러 오실 거라는 생각에 따이한(한국인)만 보면 열심히 찾고 있었습니다."

그러면서 그 군인은 여권을 달라고 했다. 여권을 주니 안으로 갖고 가서 10분도 안 되어 6개월짜리 비자를 찍어 가지고 왔다. 그리고 카페 가서 차 한잔하자고 데리고 나갔다. 보기 드문 아주 고급 카페로 갔다. 웨이터가 팔에 수건을 두르고 왔다. 카페 쓰어다를 주문했다.

"저는 3년 전에 이민국으로 발령받고 온 후 한국 사람들은 유심히 살펴보고 있었습니다. 드디어 오늘 이 선생님을 찾았네요.

그런데 그때 벼락같이 제 열병을 낫게 했던 약이 무슨 약인가요?"

"예, 키니네라는 약인데 약을 많이 안 먹어 본 사람들은 약의 효능이 아주 좋아 베트남 분들에게 인기가 있는 약입니다. 잊지 않고 기억해 주셔서 감사합니다. 이제 앞으로는 6개월마다 만날 수 있어 반갑습니다"

이분은 계급이 대위로서 이름은 '양' 씨이며 이민국 과장이었다. 그는 9년 전 휴가 갔다 귀임하면서 열병에 걸려 고생했다고 했다. 앞으로 비자 문제는 걱정말고 언제든 오라고 한다.

그로부터 2012년 양 대위가 하노이로 발령받아 갈 때까지 거의 9년간 행복한 인연으로 비자는 옛날 뚜엣 사모님 때처럼 걱정 없이 갱신했다. 양 대위는 하노이에 오면 꼭 들리라고 하면서 개인 및 하노이 이민국 전화번호를 주었다.

이 선교사님은 양 대위 가족 5명을 맛있는 한국 갈빗집 식당으로 초대하여 그간의 감사를 표하며 다시 만날 것을 약속했다. 키니네 4알로 맺어진 인연이 9년간 축복의 만남, 너무나 은혜로운 만남이 되었던 것이다.

그것보다 이 선교사님이 베트남인을 사랑과 인격으로 대하며 베푼 것이 더 큰 은혜로 되돌아온 것일 것이다. 이 선교사님은 뚜엣 사모님으로부터

8년, 양 대위로부터 9년, 도합 17년간을 베트남에서 비자 갱신에 걱정이 없이 지내며 모든 역량을 선교 사역에만 집중할 수가 있었다(이인호 선교사님은 필자에게 '뚜엣 부인'을 꼭 '뚜엣 사모님'으로 존칭을 써 달라고 부탁했다).

말씀하시기를 '내가 반드시 너에게 복 주고 복을 주며 또한 내가 너를 번성케하고 번성케 할 것이다' 라고 하셨다(히 6:14).

15) 빈증성, 칸터성 선교

"쭈 옹 리!"(옹 리 아저씨)라고 부르는 소리에 뒤를 돌아보니 한 소년이 다가오고 있었다.
"저 지난번에 붕따우에 갔던 푸년 동아리 유(Duy)에요."
"어, 그래 반갑다. 어디 가는 길이니?"
"동아리 모임에 가는데 친구 충이 아저씨를 보고 싶어 해요."
기타 상점 골목에 가니 12명의 아이가 모여 있었다. 아이들이 모두 "쭈 옹 리!"하면서 이 선교사님을 반겼다.
"충이 나를 찾았다면서?"
"예, 빈증성에 예수를 믿겠다고 하는 먼 친척이 있는데 지난번 붕따우 얘기를 하니까 목사님을 한번 뵙고 싶다고 해요."
그리고 그 친척분은 아주 좋은 분이라 존경한다고 했다. 내일이 마침 주일이라 충과 함께 빈증성에 가기로 하고 아침 9시에 버스 정류장에서 만나기로 했다.

성(省) 경계 검문소를 지나야 하므로 요우 중사 차에 후에 목사님과 롱 전도사님을 태우고 정류장에서 충을 만나 함께 빈증성으로 향했다. 오전 10시 40분쯤 빈증성 푸지아오 동네 친척 득(Duc) 씨 집에 도착했다. 충이 먼저 들어가고 세 사람이 뒤따라 들어가니 갑작스러운 방문에 놀라면서 서로 인사를 했다.

11시쯤 득 씨 가족과 방문자들이 함께 예배를 드리는데 이번에는 요우 중사도 참석했다. 후에 목사님의 설교 후 롱 전도사의 간증이 있었다. 특히 롱 전도사의 처절한 간증에 모두가 감동했다. 득 씨네 가족은 모두 말씀을 갈망하고 있었다.

점심 식사 후 친교 시간에 이 선교사님은 가능하면 매주 설교자를 보내겠다고 하고, 또 이곳에 신자가 불어나면 가정 교회 처소를 세우기로 약속했다. 19살인 충은 롱 전도사님과 여러 가지 이야기를 한 후 신학교 3기생으로 들어오기로 약속했다.

탄 씨네 안채에 있는 노인 부부 중 할아버지가 몹시 아프다고 한다. 그동안 할머니가 동네 농사일을 도와 밥은 먹고 지냈는데 지금은 할아버지 병환 때문에 일도 못 하고 거의 굶고 있어 탄 씨네가 죽이라도 조금씩 끓여 준다고 한다. 아들이 하나 있는데 3년 전 밥만 먹여 준다는 칸터성에 있는 식당으로 갔다고 한다. 아들이 노부모를 오라고 하나 이 노인네들은 갈 여비는커녕 기력이 없어 갈 수도 없다고 한다.

이 선교사님이 딱한 처지를 듣고는 탄 씨 아내더러 닭을 한 마리 사서 요리를 해 할아버지를 며칠간 보신을 시켜드리라고 했다. 그리고 아침저녁으로 계란을 삶아 하나씩 드시게 하고, 가지고 있는 종합 비타민을 주면서 함께 드시게 했다. 할아버지가 걸을 수만 있으면 이 선교사님이 칸터성으로 모시고 가기로 했다. 탄 씨네도 카페를 준비하기 위해 친척들이 와 8식구가 되니 마침 방이 필요한 터였다. 할아버지가 드디어 일주일 만에 원기를 찾아가고 있었다.

며칠 후 이 선교사님은 관리 사무소에서 지프차를 신청해서 빌리고, 군복도 한 벌 빌려서 군인 정장을 했다. 뒷자리에는 담요를 깔아 할아버지 자리를 만들었다. 동네 사람들은 곧 죽어 장사를 지낼 사람을 살려 아들에게 데리고 가는 이 선교사님을 보고 모두 연신 고맙다고 인사를 했다. 할머니가 일하던 채소밭 주인은 가다가 먹으라고 찰밥 두 뭉치와 과일 몇 개를 가지고 왔다. 탄 씨 부부는 이 선교사님이 앞일을 훤히 내다보는 사람이라고 했다.

주소대로 반(Van)이라는 아들이 일하는 빈떤(Binh Tan)이라는 식당에 도착했다. 칸이 식당에 들어가 반을 찾으니 식당 사람들은 무슨 일인가 하고 놀라는 눈치였다. 반이 "엄마야" 하며 쫓아 나왔다. 반을 태우고 집으로 갔는데 그 집은 반의 약혼녀 융(Dung)의 집이었다. 할머니가 사돈네 식구들에게 이 선교사님을 할아버지를 살려 준 고마운 은인이라고 소개를 했다. 칸은 칸토시 정보부에 동기 친구가 있어 만나러 갔다.

이 선교사님은 반과 약혼녀 융을 독립시켜 자립할 수 있도록 도와주고 싶었다. 반과 융에게 무얼 할 수 있는 기술이 있느냐고 물었다. 반이 2년 전부터 자기는 쥐 고기를 양념에 재는 일을 했고 융은 이걸 구워 내는 일을 한다고 했다(변두리나 시골의 베트남 사람들은 껍질을 벗겨 구운 쥐 고기를 많이 먹는다고 한다).

이 선교사님이 쥐 고기가 많이 팔리느냐고 물으니 이곳 사람들은 쥐 고기를 많이 먹어 장사가 잘된다고 했다. 그리고 반과 융 둘은 쥐 고기 도매상을 하는 친구가 있어 가게를 하고 싶었지만 밥만 먹여 주고 일하는 식당이라 밑천이 없어서 못하고 있다고 했다.

이 선교사님이 돈이 얼마나 있어야 하느냐고 물었다. 반은 옆에 있는 처남, 처제를 가리키며 이들이 도와줄 수가 있으니 장비를 살 100만 동 정도만 있으면 된다고 했다. 냉장고 하나가 비싸지 나머지 화덕이나 냄비, 후라이팬 같은 건 별로 안 비싸다고 했다. 이 선교사님은 반더러 즉시 일하는 빈면식당에 가서 부모님이 오셔서 더는 일을 할 수 없다고 하고 그동안 고마웠다고 인사를 하고 오라고 했다.

돌아온 반과 융은 가게는 융의 집에서 할 수 있다고 했다. 이 선교사님은 이들에게 50만 동을 주면서 필요한 물품들을 사 오라고 했다. 반과 융, 처남과 처제 넷이서 기뻐하며 나갔다. 잠시 후 화덕과 도마, 칼 등 비품을 사 오고 쥐고기 도매상 하는 친구도 와서 도와준다고 설쳤다. 이 선교사님은 나가서 대형 금성 냉장고를 달러로 주고 사서 배달시켜 왔다.

가게 준비가 어느 정도 끝났을 때 이 선교사님은 칸더러 지프차에 가서 성경책을 가져오라고 했다. 요한복음 1장을 접어 주며 다음과 같이 당부를 했다.

"너희가 쭈 옹을 생각한다면 둘이서 매일 조금씩이라도 성경을 읽고 예수를 믿도록 하여라. 그리고 둘이서 결혼을 하게 되어 청첩장을 보내 주면 쭈는 꼭 참석하겠다."

이 선교사님은 여덟 식구의 인사를 받으며 떠났다. 오는 길에 다음과 같이 간절히 기도했다.

"하나님, 감사합니다. 이 고장에 예배처를 세울 수 있도록 허락하여 주시옵소서."

몇 달 후 이 선교사님은 반과 융의 결혼 소식을 듣고는 다시 칸터성을 찾아갔다. 이들의 간식 식당은 성공적으로 운영이 잘되고 있었고, 양가의 생계를 충분히 감당할 수가 있게 되었다고 한다. 따라서 반과 융도 결혼식을 여러 친척과 친구들을 초대하여 성대히 올리게 된 것이었다. 반의 아버지는 연신 이 선교사님의 등을 쓰다듬으며 고마움을 표현했다.

이 선교사님은 준비해 간 두둑한 선물을 주며 진심으로 그들의 결혼을 축복해 주었다. 후에 반과 융 부부의 동네에는 교회가 두 개나 들어서는 역사가 일어났다.

> 주께서 목마른 영혼을 만족시키시며 주린 영혼을 좋은 것으로 채워 주시기 때문이다(시 107:9).

16) 베트남의 한국교회 그리고 탄 씨네 카페

탄 씨네 집에 있을 때 안채에는 나이든 노부부가 세를 들어 있었다. 이 선교사님은 선교사 직분을 감추고 비즈니스로 온 사람으로 행세했다. 거의 매일 점심은 회사에서 먹는다 하고 외출했다. 동네에는 늘 오토바이 택시가 기다리고 있었다.

하루는 호치민시 내 한국 식당에서 점심을 먹으며 한국 신문을 보고 있는데 옆 테이블 손님이 주인과 얘기를 하면서 "내일 주일 예배가 LG 사무실에 있는데 가야지요?"라고 한다.

이 선교사님이 물었다.

"실례지만 내일 예배 장소가 어디입니까?"

아마도 사람들은 이 선교사님을 베트남 신출내기로 여겼을 것이다.

"어디라면 알겠어요?

가고 싶으면 내일 9시까지 여기 오면 같이 갈 수 있어요."

"또 포스코 부장의 차가 오는데 묻어가면 되지. 그런데 여긴 무슨 일로 왔어요?"

그러나 이 선교사님은 신분을 밝힐 수가 없었다.

"그냥 그럼 내일 뵙겠습니다."

그리고 이 선교사님은 식당을 나왔다.

이튿날 교회에 가 보니 40여 명의 신자가 예배를 드리고, 다섯 분의 여성이 점심 식사를 준비하고 있었다. 예배는 격식을 갖추며 드렸다. 친교 시간에는 점심 식사를 하며 한국, 미국, 호주 등지의 최근 소식을 서로 전하고, 한국 빵집이 지난주에 오픈했다고 소개도 했다. 참석자 중에는 호치민시 영사, 제일은행 지점장, 포스코 부장, LG 과장 등 현지 지사 담당자들이 많았다.

그다음 주일에도 LG 사무실의 예배에 참석했다. 친교 시간에 제일은행 간부인 듯한 사람이 다가오더니 다음과 같이 말했다.

"지난주 새신자 인사 때 이인호 선생님이시라고 했는데 맞습니까?"

"예, 맞습니다."

"은행 구좌 개설에 미국 시민권자라고 하셨는데?"

"예!"

"아, 그러시구나. 대단히 감사합니다. 호치민 제일은행에 미국 시민권자 한국인이 개인 구좌 개설한 것은 처음이라 영광입니다."

또 교회 목사님은 다음과 같은 이야기를 했다.

"이 베트남은 기독교를 미제국주의 잔재라고 하면서 아주 심하게 탄압해요. 선교사는 발견하면 무조건 추방하고. 그래서 저희는 사역에 특별히 조심하고 있습니다. 특히 공안들은 한국 사람은 모두가 '예수쟁이'라고 눈여겨보고 있어요."

계속 말을 이어갔다. 그 후 얼마 지나지 않아 베트남에서의 한국인은 폭발적으로 늘어나 호치민시에만 만 명을 넘어섰다. 이에 교민들은 시와 교섭하여 통일 전의 교회 건물을 임차하여 주일마다 예배를 드릴 수 있다고 했다. 한국인 교회들은 당국과의 마찰을 피하기 위해 공안의 장비, 야식비 지원부터 고아원, 노인정, 양로원 등을 후원하고 있다고 했다. 그래서 지금은 기독교 탄압도 좀 느슨해져 가고 있다고 한다(2018년에는 호치민시에만 한국인 교회가 28개나 세워져 있다고 한다).

탄 씨네는 아주 가난한 집이었다. 이 선교사님이 있는 동안은 식비를 넉넉히 제공해 주어 안채의 두 노인도 굶지는 않았다. 탄 씨 아내는 딸 타오와 함께 아침저녁으로 싱싱한 야채로 장을 봐 와 이 선교사님의 식사에 신경을 많이 써 주었다. 이 선교사님은 아침은 계란 후라이 2개, 베트남 빵 한 개 그리고 커피로 족하다고 했다.

오늘은 탄 씨네 카페 오픈을 준비하기 위해 운전사 칸이 안내하는 박당 길의 목공소 가게들이 있는 곳으로 갔다. 마침 누가 주문해 놓고 가져가지 않은 완성된 카페용 탁자와 의자들이 있었다. 주인이나 칸도 나무도 좋고 색상도 좋다고 한다. 이 선교사님은 탁자 7개에 의자 28개를 사고, 대금 55달러를 지불하고 삼륜차를 불러 짐을 실었다. 삼륜차가 탄 씨네 도착해서 짐을 내리고 갈때 이 선교사님은 삼륜차 운전사에게 냉차를 사 마시라고 팁으로 2만 동(1달러)을 주었다.

이제는 탄 씨네 집을 카페로 개조하고 카페를 운영할 사람이 있어야 한다. 이 선교사님이 탄 씨 아내에게 미리 당부해 둔 대로 탄 씨 아내가 연락을 하여 오빠네 두 딸이 와 있었고, 호치민시 내 카페에서 밥만 얻어먹고 2년간 카페 일을 한 경험이 있는 이모 아들 꽝도 와 있었다. 이들이 모두 나와서 인사를 하는데 일을 제대로 할 것 같았다.

칸에게는 목공 땀 씨에게 가서 시멘트 일 잘하는 사람과 함께 오도록 연락하라고 했다. 그리고 탄 씨 아내에게는 칸의 지프차가 오는 대로 오빠네 두 딸, 이모 아들 꽝과 함께 카페에 필요한 물건들을 사 오라고 50만 동을 주었다. 목공 땀 씨와 시멘트 기술자가 와서 건축 재료상에 가서 물건들을 사 와 즉시 공사를 시작했다.

카페 공사는 거의 준비가 다 되었다. 카페를 운영할 사람들이 모두 친척들이니까 아무 이상 없이 잘 될 거라고 했다. 그런데 카페는 물장사인데 타오가 계속 공동 우물에서 물을 길어 올 수는 없었다. 마지막으로 땅속에서 물을 끌어 올려 탱크에 넣어 꼭지만 틀면 물이 나오게 하는 것만 남았다.

이 선교사님은 특별한 아이디어를 하나 생각해 냈다. 카페에서 일할 네 명에게 모두 산뜻하고 깨끗하게 눈에 띄는 유니폼을 입히는 것이었다. 당시 베트남 카페는 일류 호텔을 제외하고는 종업원들이 유니폼을 입지 않았다. 이 선교사님은 시골 동네이기 때문에 유니폼이 더욱 인기가 있을 거라고 생각했다. 그래서 홀에서 일할 탄 씨네 딸 타오와 오빠네 두 딸에게는 회색 원피스에 하얀 칼라의 유니폼을, 주방에서 일하는 이모 아들 꽝에게는 회색 바지와 하얀 셔츠에 주방장 모자를 사서 씌웠다.

꽝은 집에서 "자기가 커피 대접을 하겠다"라고 했다. 그는 2년 전 20세 때 가난에 굶주리는 집안에 입이나 덜게 하겠다고 나와 카페에서 월급도 없이 모진 고생을 하며 일을 하여 카페의 모든 기술을 익혔다고 했다.

하루는 꽝의 어머니가 꽝에게 찾아와 한국에서 온 분이 이모를 도와줘서 카페를 연다고 하니 자기 보고 가서 도와주라고 했다고 한다. 꽝은 옛날 통일 전에 이모가 잘 살 때 우리를 많이 도와주었다고 하면서, 안 그래도 이모가 자기를 귀여워해 주고 학교도 보내 주어 언젠가 이모네를 돕고 싶었는데 '이때다' 하고 왔다는 것이다. 좁은 건너방에서 외삼촌과 두 남동생 넷이서 함께 자지만 재미있고 행복하다고 했다.

탄 씨는 베트남 통일 전 사이공 정부군의 중령 출신이었다. 남쪽 군 출신이라 취직도 안 되어 굶기를 밥먹듯 하며 어렵게 살고 있었다. 첫날 처마 밑에 자던 이 선교사님과 함께 공안에 잡혀가던 날 저녁도 탄 씨는 굶었다고 한다. 그래서 탄 씨 아내는 언제 돌아 올지 모르는 남편을 생각하며 밤새 울었다고 하며, 이튿날 아침도 아내는 이상한 외국인을 원망하며 아이들과 아침을 굶고 있었다고 한다.

이 선교사님은 이제 탄 씨도 하나님을 열심히 믿으며 카페 일도 열심히 하라고 신신당부를 했다. 탄 씨 아내에게 성경책을 한 권 선물하면서 가족은 물론 이웃 전도에도 힘써 달라고 부탁했다. 그리고 가끔 들러 전도에 필요한 지원도 하겠다고 말했다.

드디어 1993년 5월 14일 탄 씨의 푸전 동네에 '꽝 카페'(Quang Cafe)라는 간판이 내걸렸다. 공안 소장, 동장, 동네 어른들, 목공 땀 씨 그리고 이 선교사님과 칸도 참석하여 조촐하게 개업식을 치렀다. 이 선교사님은 개업턱으로 참석자들에게 시원한 아이스 커피를 한 잔씩 사서 돌렸다. 동네 아주머니들은 이 선교사님이 탄 씨네 은인이라며 칭찬했다.

몇 달 후 이 선교사님이 카페에 들러보니 장사는 성업 중이었다. 또 몇 달 후에는 장사가 잘 되어 탄 씨는 주방장 꽝에게는 월 20달러, 오삐네 딸들에게는 15달러에 해당하는 월급을 주고 있었다. '꽝 카페'는 이 선교사님이 베트남을 떠날 때까지 장사가 잘 되어 탄 씨는 물론 친척 두 집까지 모두가 생활할 수 있는 터전이 되었다.

더욱 은혜스러운 것은 탄 씨 아내가 동네 사람들에게 월 1회 카페를 무료로 개방, 음료수를 대접하면서 동네 분들에게 복음을 전하고 있다는 사실이다. 탄 씨네가 이 선교사님이 바라는 대로 카페를 운영하고 있는 것은 참으로 은혜스러운 일이었다.

17) 김광신 목사님이 베트남 방문하다

(1) 이인호 선교사님의 미국 본 교회 방문

이인호 선교사님은 그간 급격하게 진행된 베트남의 선교 보고를 위해, 또 장모님의 병환으로 인한 문병과 아들의 대학 진학 문제 등으로 미국으로 일시 귀국하여야 했다. 일단 귀국 보고 차 전화국에 가서 국제 전화 신청을 하여 김광신 목사님과 오랜만에 어렵게 통화를 했다. 100% 도청이 될 거라는 생각에 위장 통화를 하여야 했다.

"김광신 회장님, 여기는 베트남 호치민 지사장 이인호입니다. 여기 양(신자)이 900마리나 돼서 보고 차 잠깐 들어가려고 합니다."

"오는 건 좋아. 그런데 양은 뭐고, 회장, 지사장은 또 뭐고?"

이 선교사님은 "자세한 건 들어가서 말씀드리겠습니다"라고 하고 전화를 끊었다. 게스트하우스 뚱 소장에게는 11월 한 달간은 미국에 갔다 온다고 하면서 숙소비도 한 달 치를 미리 주었다. 사역에 관해서는 후에 목사님과 뚜, 롱 집사님들에게 모든 걸 잘 부탁했다.

본 교회를 방문하여 김광신 목사님께 인사를 드렸더니 김광신 목사님은 베트남에서 무슨 문제가 있어 온 줄 알고 심히 걱정스러운 표정으로 바라보았다. 그러면서 다음과 같이 물었다.

"베트남은 지금 많이 덥지?

얼굴이 까맣게 탔네.

건강은 괜찮은가?"

이에 이 선교사님은 베트남의 첫 밤을 노숙으로 지낸 일, 탄 씨네에서 민박으로 지낸 일, 그리고 중앙정보부 게스트하우스를 숙소로 사용하게 된 경위를 보고했다. 김광신 목사님은 "그래?" 하면서 굉장히 의아한 표정으로 바라보았다.

또 서덜랜드 교수님이 소개해 준 후에 목사님을 주소도 없이 이름만 갖고 갔는데, 베트남 도착 2주일 만에 기적과도 같이 만난 이야기에 김광신 목사님은 눈이 휘둥그레지셨다. 거기다가 공산권 국가에서 별 두 개가 달린 장군 차를 후에 목사님과 함께 타고 성 경계선을 넘나들며 선교를 하고 있다는 보고에는 입을 다물지 못했다. 김광신 목사님은 다음과 같이 말했다.

"참 희한한 일이네. 세계에서 기독교 탄압은 북한이 제일 극심하고 그 다음이 베트남이라는데!"

이에 이인호 선교사님은 기독교는 미 제국주의의 종교라며 심하게 박해하는 베트남에서의 선교 열매를 보고했다. 베트남 선교 6개월 만에 가정예배 처소가 17개 처소가 개척되었고 그 처소 신자가 총 819명이며, 또 5개의 청소년 그룹이 있는데 그 그룹 원들이 86명, 도합 900여 명의 신자가 생겼다고 보고를 했다. 이에 김광신 목사님은 수석 부목사이신 안동주 목사님을 부르시더니 이 선교사님에게 다음과 같이 말했다.

"내게 한 말을 안 목사님께 다시 들려드리라꼬!"

이 선교사님이 똑같은 보고를 마치자 김광신 목사님은 "나한테 한 말과 똑같네?"라고 하셨다. 혹시 이 선교사님이 뭔가 부풀리거나 앞·뒤가 안 맞는 이야기가 있는지 확인하시지 않았나 싶기도 했다.

이에 이 선교사님은 김광신 목사님이 베트남에 한번 방문차 오시라고 요청했다. 김광신 목사님은 허락을 한 후 다음과 같이 말했다.

"거 말이야, 베트남으로 돌아가거든 성도 중에 눈동자가 말똥말똥한 사람들을 택하여 신학교를 하라꼬!"

이인호 선교사님은 베트남으로 돌아오자마자, 그해 1993년 12월부터 바로 본 교회 은혜신학교와 통신 교육으로 베트남 은혜신학교를 시작했다.

(2) 김광신 목사님의 베트남 방문

1995년 4월 5일 김광신 목사님과 김영진 사모님이 호치민의 떤선녓공항에 도착하셨다. 당시는 김광신 목사님이 구소련 선교로 눈코 뜰새없이 바쁠 때였다. 1993-1994년 두 차례에 걸친 소련의 대형 선교 대회, 1995년 상트페테르부르크의 김나지아영재학교 설립 및 개교, 기타 그 넓은 구소련의 선교지 방문 등으로 김광신 목사님은 일 년에 반은 소련 선교지에 체류할 정도였다.

공항에서 김광신 목사님 부부에게 베트남 현지인 사역자들이 꽃다발을 증정했다. 김광신 목사님 부부와 이 선교사님은 요우 중사의 장군용 별이 달린 세단차를 타고 게스트하우스로 와서 김광신 목사님을 장군용 202호실에 모셨다. 방에서 옷만 갈아입고 나오신 김광신 목사님에게 이 선교사님은 준비된 카페로 모시고 가서 뚜, 롱 집사 등 현지인 사역자들과 16명의 구역 대표들을 일일이 소개하고는 간단한 선교 보고를 했다.

보고가 끝나자 김광신 목사님은 "여기 베트남 신자를 한번 볼 수 없을까?" 하고 물으셨다. 신자들과 집회를 하시고 싶은 것이었다. 이 선교사님은 다음과 같이 대답했다.

"알겠습니다. 모두 모아서 집회할 준비를 하겠습니다."

그리고 이 선교사님은 좀 일찍 쉬시라고 김광신 목사님을 숙소로 모셔다드렸다.

이 선교사님은 다시 카페로 돌아와 현지인 사역자들, 구역 대표들과 집회에 관하여 의논했다. 그때가 이른 오후였는데 바로 다음 날 집회를 하기로 했다. 베트남 사역자들은 시내에서 많은 사람이 한꺼번에 모이는 것은 위험하다고 했다. 짧은 시간도 아니고 2-3일씩이나 큰 인원이 모인다는 것은 공안에 그대로 노출될 수밖에 없기 때문이다.

이 선교사님은 좋은 아이디어가 떠올랐다. 이번에도 재작년 청소년 집회 때처럼 붕따우 해변에서 하면 좋을 것 같았다. 해변에서는 먹고 노는 것으로 충분히 위장이 될 수 있고 또 붕따우에서는 큰 집회도 해 보았고 집회할 장비도 있다. 이번 집회를 위하여 재작년 청소년 집회를 미리 해 보았구나 하는 생각도 들었다.

이들은 다음 날의 집회 계획을 세우느라 새벽녘까지 의논에 의논을 거듭했다. 이 선교사님은 이번에도 지난번처럼 큰 붕따우 해변 A, B, C 지구 중 롱하이구에 속하는 C 지구 쪽에서 집회하기로 하고 바로 인원 동원 계획을 세웠다. 먼저 땅코아 목사님은 그 자리에서 버스 5대를 주문하라고 했다. 버스 배치는 구역별로 룽안성 1대, 빈증성 1대, 빈훅성 1대, 호치민시 외곽 1대, 호치민시 빈찬구 1대씩으로 하고, 버스는 각 구역에 새벽 4시까지 도착하도록 배차를 주문하도록 했다. 호치민시 시내와 동나이성 신자 간의 거리는 가까우므로 오토바이를 타고 오도록 했다.

각 구역 담당 사역자들은 신자 가정에 붕따우로 2박 3일간 나들이를 간다고 안내하도록 했다. 인원이 많을 경우는 선착순으로 탑승하도록 하고, 불신자도 원하면 탐승해서 함께 오도록 했다. 좋은 전도의 기회가 되기 때문이다.

각 버스마다 승차 인원이 차서 출발하면 오다가 동나이성 롱탄구에 있는 득(Duc) 전도사의 빵 공장에 6시경 들러 따뜻한 빵과 병물을 하나씩 받아서 버스 안에서 먹으면서 오라고 했다. 오토바이로 오는 사람들도 마찬가지로 들리라고 했다. 아침 시장기도 해소할 겸 시작부터 즐거운 나들이 기분을 주기 위해서였다. 오는 버스 안에서는 전도사님들이 찬양을 인도하여 은혜로운 분위기를 유도했다.

붕따우 해변에 도착하면 행사 팀원들이 마치 뜨레스디아스 팀 멤버처럼 모든 사람을 정성껏 모시도록 했다. 식사 담당인 보탄 목사님은 그동안 단골로 이용하던 덩식당에서 조리요원과 약 500명분의 식품을 구입, 9명의 도우미들과 함께 식사 준비를 하도록 했다.

산골이나 베트남의 가난한 동네 사람들은 평생을 가도 그리 멀지도 않는 붕따우 해변에 한번 못 가 보는 사람들이 많기에, 그들은 바닷가에 한 번 가 보는 것이 소원이라고 한다. 이번에 일부 지역에서 버스가 만 원이라 미처 탑승하지 못한 몇몇 사람들은 원통해하며 울면서 인솔자에 매달렸다고 보고를 했다.

이에 이 선교사님은 마침 도착한 버스 중 아직 떠나지 않은 버스 한 대를 다시 그 빈푹성에 다녀오라고 했다. 버스 운전사는 운행료는 회사로 보내 주겠지만 자기는 성 경계 검문소를 지날 때는 검문소 직원들에게 음료수 값을 주어야 한다고 한다. 필요한 추가 경비를 인솔 전도사님에게 주고는 빨리 가서 사람들을 가득 채워서 친절히 모시고 오라고 했다.

새벽에 붕따우에 도착한 이 선교사님은 다시 요우 중사의 세단차로 게스트하우스로 갔다. 7시 30분에 김광신 목사님 부부를 모시고 붕따우로 출발했다. 김광신 목사님은 차를 보고 이렇게 말했다.

"이 차가 무슨차라꼬?"

"예 목사님, 호치민시를 벗어나 성 경계선을 넘을 때는 통행증이 있어야 하는데 이 차는 중앙정보국 소속으로 투 스타 표시를 앞에 단 장군 용 차라서 검문을 안 합니다."

그러면서 이 선교사님은 김광신 목사님에게 장군 모자 2개를 드리며 머리에 맞는 것을 쓰시게 했고, 차가 검문소를 서행으로 지날 때 검문소 군경들이 '차렷, 경례!'를 하면 앞만 보며 고개만 약간 끄덕하시라고 말했다.

검문소를 지나자 요우 중사는 이 선교사님에게 김광신 목사님이 아주 타이밍 맞게 고개를 잘 끄덕하셨다고 했다. 이 선교사님이 통역을 하자, 김 사모님은 김광신 목사님이 일류 연기자 같으시다고 우스갯소리를 하셨다.

김광신 목사님은 다음과 같이 말하며 무척 감격해 했다.

"베트남에 와서 정보부의 장군용 세단차를 타고 또 거수 경례까지 받고, 참 희한한 일이네.

세상에 공산권 국가에서 이럴수가 있나?"

아마 하나님이 이인호 선교사님을 무척 사랑하시나봐!
또 이런 일은 다시는 없을 전무후무한 일일꺼야!"

롱하이 붕따우 C 지구는 이곳 공안소(경찰서) 서장의 별장이 있는 곳이라 좀 조심스러운 곳이었다. 그런데 붕따우에 사는 호아(Hoa)라는 여 전도사님이 전에 이곳 서장의 할머니를 6개월간 간병 도우미를 한 적이 있다고 한다. 그래서 별장으로 가 서장님에게 인사를 했다.

호아 전도사님을 본 서장은 반색했다. 마침 호아 전도사님을 본 할머니도 무척 반가워했다. 서장은 자기는 하노이에서 각 성의 서장 회의가 있어 오전에 출장을 가는데 할머니 때문에 참 난감했다고 한다. 그런데 마침 호아 전도사님이 왔다고 하면서 서장 부부는 할머니를 3-4일간 잘 부탁을 한다고 하고는 비행장으로 떠났다. 정말 절묘한 타이밍의 일이었다. 이제 며칠간 해변은 물론 별장과 그 앞마당까지 호아 전도사의 손에 들어온 것이나 다름없었다.

더욱 반가운 일은 미국 달라스로 이민 간 후에 목사님이 김광신 목사님이 베트남에 이인호 선교사님을 만나러 간다는 소식을 듣고 달려왔다. 김광신 목사님도 무척 기뻐하셨다(후에 목사님은 1994년 8월경, 달라스에 있는 베트남 난민 교회의 초청을 받아 미국으로 이민을 갔다. 김광신 목사님은 후에 목사님의 딸 엠을 LA 바이올라대학교의 탈봇신학교에 입학시켜 장학금을 주며 신학 공부를 하게 했다). 후에 목사님을 본 뚜, 롱 집사님도 반가워 어쩔 줄 몰라 하며 눈물을 글썽였다.

집회 참가 총 인원은 예상을 웃도는 500여 명이나 되었다. 그중 신자가 아니지만 죽어도 바다 구경을 해야 한다며 온 불신자가 102명이 있었다.

그날 점심 설교 후 결신 초청을 했을 때 102명 중 94명이 손을 들고 결신했다. 이에 김광신 목사님은 다음과 같이 말했다.

"우리 세례식을 하자꼬!"

이 선교사님은 즉시 현지 사역자들과 세례식 준비를 했다. 94명의 이름을 일일이 큰 종이에 써서 손에 들 수 있도록 했다. 김광신 목사님과 이 선교사님은 가슴까지 차는 바닷물 속에 들어가고, 예비 신자는 자기 이름을 쓴 종이를 순서대로 들고 물 속으로 들어왔다.

이 선교사님이 예비 신자를 안내하며 이름을 크게 부르면, 김광신 목사님은 이들을 일일이 물에 잠기게 하며 "내가 ○○○를 성부와 성자와 성령의 이름으로 세례를 주노라!"고 선포하며 새 신자를 탄생시켰다. 이 선교사님은 이들을 일일이 하나님의 사랑으로 포옹하며 안내를 했다. 드디어 94명의 새로운 믿음의 자녀들이 탄생했다.

김광신 목사님은 500여 명 전원에게 풍성한 식사는 물론 더운 날씨에 시원한 냉차도 충분히 준비하라고 하시면서 과일 등 간식을 먹을 때는 성도들을 일일이 둘러보시며 이 선교사님에게 다음과 같이 말했다.

"하나님의 사랑을 제대로 느끼고 가게 하라꼬!"

저녁때는 후에 목사, 뚜, 롱 집사 등과 함께 이 선교사님이 이들을 하나님의 은혜로 만난 이야기, 은혜로웠던 청소년 집회 이야기, 각 처소의 전도 이야기 등으로 시간 가는 줄 몰랐다. 호아 전도사님은 특별히 서장의 별장에 김광신 부부와 후에 목사님의 방을 준비하여 주무시게 했다.

은혜로운 2박 3일의 붕따우 집회가 끝난 후 김광신 목사님은 가정 교회 처소를 방문하기 시작했다. 이 선교사님은 후에 목사님과 함께 김광신 목사님을 각 처소로 안내했다. 하지만 어느 순간 어느 곳에 공산당의 첩자가 있는지 모를 일이라 모든 것을 조심했다.

그러나 그동안 이 선교사님은 숙소인 게스트하우스의 모든 사람에게 사랑을 베풀며 겸손히 잘 대했고, 뚱 소장 이하 모든 직원도 이 선교사님을 가족처럼 생각했다. 특히 운전사 요우 중사와 칸에게는 때로 용돈도 넉넉히 주면서 완전히 이 선교사 사람으로 만들어 놓았다. 혹시 무슨 일이 있을 것 같으면 이들이 먼저 귀띔을 해 줄 정도였다.

김광신 목사님은 일곱 처소를 기쁨으로 방문하셨다. 방문 중 어린아이들을 만나면 일일이 머리에 손을 얹고 기도를 해 주셨으며, 기도 후 "이 선교사!" 하면 즉시 큰 왕사탕을 아이들에게 주었다. 일곱 처소를 모두 방문한 김광신 목사님은 나머지 47개 예배 장소는 시간상 다음으로 미루고 떤선녓공항에서 밤 비행기로 미국으로 떠나셨다.

> 그러면 무엇이냐? 가식으로 하든 참으로 하든 무슨 방법으로 하든지 그리스도께서 전파되고 있으니, 내가 이것 때문에 기뻐한다. 또 기뻐할 것이니 (빌 1:18).

18) 산족 선교의 문이 열리다: 람동성 꺼호 산족

(1) 서덜랜드 교수의 부탁에 의해 냐짱으로

이 선교사님이 베트남에 선교사로 부임할 때 서덜랜드 교수님이 후에와 칸 목사님을 소개해 주면서 부탁한 게 하나 있었다. 칸호아성 냐짱시에 미국 CMA교단에서 설립한 신학교가 하나 있었는데 공산화 후 지금의 상태가 궁금하니 기회가 되면 가서 보고 현 상태를 좀 알려달라고 하셨다.

1993년 10월이 되었다. 숙소인 게스트하우스의 따이(Tai) 중사가 오토바이를 타고 냐짱으로 휴가를 간다고 하며 다음과 같이 말했다.

"옹 리, 냐짱 구경 안 갈래요?

요즘 1번 국도가 아스팔트로 포장되어 있고, 해변들 경치가 얼마나 좋은지 몰라요."

이 선교사님은 안그래도 냐짱에 한 번 가야 하는데 이때다 싶었다. 그런데 거리가 무려 434km나 되었지만, 정보부 요원과 함께 가면 안전할 거라는 생각이 들었다. 호치민시 시내 길이 막히는 걸 피하기 위해 이튿날 새벽 5시에 이 선교사님은 125cc 혼다 오토바이를 타고 따이 중사와 함께 출발했다.

오토바이 엔진도 식힐 겸 중간에 몇 군데서 간식을 먹으며 쉬다가 점심때쯤 카나(Cana)해변 유원지를 구경하고 판랑(Phan Rang)시에 도착했다. 왕새우 국수로 점심을 먹었다. 식사 후 화장실을 갔다 오는데 유난히 거무스름한 노인 부부가 앉아 있는데 병약한 것 같고 불쌍해 보였다. 주머니에서 돈을 꺼내니 15달러가 있었다. 노인에게 주니 노인은 마치 고양이가 먹이를 채듯 날쌔게 받고는 이 선교사님을 빤히 쳐다보았다. 따이 중사에게 이야기하니 여기는 소수 민족 지대인데 평지에는 참 족이, 산 위에는 꺼호 족이 산다고 한다.

하루 종일 오토바이로 달려 저녁 6시경 냐짱의 호텔에 도착했다. 5층짜리 3성급 호텔인데 경치 좋은 바다가 한눈에 보이는 전망이 일품인 호텔이었다. 따이 중사는 방 값이 내국인은 20달러, 외국인은 60달러라고 했다. 그러나 이 선교사님을 공무 출장이라 하고는 20달러로 방을 잡아주고 자기는 고향 집에 가야 하니 미안하지만 옹 리 혼자 자라고 한다.

이 선교사님은 호텔비도 많이 아끼게 해 준 따이 중사에게 2박만 하고 떠나겠다고 하면서 오랜만에 고향에서 휴가를 잘 보내고 가족들에게 선물이라도 좀 사서 가라고 넉넉하게 용돈도 주었다. 따이 중사는 옹 리가 주는 돈이니 사양 않고 받겠다고 하면서 연신 고맙다고 했다. 호치민에서 다시 만나기로 하고 헤어졌다.

이 선교사님은 다음날 묻고 물어서 서덜랜드 교수가 이야기한 신학교를 찾아갔다. 역시 입구는 X자로 널빤지를 못 박아 놓았다. 허물어지는 신학교와 관사 돌아가며 사진을 찍었다. 일단 숙제를 끝내 놓고 이 선교사님은 참 족의 유적지를 둘러보고, 옛 한국 군의 주월 사령부도 둘러보았다. 또 관광선을 타고 해변의 아름다운 섬들을 도는 관광도 해 보았다.

다음날 숙박비 40달러를 지불하고, 여권을 되찾아 일찍 떠났다. 내려가는 길에 검문소에서는 관광객이라고 하며 관광 사진을 보여 주든지 혹은 음료수 값 몇 푼만 주면 된다고 한다. 캄란(Cam Ranh)구를 지나니 27번 도로 표지판이 보였다. 이제부터 산길의 시작이다.

오토바이 엔진도 식힐 겸 람동성의 고갯길 카페에 들러 길을 물으니 20번 길로 들어서면 1번 국도가 나온다고 한다. 그렇게 조금 가다 보니 오른쪽에 교회 건물이 보였다. 신기해서 오토바이를 내려서 자세히 보니 역시 입구는 X자로 막혀 있었다. 미국 CMA교단이 세운 교회같았다. 교회 뒤를 돌아보는데 집에서 노인이 한 분 나오길래 얘기를 해 보니 자기는 집사이며, 이 교회의 관리인이었다고 했다.

  노인은 자기 집에서 커피라도 한잔하자며 집에 가자고 한다. 방금 마셨다고 했더니 수박이라도 좀 먹고 가라고 잡는다. 수박을 먹으며 혹시 이곳에 꺼호(Koho) 족이 사느냐고 물어보았다. 노인은 한국 분이신 것 같다고 하면서 4,000여 명의 꺼호 족이 람동 땅에 살고 있다고 하며, 이곳이 꺼호 족의 본거지라고 했다. 이 선교사님은 다음과 같이 말했다.

"그럼 추장님도 있겠네요."

"물론 있지요. 그런데 아마 모두 독감에 걸려 접근이 어려울 거에요."

  이 선교사님은 산족에 관심이 많았다. 도시에서의 선교는 공안의 눈에 뜨일 가능성이 높고 또 전도도 쉽지가 않다. 그러나 오지에 있는 산족은 좀 마음 놓고 전도를 할 수가 있고, 경제적으로도 도시보다 더 궁핍하여 전두가 좀더 쉬운 면도 있었다. 특히 산족은 마을 단위로 대량 전도가 가능하다. 후에 목사님도 동감이었다. 이 선교사님은 그 집사님에게 말했다.

"저는 리라고 합니다. 집사님의 성함은요?"

"저는 냐(Nha)라고 합니다. 공안에 매도 많이 맞았고, 예수에 미친 놈이라고 욕도 많이 먹었는데 여태껏 살고 있으니 감사한 일이지요."

"집사님 저는 지금 냐짱에서 오는 길이고, 저녁때까지는 호치민에 가야 합니다. 한 달 후에 다시 와서 얘기를 나누도록 하겠습니다."

"예, 오토바이 타고 조심해서 잘 가십시오."

(2) 뜻밖에 꺼호 산족의 추장을 만나다

냐짱에 갔다 오다 만난 람동성의 냐 집사님을 만난 지도 어언 두 달이 지나고 있었다. 냐 집사는 교회의 입구에 X자로 못질이 되어 있지만, 하나님의 교회이기에 자기는 아직도 여전히 교회 관리인이라고 당당하게 이야기하던 모습이 이 선교사님의 눈에 선했다. 냐 집사님이 꺼호 산족과 교류가 있는지도 궁금했다.

11월 말경 아침 일찍 6시 버스로 람동성으로 향했다. 휘놈 삼거리에서 마을버스로 갈아타고 냐 집사님 댁에 도착했다. 냐 집사님은 아들이 셋이 있고 큰아들은 결혼 예식장을 운영한다고 한다. 이런저런 얘기 끝에 꺼호 산족 얘기를 하는데 큰아들이 이제 산족 마을에 독감이 다 지나갔다고 말했다. 이 선교사님이 산족을 만나고 싶다고 하니, 냐 집사와 꺼호 말을 아는 큰아들과 함께 가 보자고 한다.

큰아들이 오토바이로 앞장서고 이 선교사님과 냐 집사님도 오토바이를 타고 뒤따랐다. 우선 외지인이 방문할 때의 관례대로 추장 집을 먼저 가 보기로 했다. 추장 집이 오토바이가 마지막까지 올라가기가 힘든 언덕배기에 있어 오토바이를 길옆에 세워 두고 걸어서 올라갔다.

집 가까이에 가서 이리저리 살피고 있는데 웬 부인이 맨발로 뛰어나오더니 이 선교사님의 손을 덥석 잡고는 무어라고 말했다. 그런데 산족 말이라 얼른 알아들을 수가 없었다. 이 선교사님도 움찔 놀랐다. 이어서 집안에서 까무잡잡한 노인이 나오더니 이 선교사 보고 "씬짜오, 씬짜오"(안녕, 안녕)라고 했다.

옆에 서 있던 냐 집사와 아들도 놀랐다. 순간 이 선교사님은 얼른 알아차렸다. 이 노인 부부가 이 선교사님이 따이 중사와 오토바이를 타고 냐짱으로 올라갈 때 판랑시 식당에서 화장실에 갔다 오다 만났던 병약하고 불쌍하게 보였던 노인 부부였다는 것을.

이 노인이 바로 꺼호 족의 추장이었다. 어느새 동네 사람들이 나와 둘러서서 보고 있었다. 냐 집사님의 큰아들이 다음과 같이 통역을 해 주었다.

"우리의 병을 고쳐 준 생명의 은인이 오셨다. 너무나 기쁘다. 이분은 우리를 도와준 하늘의 사람이다."

냐 집사와 아들은 도대체 무슨 일이 있었던 것인지 궁금해 했다. 이 선교사님은 냐짱에 올라가다가 판랑시 식당 옆에서 추장 부부를 만났는데 병약하고 가련해 보여 15달러를 준 것밖에는 없다고 했다. 이 선교사님은 추장의 집 앞으로 안내되어 의자에 앉았다. 수박을 가져오고, 도마를 가져오고 법석이었다.

냐 집사의 아들이 추장과 얘기를 해 보더니 다음과 같이 이야기했다. 당시 추장 마을의 거의 모든 사람이 독감에 걸려 몹시 고생을 하고 있었다고 한다. 추장은 이 선교사님이 준 돈으로 몽땅 감기약을 사 가지고 마을로 가서 나누어 먹었는데, 감기에 걸린 마을 사람들이 모두 쾌차하게 되었다고 한다. 추장 부인은 자기 딸과 사위를 포함해 동네 사람 130여 명이 그 약으로 감기가 나았다고 한다. 그러니 마을의 책임자인 추장으로서 얼마나 기쁘고 좋은 일이었느냐고 한다.

추장 마을 사람들은 모두 자기들의 은인이 어떤 사람인지 요란하게 서로 수근거리며 구경을 한다. 일행이 구경꾼과 서로 눈이 마주치면 말없이 미소를 짓는다.

냐 집사님의 말을 아들이 추장에게 통역했다. 이분은 한국 사람으로서 예수를 믿는 높은 분인데 이곳 베트남에서 예수를 믿는 사람들을 찾고 또 어려운 사람을 돕는 일을 한다고 했다. 그랬더니 추장은 하늘의 사람인 이분이 믿는 예수라면 오늘부터 우리도 믿겠다고 하며 각 지역 장들을 불러 오라고 한다. 추장의 아들은 이 동증구에는 10,000여 명의 사람이 사는데 꺼호 족이 4,000명이라고 하며 9개의 구역으로 나누어져 있다고 한다. 이 선교사님은 모인 사람들에게 예수 그리스도의 복음을 증거했다.

벌써 시간은 4시 반이 되었다. 추장 집 앞에 모인 사람이 100여 명이다. 이 선교사님은 냐 집사님 큰아들을 통해 자기가 대접을 좀 하고 싶다는 말을 전하고 아주 좋은 날이니 명절 식으로 하자고 했다.

추장의 아들은 냐 집사님 아들 끙에게 예수 믿을 사람 명단도 작성할 겸 각 구역에 기별이 가면 700명 정도는 모일 것이라고 했다. 추장 부인은 아들과 의논하더니 3년짜리 큰 돼지 한 마리를 잡아 양파, 감자, 당근 등 채소를 듬뿍 넣은 카레 국을 끓이는 것이 좋겠다고 한다. 이 선교사님은 즉시 저녁 준비를 하자고 하며 필요한 돈을 주었다.

추장 아들이 꺼호 족 말로 뭐라고 지시를 하니 구경하던 사람들이 일제히 움직이며 나간다. 조금 있으니 큰 솥을 두 개 가져오는데 보니 드럼통을 반으로 자른 것이었다. 또 한쪽에서는 '꽤액~꽥' 하며 돼지 잡는 소리가 요란했다. 모두가 아주 조직적으로 움직이며 저녁 잔치 준비를 하고 있었다.

8시경 저녁 식사를 하는데 이 선교사님, 냐 집사님, 큰아들은 추장 가족 식탁에서 흰쌀밥과 돼지고기 카레 국으로 식사를 했다. 밖의 배식 광경을 보니 각자 자기들의 그릇과 수저를 갖고 와서 식사를 받았다. 밤 10시가 되어도 계속 모이고 배식을 받아서 먹고 있었다.

이 선교사님은 추장에게 인사를 하고 냐 집사님 댁으로 와서 잤다. 이튿날 새벽 산동네 새들의 짹짹거리는 요란한 지저귐에 잠을 깼다. 아침에 보니, 냐 집사님 가족은 아들 손자 등 7명이다. 모두 마을로 내려가 쌀국수(Pho)로 아침 식사를 하고 카페로 모였다. 냐 집사님은 다음과 같이 말했다.

"이제 우리 베트남인 예수 믿는 사람들도 활동하고자 합니다. 옹 리 덕분에 우리도 용기를 얻었습니다."

이 선교사님은 다음과 같이 화답했다.

"냐 집사님, 그리 하십시오. 우선 성도님들을 조직하고 준비하십시오. 지도 끼호 산족 사람들과 함께 도와드리겠습니다."

이 선교사님은 냐 집사님과 의논 후, 큰아들과 함께 다시 꺼호 추장댁을 방문했다. 벌써 많은 사람이 추장집에 모여 있었다. 모두 아침 식사 전인 것 같았다. 이 선교사님은 베트남에 온 이튿날 유치장에서 맛있게 먹던 빵 생각이 났다. 통역하는 큰아들에게 추장 아들과 함께 넉넉하게 식빵 150개를 사 오라고 하고 커피는 집에서 끓이자고 했다.

곧 배달하는 사람과 함께 빵이 수북한 바구니 두 개가 왔다. 두 빵집에서 아침 개시라고 10개씩 더 줘서 170개를 가지고 왔다. 벌써 모인 사람들이 130명이나 되었다. 한 개씩 나누어 주고 나머지 빵 40개는 계속 오는 사람들에게 나누어 주었다.

커피를 마시며 추장과 담소를 하는데 각 구역에서 예수 믿겠다고 하는 명단이 계속 도착하고 있다. 이 선교사님이 언뜻 보기에 추장의 집은 그렇게 좋지도 않고, 오히려 좀 허술해 보이기도 했지만, 추장은 권위가 있었다. 추장에 대한 꺼호 산족의 순종과 충성심은 대단했다.

추장 아들은 각 구역에서 온 예수 믿기로 한 명단의 인원수가 1,400여 명이 된다고 하며, 아직 두 구역에서 명단이 도착하지 않았다고 했다. 이 선교사님과 나 집사님은 침묵 속에서도 서로 놀라고 기쁨으로 충만했다. 나중에 나머지 두 마을에서 300명의 명단이 왔다. 총 1,700여 명의 새로운 신자가 탄생하게 되었다.

꺼호 산족 마을이 통째로 복음화되는 날이었다. 이는 분명 성령의 역사하심이었다. 그러나 이인호 선교사님의 베트남 사람들에 대한 사랑과, 또 그들에게 베풀고 섬기는 선교가 빛을 발한 것이라고 할 수 있다. 구름은 바람이 있어야 움직이고, 사람은 사랑이 있어야 움직인다는 것을 실감하는 선교였다.

"하나님, 감사합니다. 이 모든 영광 하나님께 올려드립니다."

이 선교사님의 입에서 감사에 감사가 저절로 나왔다.

19) 피를 빠는 거머리 떼, 죽을 뻔한 산 속에서의 오토바이 사고

(1) 피를 빠는 거머리 떼

1996년 5월, 3년 동안 생활하던 호치민시 정보부 관할 게스트하우스를 나와야만 했다. 아파트를 하나 세를 얻어 아내와 함께 생활하면서 본격적인 오토바이 선교를 하기 시작했다.

1998년 경이었다. 이 선교사님은 동나이성 빈꾸구의 번안 마을 처소 초청으로 찐 코아 전도사님과 같이 가서 27명의 성도와 함께 예배를 열심히 드리고 있었다. 찬송가 소리가 커서 이웃의 밀고가 있었던지 갑자기 공안 네 명이 들이닥쳤다. 모든 성도는 혼비백산하여 각자 흩어져 피하느라 난리가 났다.

이 선교사님은 찐 전도사가 "옹 리, 빨리 이리로 오세요!"라는 말에 함께 뛰다가 폭이 3미터가량 되는 샛강으로 뛰어들었다. 마침 샛강의 물이 허리 정도로 차서 건너갔다. 샛강 건너에는 갈대가 우거진 넓은 늪지대가 있었다. 숨기는 안성맞춤이었다.

찐 전도사님과 함께 갈대를 잡고 서로 부축하며 늪을 건너기 시작했다. 늪은 무릎까지 차다가도 어깨가 잠길 정도의 깊이가 있어 갈대를 잡고 서로 조심해서 건너갔다. 연잎과 언 줄기에 몸이 갉겨 애를 먹기도 했다. 한참을 건너가는데 저 멀리서 희미한 불빛이 신기루처럼 오락가락 보였다 안 보였다 했다. 자세히 보니 바람에 흔들리는 갈대에 불이 보였다 안 보였다 하는 것 같았다.

늪에서 빠져나오니 밤 7시가 되었다. 불빛을 보고 한참을 가니 작은 구멍가게의 희미한 전등 밑에 노인 한 사람이 앉아 있다. 목이 말라 물을 한 병씩 사서 마시고 있는데 갑자기 노인이 '거머리'라고 소리친다. 그러더니 두 사람을 잡아끌고 집안의 우물가로 간다. 빨리 겉옷을 벗고 세수를 하고 몸의 진흙을 씻으라고 한다.

겉옷을 벗은 찐 전도사의 등을 보니 꿈틀거리는 거머리가 수도 없이 붙어있다. 노인의 아들까지 나와서 두 사람의 몸에 물을 끼얹으며 진흙을 씻어냈다. 팬티까지 벗으라기에 알몸으로 씻고는 가게 옆방으로 들어갔다.

이 거머리 머리는 너무도 흡착력이 강해 그냥 힘으로 잡아서 떼면 살점까지 떨어져 나와 피부가 곰보가 된다고 했다. 노인과 아들은 촛대 두 개에 초를 새로 갈아 끼우고는 불을 붙였다. 쇠 젓가락을 가져와 촛불에 달구더니 한 손으로 거머리 꽁지를 잡고 쇠 젓가락을 거머리에 갔다 대니 거머리가 떨어져 나왔다. 그렇게 하여 온몸의 거머리 수십 마리를 떼어내고, 사타구니와 항문까지 검사를 하며 떼어냈다.

다시 우물로 가 비누로 몸을 씻고 와서 드러누웠다. 마침 여러 겹으로 싼 짚락(Ziploc) 속의 여권과 돈 80달러는 젖지 않고 그대로 있었다.

아침에 일어나니 두 사람의 옷을 깨끗이 빨아 말려 놓아 잘 입을 수가 있었다. 옷을 입고 노인의 가게 의자에 앉아 있으니 따뜻한 빵 세 개와 커피 석 잔이 쟁반에 바쳐 나왔다. 시장하던 차에 너무도 반갑고 고마웠다. 노인께 거머리를 잘 떼 주고 이렇게 환대를 해 주어 고맙다고 거듭 인사를 했다.

노인은 '호찌안 호수'의 늪지대에 살다 보니 거머리 떼는 흔히 만난다고 했다. 이 선교사님은 고마움에 50달러를 드렸다. 노인은 아들을 부르더니 다음과 같이 말했다.

"아, 이분들이 백만 동이나 되는 돈을 달러로 주시네!"

노인의 아들은 다음과 같이 말했다.

"이러시면 저희가 부끄럽습니다."

옷까지 씻어 말려 주는 감격할 만한 도움에 오히려 이 선교사님이 고맙다고 거듭 인사를 했다.

노인은 아들에게 이분들을 오토바이로 호치민시 가는 버스 정류장까지 모셔다드리고, 버스 타고 가시는 것까지 보고 오라고 했다. 참으로 인자한 노인이었다. 오토바이가 준비되어 나오는데 온 식구가 나와서 인사를 했다. 10살 정도의 손녀딸까지 나오길래 이 선교사님은 10달러를 더 쥐여주며 예쁜 옷 사 입으라 하고는 떠나왔다.

이 고맙고 인자한 노인을 위하여 이 선교사님은 후에 노인의 그 아들을 베트남에 진출한 한국 기업에 취직을 시켜 줬다. 그 한국 기업은 아들이 말없이 묵묵하게 일을 잘한다고 칭찬을 많이 했다고 한다.

한번은 비가 많이 오는 날 이 선교사님은 람동성의 냐 목사 댁에서 예배를 인도하고 있었다. 한참 예배를 드리고 있는데 마을 인민위원장이 공안을 데리고 급습했다. 냐 목사님이 자기는 괜찮으니 이 선교사 보고 뒷방의 밧줄을 타고 아래로 내려가면 1미터 정도만 뛰어내리면 뒷문으로 빠져나갈 수가 있다고 했다. 그래서 겨우 밖으로 빠져나왔는데 비는 오고 오토바이도 못 가지고 나왔다. 마을의 어느 처마가 긴 집에서 몸이 흠뻑 젖은 채 비를 피하고 서 있었다.

그런데 어떤 부인이 나오더니 이 선교사님을 보고 웃으며 바로 옆집으로 들어갔다. 이 선교사님이 순간 이상한 생각이 들어 조금 후에 그 집으로 들어갔다. 부인은 왜 비를 맞고 그렇게 서 있었느냐고 하면서 안으로 들어오라고 했다. 부인이 외국 사람이냐고 물어서 이 선교사님은 자신이 한국 사람이라고 했더니 그 부인은 반색을 하면서 자기는 한국 사람을 아주 좋아한다고 했다. 지금 동네가 난리인데, 이 부인은 아마도 이 선교사님 때문인 줄 아는 것 같았다. 그러더니 마른 겉옷을 하나 주며 이 선교사님의 젖은 겉옷을 간단히 씻어 말려 주었다.

두어 시간을 이런저런 이야기를 하는데 들어 보니 이 부인은 통일 전 한국군의 PX에서 일했다고 한다. 그 PX 담당 한국 군 김 소위라는 사람과 사랑에 빠져 결혼을 할 뻔 했는데 김 소위 부모의 반대가 심하여 결혼을 못 했다고 한다. 통일 후 지금의 남편과 결혼했는데 남편이 바로 마을의 인민위원장이라고 했다.

참으로 묘한 순간이었다. 조금 후 고등학교에 다니는 아들이 들어오더니 무슨 일인지 동네 입구에 공안과 민병들이 지키며 검문을 하고 있다고 했다. 시간이 좀 늦었다. 부인은 이 선교사님의 오른팔을 붕대로 칭칭 감더니 판초 우의를 이 선교사님에게 머리부터 입혔다. 그리고 아들에게 이 선교사님을 태우고 마을을 빠져나가 버스 정류장까지 모셔다드리라고 했다.

이 선교사님이 아들의 오토바이 뒤에 타고 머리를 숙인 채 오른팔을 일부러 밖으로 내밀고 비오는 마을을 빠져나가는데 마을 검문소 공안들이 인민위원장의 아들이 웃으며 손을 흔드니 그대로 통과시켜 주었다.

참으로 인연은 묘했다. 나중에 이 부인의 여동생은 전도사가 되었고, 이 선교사님은 이 전도사님과 함께 인민위원장의 집을 방문하기도 했다. 전도사님은 위원장인 자기 형부에게 이 선교사님을 잘 아는 한국인으로 소개했다. 그랬더니 위원장은 어느 비오는 날 한국인 기독교인을 잡으려다 놓친 이야기를 이 선교사님에게 하기도 했다.

(2) 죽을 뻔한 산속에서의 오토바이 사고

이 선교사님이 산족 선교를 마치고 후미진 산길을 오토바이를 타고 가는데 커브를 도는 순간 맞은 편에서 커다란 트럭이 먼지 바람을 일으키며 획 하고 지나갔다. 순간 트럭이 일으킨 바람에 오토바이가 휘청하더니 그만 계곡으로 굴러떨어지고 말았다.

이 선교사님이 눈을 떠보니 어디서 나는 피인지 반팔 와이셔츠가 피로 흥건히 젖어 있다. 입 속에는 이빨 두 개가 빠져 혀 위에서 놀고 있고 아랫니 두 개도 흔들거리며 빠지려고 했다. 팔이 욱신거려 팔꿈치를 겨우 들어보니 아래 팔목이 찢어져 뼈가 하얗게 보이고 있다. 양쪽 아래 팔목이 똑같이 뼈가 보여 만져보니 하얗고 딱딱한 게 뼈임이 틀림없었다. 그러나 뼈가 부러지지는 않은 것 같다. 다행이도 헬멧을 쓴 채 그대로 있었다. 헬멧이 없었더라면 머리가 깨져 죽었을 거라는 생각이 들었다.

이 선교사님은 정신이 몽롱해 한동안 누워 있기만 했다. 오토바이는 나무 위에 걸려 있고 이 선교사님은 길에서 30미터 정도 아래의 바위 사이에 떨어져 있었다. 오후 4시인데 해는 산 위에 걸려 곧 넘어가려 하고 있다. 어둠이 깔리면 큰일이다 싶어 오토바이 지나가는 소리에 딴에는 큰 소리로 살려달라고 고함을 쳤지만 오토바이 소리에 고함 소리가 들리지를 않는 것 같았다. 이 선교사님은 기도를 하고 있었다.

'하나님 또 좀 도와주셔야지요!'

그때 산길에서 남녀 두 사람이 내려오고 있는 것이 보였다. 5미터 앞쯤 걸려 있는 오토바이에 가까이 왔을 때 "살려주시오!"라고 고함을 쳤다. 보이지 않은 바위틈에서 나는 고함 소리에 두 사람은 움찟 놀라더니 가까이다가왔다. 그들이 도와주어 겨우 언덕으로 올라왔는데 오토바이는 두 사람의 힘으로도 끌어올릴 수가 없었다. 마침 또 다른 오토바이에 두 사람이 타고 지나가길래 도와달라고 하여 겨우 오토바이도 끌어 올렸다. 나중의 두 사람은 오토바이를 끌어 올려 놓고는 가버렸다.

남자가 이 선교사의 오토바이 시동을 거니 마침 걸렸다. 남자가 이 선교사님을 태우고, 여자는 바나나를 실은 자기 오토바이를 타고 큰길의 동네까지 나와 약국에 들렀다. 약사가 얼른 웃옷을 벗기고는 아들과 함께 우물로 가서 목욕 겸 어깨와 온 몸의 피를 닦아내 주었다. 약국에서 뼈가 보이는 양쪽 팔에 소독을 한 후 붕대로 칭칭 감아 응급 처치를 했다. 그다음은 퉁퉁 부은 입술과 긁힌 얼굴에 약을 발라 주었다. 고맙게도 약사 아들과 부인이 피묻은 오토바이를 세차까지 해 주었다.

밤이 늦어 약국 안의 응급실 같은 곳에서 온 몸이 쑤시는 상태로 누워 있다 잠깐 잠이 들었다. 아침에 일어나 쌀국수와 커피를 주문하여 먹었는데, 앞니가 네 개나 빠지고 아파서 어금니로 조심스레 조금씩 씹어 삼켰다.

바나나 장수 부부가 걱정이 되어 찾아 왔다. 이 선교사님은 어제 어떻게 자신이 계곡으로 굴러 떨어진 걸 알고 구해 주었느냐고 물어 보았다. 부부는 바나나를 따서 싣고 집으로 가는데 계곡 아래쪽에서 무엇이 번쩍거리는데 꼭 황금 덩어리가 번쩍이는 것 같았다고 한다. 그래서 오토바이를 세우고 내려가 보니 이 선교사님의 오토바이의 백미러가 지는 햇빛에 반사되어 반짝거렸다고 한다. 그 순간 보이지 않는 곳에서 이 선교사님의 살려달라는 고함 소리에 놀랐다고 한다.

보소서, 하나님은 나의 구원이시니, 내가 의지하고 두려워하지 않습니다. 주 여호와는 나의 힘이시요, 나의 노래이시며 나의 구원이십니다(사 12:2).

몇 달 후 치료를 마친 이 선교사님은 다시 그 바나나 장수 마을로 찾아가 그 부부와 주변 사람들에게 복음을 전하고 예수 그리스도를 구세주로 믿게 했다. 이 선교사님은 생명의 은인과도 같은 가난한 바나나 장수 부부가 자립할 수 있도록 힘써 도우며 하나님의 사랑을 베풀어 열심히 믿음 생활을 하게 했다.

결국 바나나 장수 부부 집에 예배 처소가 세워지고 동나이성에서 전도사가 파송되었다. 이 선교사님의 죽을 뻔한 오토바이 사고로 한 마을이 복음화가 되는 길이 열리게 된 것이다. 하나님의 선교는 이렇게 힘들고도 오묘하게 전개되어 가고 있었다.

20) 선교비를 기다리며

1996년 5월, 이인호·이수복 선교사 부부가 아파트로 처음 이사를 나왔을 때 아파트의 월세는 한달에 120달러였다. 양변기 시설이 되어 있었고, 냉장고와 에어컨은 입주자가 사서 설치하여야 했다. 그러나 입주 때까지 부엌 시설이 아직 공사가 덜되어 있었다. 어쩔 수 없이 식사 해결을 위해 주변의 단골 식당을 물색하여야 했다. 그런데 모두 마땅치가 않았다.

아침에 약간 후진 골목을 지나는데 오른쪽으로 오토바이 두 대가 서 있고 안쪽은 식당 같은데 좀 어두컴컴해 보였다. 들어가 보니 몇 사람의 손님이 있었다. 자세히 보니 한 지붕 아래 서쪽 편은 국숫집이고, 동쪽 편은 밥집이 있고, 더 안쪽으로는 커피와 음료수를 파는 카페가 있었다. 주인이 다른 세 집이 각각 다른 장사를 하고 있었다. 이 선교사님이 찾는 곳은 국숫집이었다. 이 선교사님은 워낙 베트남 국수를 좋아했다. 이 국숫집 이름은 '바우깟'이었다.

이 선교사님이 국숫집에 앉아 퍼찐(삶은 고기)을 시켜 먹고 있는데 간밤에 야근을 한 듯한 공안 다섯 명이 같은 국숫집으로 들어와 앉더니 모두 껌승(양념한 돼지고기)을 시켰다. 이 집 음식 맛이 괜찮은 것 같았다.

이 선교사님은 식사하다가 보니 공안 중에는 북베트남 말을 쓰는 사람이 있었다. 통일 후 남베트남의 주요 공직, 특히 정보 수사 계통은 거의 북쪽 사람들이 내려와 요직을 차지하고 있었다. 이 선교사님은 밥을 먹다 북쪽 말을 하는 공안과 눈이 마주쳐 목을 끄덕하며 눈인사를 하니 공안도 꺼떡하며 인사를 받았다.

안쪽의 카페 집 아주머니가 와서 이 선교사님 부부가 거의 다 먹은 것을 보더니 커피를 하겠느냐고 물었다. 미리 주문을 받아 준비를 해 놓기 위해서, 또 자기 장사를 위해서 묻는 것이다. 한 지붕 밑에 세 집이 있으니 편리하고 또 빨라서 좋았다. 이 선교사님은 카페 쓰어다와 카페 댕을 주문했다.

식사 후 공안들 음식값까지 모두 계산하고 카페로 가서 커피를 마시고 있었다. 식사를 마치고 일어서는 공안들에게 국숫집 아주머니가 음식값을 저쪽 분이 계산했다고 하니 모두 쳐다보았다. 북쪽 말을 하며 눈인사를 하던 공안이 커피를 하자며 모두 카페로 밀고 들어왔다. 이 선교사님이 카페

값도 모두 지불하고 나오는데 눈인사를 하던 공안이 따라 나오더니 이 근처에 사시느냐고 물었다. 건너편 아파트 308호로 4일 전에 이사를 왔다고 하니 환영하며 고맙다고 인사를 했다.

다음날 아침도 어제 먹었던 바우깟식당으로 갔다. 식당은 어수룩한데 아주머니의 음식 솜씨는 대단했다. 식사 후 카페로 갔는데 커피 향과 맛도 좋지만, 이 집은 주인 아주머니의 친절도 보통이 아니다. 이 선교사님은 이 식당과 카페를 단골로 삼아 7-8명, 때론 10-20여 명의 목사, 전도사들이나 성도들과 만나 식사를 대접하고, 카페에서 선교 관련 회의 겸 이야기도 하곤 했다.

이 식당과 카페는 두 달 전에 개업해서 힘겹게 버티고 있었는데 한국인이 손님을 많이 데리고 와 이제는 장사가 잘 되고 있다며 희색이 만면했다. 게다가 한국인 손님이 꼬박꼬박 현찰로 대금을 지불하며 친절하고 인정이 많은 좋은 분이라고 자기들끼리 칭찬이 자자하다고 전도사님들이 이 선교사님에게 말해 주었다.

이렇게 이 선교사님은 이 바우깟식당과 카페를 몇 년간 단골로 이용했다. 10명이든 20명이든, 점심이든 저녁이든, 먹을 때나 일이 있을 때는 무조건 여기로 왔다. 어떤 때는 다른 손님들도 많이 와 있어 기다리기도 했다.

그런데 한 번은 은행에 갔더니 선교비가 올 때가 되었는데도 아직 계좌에 입금이 안 되어 있었다. '며칠 있으면 오겠지, 무슨 착오가 있겠지' 하며 기다리다 10일 후 다시 갔더니 또 입금이 안 되어 있었다. 신한은행 과장이 미국 지점에까지 알아보았으나 교회에서 입금이 없다고 했다.

여태껏 이런 일이 없었는데 참으로 난감했다. 내일부터 각 성에서 지도자들 40여 명이 오는데, 이건 몇 달 전부터 계획된 일이라 이제 와서 취소하거나 미룰 수도 없는 일인데. 이 선교사 주머니엔 밥값은커녕 이제 자기 오토바이 가스비도 위태로웠다. 이마에선 진땀이 흘렀다. 믿을 수 없는 일이 벌어진 것이다. 눈물이 나려고 했다.

'주여, 당신뿐입니다. 도와주세요!'

> 우리가 환난을 당하는 것도 너희의 위로와 구원을 위한 것이며, 위로를 받는 것도 너희의 위로를 위한 것이니, 이 위로의 힘으로 우리가 당하는 고난과 똑같은 고난을 너희가 당할 때에 너희도 견디게 된다(고후 1:6).

지도자들이 내일 오는데 이제 다른 방법이 없었다. 바우깟식당과 카페에 가서 외상을 사정해 보는 수밖에 없었다. 몇 년을 하루같이 단골로 이용했는데, 이제 와서 체면이나 부끄러움을 생각하는 것은 교만이란 생각이 들었다. 당장 내일이 문제였다. 어쩌면 가능할 것도 같은 생각이 들었다.

이 선교사님은 은행에서 오는 길로 바로 바우깟식당으로 갔다. 두 식당과 카페 세 아주머니에게 부탁했다.

"미국과 베트남 은행 간 갑자기 송금 관계 문제가 생겨 돈이 입금이 안 되고 있어요.

내일부터 손님이 많이 오는데 은행에 돈이 올 때까지 외상을 좀 줄 수 있어요?"

세 아주머니는 즉시 좋다며 괜찮다고 했다.

"그런데 아주머니, 내일 아침은 10명, 점심은 40명, 저녁도 40명 정도가 됩니다.

이렇게 많은 사람 식사와 커피를 준비해 주실 수 있겠어요?"

세 아주머니는 모든 식사와 커피 재료를 준비해 놓을 테니 걱정을 말라고 했다. 이 선교사님은 안심이 되었다.

'하나님 이 위기를 넘기게 해 주셔서 감사합니다.'

기도가 저절로 나왔다. 몇 년 동안 이 식당과 카페를 단골로 올인한 덕분이었다. 출장 오는 지도자들에게 관례대로 주어 오던 오토바이 가스비는 다음번에 함께 준다고 하면 될 것이었다.

선교비가 은행에 송금이 안 된 지도 한 달이 넘고 두 달이 가까워 왔다. 목사님과 전도사님 지원비도 못 주고 있고, 아파트 월세, 전기 수도비, 주차비 등도 지불을 못 하고 있었다. 이제는 이 선교사님의 오토바이 가스비도 없었다. 하루는 공안이 집으로 찾아 왔다.

"옹 리, 무슨 일이 있어요?"

"동네 사람들이 외국 사람이 여기저기 빚투성인데, 언제 야반도주하는 건 아닌지 수군거려요."

"소장님, 사실입니다. 미국과 베트남 은행 간 송금 관계 문제가 생겨 지금 돈을 못 받고 있어요. 그래서 우선 외상으로 좀 지내고 있습니다. 그동안 가끔 지원해 드리던 공안 야식비도 못 드려 죄송합니다."

이에 공안 소장은 "냉장고가 참 크고 좋네요!"라고 하더니 냉장고 문을 열어 본다. 냉장고 속에는 정말로 늑암(베트남 생선 간장) 한 병밖에는 없었고, 과일 한 조각도 없었다. 공안 소장은 혹시 이 선교사님이 돈이 있고,

먹을 것도 있으면서 일부러 외상을 하는 건 아닌지 확인하는 것 같았다. 이에 공안 소장은 다음과 같이 말했다.

"그렇지요, 우리 베트남은 가끔 외국 은행 간 송금 관계 문제가 있는 것 같아요!"

다음 날 국숫집 아들과 딸이 아파트로 찾아왔다. 공안 소장이 동네 사람들에게 옹 리 씨는 정말로 은행 간 송금 문제가 있는 것 같다고 하면서 나쁜 사람은 아니니 좀 기다리라며, 험담하지 말라고 입막음했다고 한다. 소장은 동네 사람들이 수군거려 자기가 옹 리 씨 아파트에 올라가 보았는데, 냉장고가 좋아 문을 열어 보니 늑암 한 병만 있고, 새우 한 마리 없더라고 이야기했다고 한다.

미국 사람이 그동안 공안이나 여러 사람 수고한다고 밥값도 잘 내주고, 동네 어려운 일에 기부금도 잘 내고 했으니 좀 기다리라고 했다고 한다. 그리고 미국 사람이 냉장고에 먹을 게 아무것도 없으니 자기 엄마 보고는 외상으로 밥이나 국수를 좀 주라고 했다고 한다.

어머니는 소장에게 이미 외상을 주고 있다고 말하면서 자기들 더러 다시 한번 옹 리 씨 아파트로 가 보라고 해서 왔다고 했다. 이 선교사님은 그들에게 다음과 같이 말했다.

"나는 그동안 네 어머님이 외상을 잘 주어 먹고 있으니 고맙다고 전해라. 그리고 이왕 왔으니 내 오토바이 가스값이나 좀 빌려주고 가거라."

이 선교사님은 국숫집 아들에게 참으로 하기 힘든 어려운 말을 눈물을 머금고 했다. 그런데 아들은 고맙게도 군소리 없이 선뜻 가스비로 20만 동(10달러)을 빌려주었다.

선교비가 안 온 지도 2개월 하고도 2주일이 지났다. 그동안도 계속 국숫집과 카페에서 이인호 선교사 부부는 물론 찾아오는 목사, 전도사들도 모두 이 선교사님의 외상 장부에 적고는 그냥 먹었다. 외상은 눈덩이처럼 불어만 갔다. 카페 아주머니 눈치가 커피 재료 살 돈이 궁하여 어디서 돈을 빌려 재료를 사 오는 것 같았다.

며칠이 지난 아침, 오토바이 물결이 어느 정도 지나간 9시경 신한은행으로 갔다. 반갑게도 한 달치 선교비가 도착해 있었다. 2개월 17일 만이다.

할렐루야! 이 선교사님은 정말 힘든, 고난의 두 달 반을 겪었다. 은행에서 바로 국숫집과 밥집과 카페로 가서 장부를 확인하면서 외상을 몽땅 다 갚았다. 밀린 아파트 월세, 전기 수도세도 모두 지불했다. 그리고 목사, 전도사들의 밀린 지원비도 모두 지불해 주었다. 특히 식당과 카페 아주머니에게는 그동안 외상을 주느라 재료 구입에 애썼다고 더욱 고마움을 표시했다.

나중에 국숫집 주인 아주머니는 그때 목돈을 줄 수 있어 좋았고, 옹 리 씨 덕분에 장사가 잘 되어 아들 공부까지 시키게 되었다고 하며 오히려 고마워 했다(국숫집 아주머니와 딸은 지금 미국 캘리포니아 산호세에서 살고 있다. 딸이 미국으로 시집을 와 어머니를 초청하여 함께 살고 있다).

> 나의 힘이 되신 여호와시여, 내가 주님을 사랑합니다. 여호와는 나의 반석이시고 나의 산성이시며 나의 구원자이시고 내 하나님은 내가 피할 나의 바위이시며 나의 방패이시고 나의 구원의 뿔이시며 나의 피난처이시다 (시 18:1-2).

4. 선교 후반기

1) 음력 설에 김광신 목사님이 방문하다

2015년 음력 12월 27일에 팩스가 한 장 날아 왔다. 바로 다음 날인 28일에 김광신 목사님과 김영진 사모님 그리고 중국에서 선교 사역을 하는 이계석 선교사 부부가 함께 온다는 것이다.

베트남은 한국처럼 모든 풍습이 유교적이라 음력 설과 추석은 민족 대이동 기간이다. 급히 시내 호텔로 가서 방 두개를 예약하고 왔다. 집에 오니 팩스가 또 한 장 와 있었다.

그 내용은 30일 이계석 선교사님 부부와 모두 하노이로 가니 비행기표 6장을 준비해 놓으라는 것이었다. 큰일났다. 설에는 시골로 많이 가기 때문에 호텔은 그럭저럭 예약했으니 비행기 표는 정말 문제였다.

호치민과 하노이 구간은 제일 붐비는 노선이 아닌가?

바로 항공사 지점으로 달려갔다. 그동안 20여 년을 이 선교사님이나 아내 이수복 선교사님이 1년에 5-6차례 한국이나 미국을 왕래할 때마다 이용하던 단골 지점이다. 항공사 지점에 도착하니 각 창구는 표를 사려는 사람들로 아우성이다. 사람들을 겨우 비집고 화장실 복도를 지나 2층으로 올라갔다.

문을 열고 들어가니 마침 그동안 잘 도와주던 마이라는 계장이 있었다. 본사에서 회사 사장님 일행이 오시는데 30일 하노이행 표가 급히 6장 필요하다고 했다. 마이 계장은 얼굴에 심각한 표정을 짓더니 다음과 같이 말했다.

"그래요? 설을 하노이에서 지내시려고요?"

이 선교사님은 설도 좋지만, 회사 일이 급하다고 했다. 마이 계장은 이 선교사님에게 소파에 좀 앉아 있으라고 했다. 그는 땀을 흘려 가며 여기저기 전화로 알아보고 계속 컴퓨터를 두드리고 있었다. 이 선교사님도 등에서 땀이 나고 있다.

정말 표 구하기가 힘이 드는지 30분이 지나고 한 시간이 다 되어 간다. 한참을 더 기다리니 마이 계장이 불렀다. 겨우 표 6장을 구했는데 같은 비행 편이지만 자리는 흩어져 따로따로 앉아 가야 한다고 한다. 그래도 천만다행이고 고마웠다. 6명의 이름을 주고 30일 오후 3시편으로 표를 사 가지고 왔다.

예정대로 28일에 김광신 목사님 일행 네 분이 호치민시에 도착했다. 김광신 목사님은 먼저 이인호 선교사님 아파트로 와서 둘러 보시고는 축복 기도를 해 주었다. 예약된 호텔로 가는데 모든 상점은 문을 닫고 시내는 쥐 죽은 듯 조용했다. 이튿날 예약된 대로 음력 그믐날 하노이에 도착했다.

설날 아침 일찍 김광신 목사님 일행과 함께 미리 연락해 놓은 북베트남 담당 동역자 번 목사님과 교회에서 만났다. 서로 인사를 나눈 후 번 목사님은 설날이라 조용하지만 그래도 자기만 아는 비밀 방으로 일행을 모셨다(산족 전도를 열심히 했던 번 목사님은 1년에 두세 번은 꼭 공안이나 정보부에 끌려가 심문과 고문을 당하는 고초를 겪었다). 방에는 간단한 다과와 커피가 준비되어 있었다. 모두 시장하던 참이라 맛있게 다과와 커피를 들며 담소를 했다.

이런저런 선교에 관한 이야기를 하다가 김광신 목사님은 번 목사님에게 성도의 수가 몇 명 정도가 되느냐고 물었다. 통역을 해 주니 번 목사님은 이 선교사님도 잘 아시지 않느냐고 한다. 이인호 선교사님은 그래도 번 목사님에게 물었으니 직접 답변을 하시라고 했다. **번 목사님은 현재 세례받은 산족 소수 민족 성도가 약 15만 명 정도가 된다고 한다.**

이인호 선교사님이 김광신 목사님에게 15만 명이라고 통역을 하니 김광신 목사님은 움찔하고 놀라는 표정을 지으며 "그래요? 그렇게나 많아요?"라고 했다. 동석한 이계석 선교사의 사모님은 열심히 대화를 노트에 적고 있었다.

다시 김광신 목사님은 "함께 사역하시는 목사님들과 전도사님은 몇 명이나 되나?"라고 물었다. 번 목사님은 북베트남에 자기와 동역하는 목사님이 180여 명, 전도사님이 천여 명이라고 했다. 김광신 목사님은 "와, 그래요?"라고 크게 놀라며 고개를 끄덕였다. 또 김광신 목사님은 물었다.

"그럼 이 선교사님이 사역하는 남쪽에는 얼마나 되노?"

이에 이인호 선교사님은 남베트남에는 호치민시 변두리에 세례 성도가 약 60,000여 명, 산골의 소수 민족 성도는 100,000여 명, 도합 **남베트남 신자 수가 160,000여 명이라고 말씀드렸다.** 김광신 목사님은 더욱 놀라시며 다음과 같이 말했다.

"그럼 남·북 베트남을 합하면 이 선교사님이 전도한 베트남 성도가 31만 명이나 되네?"

그리고 남베트남에 동역하는 베트남인 목사님의 수가 200명, 전도사님의 수가 800여 명이라고 말씀드리니 거듭 고개를 끄덕이시며 놀라는 표정을 지었다. 이계석 선교사의 사모님은 계속 열심히 적고 있었다.

김광신 목사님이 크게 놀라는 것도 당연하다. 이인호 선교사님은 그동안 베트남의 선교 열매를 한 번도 자랑삼아 본 교회에 보고를 하지 않았기 때문이다. 선교한 성도 수에 크게 놀란 김광신 목사님은 다음과 같이 물었다.

"산족 동네에 교회를 하나 세워 주는 데 돈이 얼마나 드노?"

이 선교사님이 통역을 하니 번 목사님은 다음과 같이 말했다.

"산골에는 5,000달러 정도면 좋은 교회를 하나 세울 수 있습니다."

"그러면 내가 곧 이 선교사 편에 5,000달러를 보내 줄테니 산족 중심지 좋은 곳에 교회를 하나 세워 주라고!"

이 선교사님이 통역을 해 주니 번 목사님은 다음과 같이 말하면서 고개 숙여 인사를 했다.

"이 선교사님과 의논해서 중심지에 좋은 교회를 하나 세우겠습니다. 고맙습니다."

회의가 끝나고 번 목사님의 9인승 승합차에 모두 타고 식당을 찾아 나섰다. 거의 모든 식당은 문을 닫았다. 김광신 목사님은 의외의 풍습을 목격한 듯 놀랍게 여겼다.

"베트남도 음력설을 크게 쇠는 모양이네?"

베트남 사람들은 즐거운 설 명절이라고 좋아하며 즐기지만 연고가 없는 나그네들은 딱 굶기가 좋은 곳이라는 생각이 들었다. 겨우 허름한 국숫집 하나를 찾아 모두 아침 겸 점심을 먹었다.

이 선교사님은 식사 후 김광신 목사님 내외는 호텔에서 좀 쉬게 하고 재래 시장에 가서 '땀곡'이라는 베트남의 겨울철 명물 과일을 한 바구니 사다 드렸다. 설날 오후 4시 편으로 바로 호치민시로 내려와서 이튿날, 음력 1월 2일에 김광신 목사님 일행은 한국으로 떠나셨다. 세계 선교에 여념이 없는 김광신 목사님이 시간을 쪼개어 베트남에 잠깐 들린 것이다(신실한 주의 종인 번 목사님은 2017년 미국 국무성 초청으로 전 가족이 미국으로 이민을 갔다. 이 선교사님의 은퇴 꼭 1년 전이었다).

> 여호와시여, 주께서 이 민족을 번성하게 하셨고, 이 민족을 더 번성하게 하셨습니다. 주께서 영광을 받으시고, 이 땅의 모든 경계를 넓히셨습니다 (사 26:15).

2) 베트남의 교회 건축 현황

여기서 잠깐 이인호 선교사님이 지난 25년 동안 베트남에서 선교하며 세운 교회 건축 현황을 참고로 한 번 살펴보고자 한다. 필자가 겪어 본 이인호 선교사님은 정말 순수하고 오로지 선교에만 올인하는 분이다. 선교비도 절대 함부로 쓰거나 낭비를 하지 않고 꼭 필요한 곳들에만 썼다.

이 선교사님은 선교지 베트남에서 한인 선교 단체나 한국인 모임에 힘쓰는 대신 오직 현지에서 양육한 제자들과 전도가 쉽고 대량 전도가 가능한 산족 선교에 특히 힘썼다. 베트남에서도 어떤 선교 단체는 서로 감투싸움이 많고, 상대방의 선교에 시기 질투를 하여 오히려 선교에 방해가 되는 일이 잦다고 한다.

한번은 미국 본 교회인 은혜한인교회의 선교 담당 홍석구 장로님이 베트남에 왔다. 이분은 비즈니스를 하는 분으로서 자비량으로 선교를 많이 지원했다. 베트남의 여러 선교지, 특히 산족 선교지를 둘러보고는 이 선교사님이 70세 넘은 나이에 오직 오토바이 한 대에 의지하며 이렇게 열심히 선교를 하는 모습에 상당히 감명을 받은 것 같았다. 홍 장로님은 떠나는 날, 이 선교사님의 손을 잡고는 베트남 국민들을 복음화하는 데 정말 고생이 많다고 하면서 선교비에 쓰라고 두툼한 봉투를 하나 주었다. 얼마인가 물어보니 10,000달러라고 했다.

이 선교사님은 깜짝 놀랐다. 20년 가까이 베트남에서 선교를 하고 있지만 10,000달러라는 선교비를 손에 쥐어 본 적이 없었기 때문이다.

"아이고 장로님, 이 선교비를 어떻게 쓰지요?"

혹시 특수한 데 사용하라는, 목적이 있는 선교비인지도 모르기 때문에 물은 것이었다. 그랬더니 홍 장로님은 다음과 같이 간단히 대답했다.

"그냥 선교사님이 알아서 쓰세요!"

홍 장로님이 떠난 후 이 선교사님은 곰곰히 생각했다.

'아무리 비즈니스를 하는 분이라고 해도 10,000달러의 선교비를 주는 것은 보통 일이 아니고 또 허투루 쓸 수도 없는 일이 아닌가. 뭔가 꼭 필요한 데, 의미 있게 써야겠다.'

이 선교사님은 좋은 아이디어가 떠올랐다. 지난번에 여러 차례 꺼호 족 선교를 하고, 꺼호 족 마을이 통째로 복음화가 되었는데 교회가 없었다. 군데군데 가정 집에서 예배를 드리고 있는 실정이었다. 그래서 5,000달러로는 꺼호 추장집을 반듯하게 증축을 해 주고, 연결해서 예배를 드릴 수 있는 큰 회의실 같은 예배당을 지어주는 것이다. 그리고 나머지 5,000달러로는 꺼호 쪽 밑에 있는 람동성의 냐 목사 집을 같은 식으로 지어 주어 예배를 드릴 수 있게 해 주는 것이었다.

추장과 냐 목사님에게 이야기하니 좋다고 하면서 크게 환영했다. 곧 교회 건축에 착수했다. 이 두 회의실 같은 교회는 150명 정도가 예배를 드릴 수가 있다. 특히 예배당 같은 모양이 아니라서 공안의 감시 대상에서도 벗어날 수 있는 장점이 있다. 교회 입구에는 조그만 돌에다 "은혜한인교회 홍석구 장로 기증"이라고 한글로 표지석을 세웠다.

이인호 선교사님이 일 년에 두세 번 본 교회에 들리면 선교의 열정이 대단한 은혜한인교회의 성도들은 여러 사람이 이 선교사님에게 선교비에 보태 쓰라고 개별적으로 헌금 봉투를 주머니에 넣어주곤 했다. 개인적으로 백합회라는 선교사 지원 단체를 운영하는 강대찬 장로님의 경우는 정기적으로 이 선교사님에게 연 2회, 10여 년을 지원했다.

또 은혜한인교회의 의료 선교국에서 봉사하는 Jay 박, 박영 권사 부부는 선교비 지원뿐만 아니라 미국 제약 회사에서 기부해 오는 많은 의약품도 챙겨주었다. 그래서 이 선교사님이 본 교회를 한번 다녀올 때는 2-3,000달러의 추가 선교비가 생겼다. 이 추가 선교비로 이 선교사님은 탄 씨네 카페도 열어 주고, 융과 반 부부의 간 식당도 열어 주고, 그들의 결혼식도 지원했다. 또 공안과의 교제에도 요긴하게 써 관계를 돈독히 한 덕분에 여러 번 추방의 위기를 모면할 수도 있었다.

25년 동안 베트남에서 선교를 한 이인호 선교사님은 필자에게 다음과 같은 자기의 지론을 이야기했다.

베트남에서는 아무데서나 자고, 있는 대로 먹고, 또 주는 대로 먹으며 겸손하게 베트남 국민을 섬기는 자세로 임하면 하나님은 선교가 이루어지게끔 역사하신다.

단기 선교팀이 베트남에 오거나 이인호 선교사님이 한국이나 미국에 가서 간증 집회를 하면 많은 사람이 베트남에는 그렇게 적은 돈으로 교회를 건축할 수가 있느냐고 하면서 놀란다. 그리고는 교회 건축을 지원하겠다는 사람이나 교회들이 많이 나타났다.

이인호 선교사님이 여러 방법의 지원으로 베트남에 건축한 교회는 소요되는 경비에 따라 3가지로 구분된다.

첫째, 1,000달러짜리 교회다. 이 교회는 주로 외지 산족 마을에 지은 교회들이다. 크기는 7m x 20m, 높이 4m 정도로서, 150-200명은 족히 예배를 드릴 수 있는 공간이다. 나무 기둥에 밑 부분은 벽돌을 쌓고 위는 대나무 가지로 둘러 바람이 통해 시원하게 했다. 서까래 지붕에 비를 피할 수 있도록 갈대나 야자수 잎 같은 나무들로 지붕을 덮었고, 바닥은 시멘트에 수수깡 돗자리를 깔았다. 초기에 김광신 목사님이 두 개의 교회를 지원했고, 은혜한인교회의, 지금은 소천하신, 김이화 여집사님이 두 개의 교회를 지원하셨다. (총 4개 교회)

둘째, 5,000달러짜리 교회다. 이 교회도 크기는 천 달러짜리 교회와 거의 같다. 이 교회는 소나무 기둥에 흙 토담을 쌓고 대나무를 둘러 벽을 만든 큰 초가집을 연상시키는 교회이다. 때로 산속에서는 벽돌로 벽을 쌓기도 한다. 서까래에 지붕은 양철로 덮었다. 앞서 이야기한 은혜한인교회의 홍석구 장로님이 두 개의 교회를 지원했고, 김광신 목사님이 하나, 에브리데이교회 최홍주 목사님이 추천한 오대복 장로님이 하나, 은혜한인교회의 장영자 권사님이 한 개의 교회를 지원했다. (총 5개 교회)

셋째, 20,000달러짜리 교회다. 이 교회의 설계는 본 교회에서 설계사로 활동하는 이덕용 집사님이 해 주셨다. 크기는 8m x 25m, 높이는 4.5m로서 200여 명이 예배를 드릴 수 있다. 이 교회는 완전히 벽돌로 지은 교회로서 슬레이트 지붕의 교회이다. 주로 평지에 많이 지은 교회로서 은혜한인교회가 속한 교단 교회가 많이 지원했다.

LA 에브리데이교회 최홍주 목사님은 평소에도 개인적으로 이 선교사님을 이모저모 많이 도와주었는데 교회에서도 산족 마을에 세 개의 교회를 세워 주었다. 그리고 생수의강선교교회 안동주 목사님이 한 개의 교회를, 은혜한인교회의 국지혜 집사님이 한 개의 교회를, 시애틀 한사랑교회의 김익진 집사님이 한 개의 교회를, 본 교회 Jay 박 집사님의 소개로 서울 목동 신성교회의 양서규 목사님이 두 개의 교회를, 그리고 이 선교사님의 가까운 지인인 한의사 황두홍 선교사(지금은 소천하심)가 한 개의 교회를 지원했다. 황두홍 선교사님이 람동성 꺼호 족 마을에 지은 이 교회는 꺼호 족 추장 아들이 목사가 되어 담당하는 교회였다. (총 9개 교회)

이상과 같이 이 선교사님은 베트남에 있는 동안 18개의 교회를 건축했다. 이외에도 이 선교사님은 꺼호 족을 위하여 꺼호 족 마을의 허름한 농산물 창고를 3개 사서 이를 모두 예배를 드릴 수 있는 깔끔한 창고형 예배당으로 만들어 주었다.

3) 은퇴를 저울질하며

2017년 여름, 미국 프랭클린그레이엄(Franklin Graham)재단이 베트남 정부의 정식 허가를 얻어 마틴 루터 종교개혁 500주년 기념 선교 대회를 호치민시에서 10월에 성대하게 개최할 준비를 8월부터 하고 있었다. 이 대회는 개신교의 모든 교파는 물론 가톨릭까지 참여하는 범기독교 대회로 준비하고 있었다.

호치민시 제2구에 장소가 정해지고, 5천여 명의 기독교 신자가 앉을 플라스틱 의자 5천여 개를 미리 주문했다. 대회로 예정된 이 제2구의 장소는 황량한 벌판이었다. 이 벌판에 잡목과 나무들을 쳐내고 정비하여 5,000명의 대회 장소를 만들기 위하여 3개월 전부터 준비를 했다. 전면 가운데는 높이 부대를 세우고 전기와 음향 시설을 설치했으며, 대회장 주변의 잡초와 나무를 제거하고 2천여 대의 오토바이 주차장을 마련했다.

공산주의 국가 베트남에서 이런 대형 기독교 대회가 열린다는 것도 놀랍지만 한편으로는 베트남의 모든 정보 기관이 총동원되어 이 대회를 주시할 것도 불 보듯 뻔한 일이었다. 그러나 대회에 참가하는 평신도들은 별일이 없을 것 같아 이인호 선교사님은 제자 목사들과 함께 완성되어 가는 대회장을 둘러보며 담당 성도들을 독려하여 대회에 참가할 것을 적극 권장하라고 했다. 왜냐하면 이 대회가 신자의 신앙을 공고히 할 수 있는 기회라고 생각되었기 때문이다.

대회는 마틴 루터 종교개혁의 시발점인 1517년 10월 31일을 기념하여 2017년 10월 31일에 시작하는 것으로 정해졌다. 루터가 비텐베르크의 교회 문에 95개 조항의 항의문을 갖다 붙인 날이 1517년 10월 31일인데 이 날을 기념하기 위함이었다. 대회는 이날부터 호치민시에서 3일간, 그리고 3일 후 하노이에서 또 3일간 열리기로 계획되었다.

호치민 대회 이틀 전 주최 측으로부터 급히 연락이 왔다. 주최 측인 프랭클린그레이엄재단에서는 베트남에서 다년간 헌신해 온 개신교 선교사 대표(개신교 VIP)와 천주교 선교사 대표(천주교 VIP)를 각각 1명씩 선정하는데 **개신교 선교사 대표로 미국에서 파송된 이인호 선교사님이 선정되었**고, 천주교 선교사 대표로는 필리핀에서 파송된 아이삭 신부가 선정되었다고 통보해 온 것이다.

이인호 선교사님은 크게 놀랐다. 자기는 베트남의 어느 선교 단체에도 가입하거나 활동을 한 적이 없고, 또 얼굴이 노출되는 그런 단체와는 처음부터 멀리하고 있었기 때문이다. 그래서 지난 25년 동안 전연 신분이 노출되지 않은 채 선교 활동을 잘 해 왔던 것이다.

한편 개인적으로 이인호 선교사님에게는 너무도 큰 영광이었다. 베트남에 주재하는 많은 나라의 수 많은 내로라 하는 선교사들을 제치고 한국인으로서 개신교 대표 선교사로 뽑혔기 때문이다.

'지금 베트남에는 한국인 선교사들만도 400명이 넘지 않은가?'

그러나 걱정도 되었다. 이런 대형 선교 대회에서 개신교 선교사 대표로 뽑혀 활동을 한다는 것은 신분이 완전히 노출된다는 것을 의미하기 때문이다. 그렇다고 하여 이적 단체나 이단 단체도 아니며, 빌리 그레이엄 목사님이 창립하여 미국 기독교계의 대표격인 프랭클린그레이엄재단에서 선정한 '대표 VIP'를 거절한다는 것도 말이 안 되는 일이었다.

나중에 안 일이지만 이번 선교 대회 조직을 위해 활동한 베트남인 개신교 대표 목사들 150여 명이 절대 다수로 이인호 선교사님을 개신교 대표 선교사로 추천했다고 한다. 참으로 영광스러운 일이었다. 이인호 선교사님은 지난 25년 동안의 자기의 선교 업적과 노고를 인정해 주는 화룡점정과도 같은 일이라는 생각이 들었다. 이건 이인호 선교사 개인의 영광이자 은혜한인교회, 나아가 교단, GMI, 국제 총회는 물론 한국인의 영광이었다.

'세계 여러 나라는 물론 한국에서도 유명한 선교 단체나 대형 교회에서 파송한 선교사들이 얼마나 많은가?'

자기를 드러내지 않고 25년 동안 오직 베트남의 복음화에만 매진해 온 이인호 선교사님을 누구보다도 베트남 현지인 목회자들이 인정해 준 것이 너무나 뿌듯하고 자랑스러웠다. 그러나 자기 일을 자랑하듯 드러내면서 활동하기를 싫어하는 이인호 선교사님은 이러한 영광스러운 사실을 본 교회에는 보고를 하지 않아 어느 누구도 모르고 있었다.

대회 시작 날에는 호치민시 인민위원회 위원장과 정부 관계자들 약 30여 명이 귀빈석에 앉았고, 오른쪽에는 260여 명의 베트남 기독교 대표 목사, 30여 명의 베트남 신부님들이 자리했다. 가톨릭 측에서는 평신도 참석자는 한 명도 없고 대표 신부님들만 30명 가량 왔다. 그런데 가톨릭 신부들은 마틴 루터의 종교개혁 기념 대회라는 말이 마음에 안 들었는지 웅성웅성 하더니 대회가 막 시작하려 할 때 대표 아이삭 신부님만 남기고 모두 퇴장해서 돌아가고 말았다.

개신교 대표 목사들 맨 앞쪽 특별석 두 자리에는 개신교와 천주교 대표 선교사인 이인호 선교사님과 아이삭 신부가 착석했다. 5,000여 석의 플라스틱 의자는 개신교 신자로 꽉 찼으며, 늦게 온 300여 명은 자리가 없어서 대회에 참석했다. 이인호 선교사님과 아이삭 신부는 프랭클린그레이엄재단으로부터 베트남의 복음화에 대한 공로로 커다란 상패를 받았다. 호치민시 정부 당국의 협조로 대회는 순조롭게 진행되고 잘 마무리되었다 ("부록 2" 이인호 선교사님의 마지막 사진 참조).

선교 대회가 끝난 지 한 달쯤 되었을 때다. 동네의 공안 소장으로부터 좀 보자는 연락이 왔다. 이 공안 소장은 북베트남에서 온 사람으로 이 선교사님과는 한 동네에서 23년을 함께 지낸 사이고, 또 서로 너무도 잘 알고 지내는 사이였다. 평소 공안 야식비도 자주 지원했고, 식당에서 만나면 밥값도 대신 잘 내주었다. 설이나 추석 등 명절 때마다 조그만 선물이나 촌지 봉투를 주기도 했다. 이 선교사님이 산족 공안에 잡혀 본가 아파트가 있는 이 소장에게 연락하면 소장은 사진찍기를 좋아하는 비즈니스 맨이라고 해명도 잘 해 주었다.

무슨 일인가 싶어 공안 소장을 찾아갔더니 그날따라 반갑게 악수하며 웃는 표정이 아니라 좀 엄숙한 표정으로 의자를 권한다. 앉아 있으니 소장은 뜸을 좀 들이더니 다음과 같이 말했다.

"옹 리 씨, 어떻게 나를 그렇게도 감쪽같이 속일 수가 있어요?"

이 선교사님은 그냥 듣고 있었다.

"옹 리 씨는 정말 대단해, 귀신처럼 나를 23년이나 속여 왔으니 말이오!"

이 선교사님은 그게 무슨 뜻인지 금방 알아차렸다. 선교 대회에서 개신교 대표 선교사로 뽑혀 활동한 걸 통보 받은 것이었다. 이제는 더 이상 감추고 위장하거나 그럴 필요가 없었다. 솔직하게 이야기했다.

"소장님도 알다시피 제가 어떻게 신분을 드러낼 수 없지 않겠습니까. 그렇다고 제가 무슨 큰 잘못을 저지른 것도 아니니 이해해 주세요."

"옹 리 씨는 앞으로도 계속 선교 활동을 할 건가요?"

이 선교사님은 언뜻 생각나는 바가 있었다.

"소장님은 일 년 있으면 은퇴를 하신다면서요? 나도 한 6개월이나 일 년 후에는 은퇴하고 미국으로 돌아갈 생각입니다."

소장의 엄숙하면서도 섭섭한 듯한 표정이 풀렸다. 이제 그는 웃으며 다음과 같이 말했다.

"정말, 옹 리 씨는 귀신같애!"

이 선교사님이 미안하다고 하니 소장은 웃으며 옛날처럼 다정하게 이야기했다.

"옹 리 씨, 미안할 것은 없어요. 그런데 나를 속이는 기술은 참 기가 막히게 좋았어요!"

그동안 이 선교사님이 개신교 선교사라는 사실을 전혀 몰랐던 건 공안 소장의 입장에서는 섭섭하고도 남을 일임이 분명했다. 소장의 심정을 이해하고도 남음이 있었다. 23년이나 비즈니스 맨으로 알고 그렇게 절친하게 지내왔는데 갑자기 선교사로 신분이 바뀌었으니 말이다.

전년에 본 교회에서는 한기홍 담임 목사님의 주관으로 이 선교사님의 팔순 잔치를 크게 열어 주었었다. 그때도 언뜻 언젠가는 은퇴를 해야 할텐데하고 생각은 한 적이 있었다.

'하나님이 베트남에서 25년 동안 나를 잘 감추어 주셨는데 이제 와서 내 신분을 드러내신 뜻은 무엇일까?

이제부터는 정말 나의 일거수 일투족을 공안이 주시할 것이고, 그러면 선교 활동도 크게 위축될 수밖에 없을 것이다.

그리고 한번 더 산족 공안에 잡히면 이제는 소장이 더 이상 커버해 주지도 못할 것이다. 그러면 자칫 추방될 수도 있지 않은가?'

호치민시의 정보부 게스트하우스에 3년 동안 머물면서 정보부의 지프 차와 별이 달린 세단차를 타고 선교를 할 때도 운전사 칸 병장이 3번, 요우 중사가 7번이나 공안의 급습을 막아주지 않았던가. 또 그동안에는 동네의 공안 끄나풀들이 공안 소장에게 이 선교사님의 정보를 주어도 소장이 잘 커버를 해 주었었는데 이제는 공안 소장의 방패막이도 크게 기대를 할 수가 없는 처지가 되었다.

지난 25년 동안 수 많은 제자 중에는 공안의 끄나풀이 한 명도 없었고, 또 그 많은 제자 중 공안에 밀고를 하거나 배신한 사람이 한 명도 없어 공안에 전연 노출되지 않고 오직 베트남 영혼 구원에만 매진해 온 건 정말 성령님의 역사하심이 있었기에 가능한 일이었다. 이것은 하나님의 은혜였다.'

내년이면 나이도 82세가 된다. 기력도 전만 못하다. 작년부터 오른발을 힘차게 밟으며 오토바이 시동 거는 것도 힘이 들어 여러 번을 시동을 못 건 적이 있다. 그때마다 전도사들 보고 시동을 걸어달라고 했었다.

그래서 보다 못한 아내 이수복 선교사님이 오토바이를 버튼을 눌러 배터리의 전기로 시동을 거는 오토바이로 바꾸어 주지 않았는가?

이런 여러 가지 상념들이 이 선교사 머릿속을 오갔다. 아내와 의논을 하니 아내는 이 선교사님 기력으로 보아 내년에는 은퇴를 하는 것이 좋겠다고 한다.

시카고에서 베스킨라빈스 아이스크림 대리점을 하면서 이민 생활을 하다가 갑자기 이를 정리하고 베트남에 선교사로 파송받아 간다고 했을 때 친구들은 "60이 다되어 가는 나이에 중국도 아니고 웬 베트남에?"라고 하면서 대부분의 친구들은 반드시 6개월 내에 되돌아 올 거라고 장담했다. 그러다가 친구들은 서로 50달러 내기를 했다. 이 선교사님이 안 돌아 올거라고 하는 친구가 한 명은 있었다. 그러나 6개월이 아니라 이제 25년이 흘렀다. 안 돌아 온다고 하던 친구가 몇 백 달러의 돈을 딴지도 25년이 되었다.

이인호 선교사님은 본 교회와 의논 후 2018년 10월에 선교사에서 은퇴를 했다. 이 선교사님이 만 82세 때, 그리고 57세에 베트남에 선교사로 파송 받은 지 만 25년 만에 은퇴를 한 것이다. 은퇴 후 본가가 있는 시카고로 갔다가 마침 LA의 본 교회 부지에 은퇴 선교사를 위한 은퇴 선교관 건축이 완료되어 지금은 선교관에서 생활하고 있다.

이 선교사님은 은퇴 후 선교관에서 생활하면서도 선교사 시절에 여러모로 많은 지원을 해 주던 이규성 장로님이 특별히 비행기 표를 마련해 주어 일 년에 상·하반기로 두 번은 자신이 사역했던 베트남 선교지를 방문하여 제자들을 만나 격려를 해 주고 있다.

> 그리스도의 고난이 우리에게 넘치는 것같이 우리의 위로도 그리스도로 말미암아 넘친다. 우리가 환난 당하는 것도 너희의 위로와 구원을 위한 것이며, 위로를 받는 것도 너희의 위로를 위한 것이니, 이 위로의 힘으로 우리가 당하는 고난과 똑같은 고난을 너희가 당할 때에 너희도 견디게 된다 (고후 1:5-6).

에필로그

우리 속담에 '구슬이 서말이라도 꿰어야 보배'라는 말이 있다. LA 은혜한인교회의 많은 교인들은 교회 창립자인 김광신 목사님과 은혜한인교회의 선교에 대해, 또 연로하여 은퇴하신 김태원·이인호 선교사님에 대해 단편적으로는 많이들 알고 있다. 우리가 여기 저기서 들어 단편적으로 알고 있는 김광신 목사님과 은퇴한 선교사님들, 그리고 은혜한인교회의 감동적인 초기 선교 이야기를 꿰어진 구슬로 만들어 보고자 본서를 집필하게 되었다.

은혜한인교회의 본격적인 선교사 1호이며, 유럽 선교는 물론 구소련의 선교와 지원에, 또 남미 선교에 크게 활약한 김태원·김성녀 부부 선교사, 베트남에 파송 받아 베트남 국민들을 사랑과 섬김으로 전도하여 수십만 명의 베트남 영혼을 구원한 이인호·이수복 부부 선교사님은 하나님의 선교에 크게 쓰임을 받은 선교사들이다.

이분들은 순종하며 겸손한 자세로 현지인들을 하나님의 사랑으로 섬기고 베풂으로써 하나님께 쓰임을 받고, 큰 선교의 열매를 거둔 것이다. 이 선교사들의 선교 사역은 후대 선교사들이 본받아야 할 모범적인 선교라고 할 수 있다.

이분들은 제대로 선교 교육을 받고 파송된 분들이 아니라 오직 김광신 목사님의 영적 지도 아래 김광신 목사님으로부터 물려 받은 DNA인 성령의 인도하심과 역사하심으로 사랑과 섬김의 선교를 한 분들이다. 그래서 이분들의 간증은 더욱 은혜롭다.

은혜한인교회의 초기 선교를 주도하던 지도자급 교인들이나 선교사들이 점차 은퇴하거나 소천해 가고 있는 실정이다. 필자는 김광신 목사님과 초기 은혜한인교회의 선교에 대해, 또 선교지에서 수십 년을 헌신하다가 은퇴하신 대표적인 선교사님들의 은혜로운 선교 사역을 속히 정리해 보아야겠다는 생각을 벌써부터 하고 있었다.

다음 세대 은혜한인교회의 선교를 이끌어 갈 1.5세, 2세들을 위해, 또 김광신 목사님의 효율적인 선교 방법과 전략을 내·외에 알리기 위해 본서가 나오게 되었다.

세 분의 수십 년간에 걸친 선교 이야기를 한 권의 책으로 엮기는 애초 무리였다. 하지만 독자들을 위하여 세 분들의 선교 사역 중 은혜롭고 중요한 선교 부분들만 추려서 엮다 보니 책의 분량이 원래 의도했던 것보다 좀 늘어났다.

본서가 김광신 목사님의 리더십, 선교 방법과 선교 전략 그리고 그의 선교 DNA를 후대에 물려주는 데 조금이나마 도움이 되기를 간절히 바란다. 또 세 분의 선교 이야기와 함께 본서가 우리 기독교의 선교에 조금이나마 도움이 될 수 있기를 기도한다.

"하나님! 본서가 하나님이 필요하신 곳에 있게 하여 주시옵고, 성령님의 역사하심에 조금이라도 도움이 되고 쓰임받는 책이 되게 하여 주시옵소서. 아멘."

참고 문헌

Kraft, Charles. *Christianity in Culture*. Maryknoll: Orbis Books, 1988.

_____. *Communication Theory for Christian Witness*. Maryknoll: Orbis, 2000.

Ma Wonsuk, Kenneth Ross. *Mission Spirituality and Authentic Discipleship*. Oxford, England: Regnum Edinburgh Centenary Series, 2012.

_____. "Grace Korean Church, Fullerton, CA: Mission from the Margins." *International Bulletin of Missionary Research*, Vol. 36, No. 2 (International Bulletin of Missionary Research), 2012, April: 65.

_____. "Pentecostal." Oxford, England: e-mail, December 27, 2013.

Menzies, William & Robert. *Spirit and Power*. Grand Rapids: Zondervan, 2000.

Torrey, R.A. *The Holy Spirit*. Greenville: Ambassador Emerald International, 2006.

Yang, Taichul. *Called Out for Witness; The Missionary Journey of Grace Korean Church*. Oxford, England: Regnum Books International, 2014

거쓰리, 스탠. 『21세기 선교』. 정홍호 역. 서울: CLC, 2008.

그루뎀, 웨인. 『웨인 그루뎀의 조직 신학 (중)』. 노진준 역. 서울: 은성, 2009.

김삼성. 『당신도 영적 카라반이 되라』. 서울: 서로사랑, 2007.

니버, 리처드. 『그리스도와 문화』. 홍병룡 역. 서울: 대한기독교서회, 2003.

랄킨, 윌리엄 & 윌리엄스, 조엘. 『성경의 선교신학』. 홍용표 & 김상욱 역. 서울: 이레서원, 2001.

론지네커, 리처드. 『바울의 사역과 메시지』. 김진영 역. 고양: 크리스챤다이제스트, 2005.

뤼넨, 개린 밴. 『선교학 개론』. 홍기영 & 홍용표 역. 서울: 서로사랑, 2000.

링엔펠터, 셔우드 & 마빈 메이어스. 『문화적 갈등과 사역』. 왕태종 역. 서울: 죠이선교회, 2005.

박희성. 『가라, 간다』. 서울: 광야, 2001.

백승환. 『예수의 흔적』. L. A.: 예찬출판기획, 2009.

사이난, 빈슨. 『세계 오순절 성령 운동의 역사』. 서울: 서울말씀사, 2008.

쉔크, 데이빗 & 슈트츠만.『초대교회의 모델을 따라 교회를 개척하라』. 서울: 베다니, 2004.

스토트, 존.『복음주의의 기본진리』. 김현회 역. 서울: 한국기독학생회출판부, 2005.

_____.『성령 세례와 충만』. 김현회 역. 서울: 기독학생회출판부, 2002.

시다, 폴.『섬기는 지도자』. 김성웅 역. 서울: 선교횃불, 2002.

에릭슨, 밀라드.『복음주의 조직신학(하)』. 신경수 역. 경기도 고양시: 크리스챤다이제스트, 2007.

와그너, 피터.『선교 현장과 영적전쟁』. 정운교 역. 서울: 나눔터, 1994.

윈터, 랄프 & 호돈, 스티브.『미션 퍼스펙티브』. 정옥배 역. 경기도 고양시: 예수전도단, 2007.

이은무.『한국 선교를 깨운다』. 서울: 생명의말씀사, 2006.

존스, 로이드.『성령세례』. 정원태 역. 서울: CLC, 2010.

창립10주년기념위원회.『은혜의 발자취』. L. A.: 은혜한인교회, 1992.

크래프트, 찰스.『말씀과 문화에 적합한 기독교』. 김요한 외 역. 서울: 생명의말씀사, 2007.

_____.『깊은 상처를 치유하시는 하나님』. 이윤호 역. 서울: 은성, 2005.

클린턴, 로버트.『영적 지도자 만들기』. 이순정 & 이영규 역. 서울: 베다니, 2007.

타운즈, 엘머 & 더글라스 포터.『사도행전식 교회개척』. 김재권 역. 서울: 생명의 말씀사, 2005.

테리, J. M. & 스미스, E. 외.『선교학 대전』. 한국복음주의 선교신학회 역. 서울: CLC, 2003.

토머스, 노먼.『선교신학』. 박영환 역. 서울: 서로사랑, 2000.

패커, 제임스.『성령을 아는 지식』. 홍종락 역. 서울: 홍성사, 2008.

편찬위원회,『30년사. 성령의 능력 받아 땅끝까지』. L. A.: 은혜한인교회, 2012.

피, 고든.『바울, 성령, 그리고 하나님의 백성』. 길성남 역. 서울: 좋은씨앗, 2004.

히버트, 폴.『선교와 문화인류학』. 김동화 외 역. 서울: 죠이선교회, 2010.

_____.『인류학적 접근을 통한 선교 현장의 문화이해』. 김영동 역. 서울: 죠이선교회, 1999.

부록 1

오순절 성령 강림 사건이 솔로몬 행각에서 일어난 정황 연구

1. 서론

우리는 사도행전의 오순절 성령 강림 사건을 통상 마가의 다락방에서 일어난 사건으로 알고 있다. 사역자들의 설교나 교회의 성경 반에서도 대개 그렇게 언급하고 있다. 그러나 필자는 신학 공부를 하면서 사도행전을 정독해서 읽었을 때 오순절 성령의 강림은 마가의 다락방이 아니라 솔로몬 행각에서 일어난 사건이라고 보는 게 훨씬 더 성경적이며 정황적인 증거가 많음을 발견하게 되었다.

사실 사도행전에는 '마가의 다락방' 혹은 '마가 어머니의 다락방'이라는 말이 없다. 단지 오순절 성령 강림 훨씬 후인 사도행전 12:12에 "베드로가 마가라 하는 요한의 어머니 마리아의 집에 가니"라는 구절이 있을 뿐이다. 이것이 신약성경에서 '마가의 어머니 마리아'에 대한 유일한 기록이다.[1] 이는 베드로가 옥에 갇혔다가 천사의 도움으로 풀려난 후 마가의 어머니 집에 들러 자기가 풀려난 것을 알리고는 다른 곳으로 간 것을 말하고 있다.

사도행전 2장의 오순절 성령 강림을 마가의 다락방에서 일어난 사건이라고 생각하는 것은 성경을 세밀한 시공간의 개념이 없이, 또 예수님 당시의 헤롯 성전의 구조나 다락방에 대한 자세한 개념이 없이 이해한 결과로 보인다. 성경은 역사 기록을 위한 육하원칙에 의한 기록물이 아니라 하나님의 뜻을 우리 인간에게 전달해 주기 위해 기록된 하나님의 말씀과 진리의 기록물이다.

따라서 성경에는 하나님 진리의 말씀과는 관계가 적은 자세한 시간적, 장소적, 공간적 개념에 대한 설명이 적은 편이다. 그러므로 우리가 성경을 읽을 때는 좀 더 시공간적 개념을 가지고 이해하려고 하는 노력이 필요하다. 누가복음과 사도행전은 연결된 스토리 식의 역사서로서, 상권과 하권 같은 성격과 내용의 문서이다.[2] 따라서 두 성경을 연결하여 보면서 해석하는 것도 중요한 포인트라고 할 수 있다.

본 논문은 오순절 성령 강림 사건은 마가의 다락방이 아니라 예루살렘 성전의 이방인의 뜰에 있는 솔로몬 행각에서 일어난 사건이라고 보는 게 훨씬 더 정황적인 증거가 강함을 밝혀보고자 하는 데 있다. 그러기 위하여

---

[1] 데릭 윌리암스, 『성경사전』, 이정석 외 역 (서울: 기독학생회출판부, 2008), 137.
[2] 트렌트 버틀러, 『Main Idea로 푸는 누가복음』, 장미숙 역 (서울: 디모데, 2009), 577; D. A. 카슨, 더글라스 무, 『신약개론』, 엄성옥 역 (서울: 은성, 2006), 321.

오순절 성령 강림 사건 전후의 시간적, 장소적, 공간적 개념과 함께 성령 강림 사건의 공간적 이해를 돕기 위해 예수님 시대의 예루살렘 헤롯 성전의 구조를 살펴보고자 한다.

2. 성령 강림 사건이 일어나기 전후의 사정

누가복음은 다음과 같이 끝을 맺고 있다.

> 예수께서 그들을 베다니까지 데리고 나가셔서 두 손을 들어 그들을 축복하셨다. 예수께서 그들을 축복하시고 그들을 떠나시 하늘로 올려 지셨다. 그들이 예수께 경배하고 크게 기뻐하며 예루살렘으로 돌아와, **늘 성전에 머물면서** 하나님을 찬양하였다(눅 24:50-53).

오순절은 유월절로부터 50일이 지난날이라고 하여 오순절이라고 했으며, 첫 보리 수확을 드린 날이라고 하여 맥추절, 혹은 유월절로부터 7일이 일곱 번 지난 다음 날이라고 하여 칠칠절이라고도 한다. 오순절은 유월절, 초막절과 함께 유대인들의 3대 절기로서 모든 유대인 남자들은 이 절기에 반드시 하나님 앞에 나와 경배를 하여야 한다(출 34:23). 즉, 예루살렘에 있는 성전에서 이 3대 절기를 지켜야 하는 것이다.

예수님은 부활 후 40일간을 지상에 머물러 계시면서(행 1:3) 제자들을 만나셨고, 승천 후 10일 만인 오순절 날 성령이 강림하셨다(행 2:1). 왜냐하면, 예수님은 유월절 성만찬을 하신 다음 날 십자가에 못 박히셨기 때문이다. 위 누가복음 24:53의 내용은 예수님이 승천하신 후 제자들은 성령 강림까지 10일간을 (아마 그 후에도 당분간) 늘 성전에 머물면서 하나님을 찬양했다는 의미이다.

예수님이 감람산 기슭의 베다니 마을에서 승천하신 후(눅 24:50), 예루살렘으로 돌아온 열 한 제자들은 기도하러 성전으로 가지 않고 바로 다락방으로 올라갔다(행 1:13). 이때는 아마 오후 늦은 시각이었을 가능성이 크다. 왜냐하면, 예수님은 제자들에게 여러 가지 당부의 말씀을 하신 후에 승천하셨기 때문이다(막 16:19; 행 1:9). 예수님 당시 유대인들의 성전에서의 기도하는 시간은 오전 9시, 정오 및 오후 3시였다.[3]

사도들은 성령을 보낼 때까지 기다리라는 예수님의 명령에 따라(눅 24:49; 행 1:4-5) 성령 강림 전에 늘 성전에 머물면서 기도하며 하나님을 찬양했다(눅 24:53). 성령 강림은 오순절 날에 일어났다. 성경은 다음과 같이 기술하고 있다.

> 마침내 오순절 날이 이르렀을 때에 그들이 모두 함께 한 곳에 모여 있었다. 하늘로부터 갑자기 급하고 강한 바람같은 소리가 나더니, 그들이 앉아 있던 집안 전체를 가득 채우고, 마치 불의 혀처럼 갈라진 것들이 나타나서 그들 각 사람 위에 임하니, 그들이 모두 성령으로 충만해졌고, 성령께서 그들에게 말하게 하시는 대로 다른 방언들로 말하기 시작하였다. 그때에

---

[3] 아지스 페르난도, 『NIV 적용주석 사도행전』, 채천석 역 (서울: 솔로몬, 2011), 162; 스텐리 토우센트, 『BKC 사도행전』, 허미순 역 (서울: 두란노, 2006), 34.

예루살렘에는 경건한 유대인 들이 천하 각국에서 와 머물고 있었는데, 이런 소리가 나자 큰 군중이 모여들어 소동하였으니, 제자들이 말하는 것을 각각 자신들의 본국 말로 들었기 때문이다. 그들이 놀라 신기하게 여기며 말하였다. "보아라, 말하는 **이 사람들은 모두 갈릴리 사람들이 아니냐?**"

(행 2:1-7)

방언으로 말하는 제자들을 군중들은 즉시 그들이 갈릴리 사람들이란 걸 알았다. 이는 군중들이 이미 그 전에 성전에서 기도하던 제자들을 보고 알고 있었다는 뜻이다. 오순절 날 성령 강림으로 성령 충만하게 된 베드로 및 사도들의 방언과 설교로 그날 하루에만 백성들이 집단으로 삼천 명이나 세례를 받는 사건이 일어났다(행 2장).

오순절을 경배하러 세계 각처에서 성전에 와 붐빈 군중이 아니고서는 순식간에 수천 명의 군중이 모이고, 그중 삼천 명이 세례를 받는 일이 예수님 당시의 일반 주택가에서는 일어날 수가 없는 일임은 쉽게 짐작이 간다. 또 그 얼마 후에도 성경은 베드로의 **솔로몬 행각에서**의 설교로 하루에 남자만 5,000명이 회개하고 믿는 사건이 일어났다(행 3:1-4:4)고 기록하고 있다.

3. 성령 강림 사건이 오순절 날에 일어난 이유

오순절은 구약성경 출애굽기 34:22, 레위기 23:15-22, 신명기 16:9-12 등에 언급되어 있다. 성령 강림은 예수님 승천 후 곧 바로 일어날 수도 있고 혹은 예수님 승천 후 3일이나 7일 후에 일어날 수도 있었는데 왜 승천 10일 후인 오순절 날에 일어났을까?

이는 오순절 날 성령 강림으로 성령 충만한 사도들이 방언으로 말할 때 오순절을 경배하기 위하여 로마 제국 각처에서 성전으로 온 많은 유대인들에게 쉽게 노출이 되고 또 사도들의 방언으로 놀란 군중들에게 대량 전도가 가능한 시점이었기 때문이다. 오순절 성령 강림 날 하루에만 3,000명이나 세례를 받은 것을 볼 때 이를 알 수 있다(행 2:1-41). 유대인 남자들은 성전에서 절기를 지켜야 했기 때문에(출 23:14-17; 신 16:16) 오순절 성전에는 로마 제국 여러 곳으로부터 온 유대인들로 가득했던 것이다.[4]

이 때를 이용하여 성령이 강림했고, 사도들은 성전에 붐비듯 모여 있던 백성들에게 용이하게 대량으로 복음을 전파할 수가 있었다.

4. 성령 강림 사건이 솔로몬 행각에서 일어난 정황적 증거

다른 성경도 마찬가지지만 사도행전도 육하원칙적인 정확한 장소나 시간적인 언급이 없이 스토리를 진행하고 있다. 그래서 우리가 사도행전을 읽을 때는 시간적, 장소적, 공간적 개념을 잘 살피면서 읽는 것이 중요하다.

성령 강림 사건이 일어난 곳을 '집'이라고 표현한 사도행전 2: 2의 원어 "οἶκος"(오이코스)의 의미를 개인의 집으로만 한정해서는 안 된다. "οἶκος"

---

[4] 브루스 윌킨슨, 케네스 보아, 『NIV 적용주석 마태복음』, 채천석 역 (서울: 솔로몬, 2009), 680.

라는 말은 집이란 의미 뿐만 아니라 포괄적으로 '큰 건물'(마 21:13), 때로는 '성전'(눅 11:51)을 의미하기도 하기 때문이다.[5] 마태복음 21:13에서 예수님이 "내 집(οἶκος)은 기도하는 집"이라고 말씀하신 집도 실은 성전이었다.

그리고 누가복음의 마지막 절 늘 성전에 머물면서 하나님을 찬양했다의 '성전'은 포괄적인 의미의 성전, 즉 지성전이 있는 성전 건물과 성전 뜰의 둘레에 있는 솔로몬 행각과 회랑 건물들을 포함하는 것이다(부록 2 "4. 예루살렘 성전과 솔로몬 행각" 그림 1-2 참조).

요한복음 10:23에서, 예수께서 성전 안에 있는 솔로몬의 행각을 거닐고 계셨는데도 솔로몬 행각을 '성전 안'으로 표현하고 있다. 그러므로 예수님 승천 후 제자들이 기도하던 성전은 지성전 바로 앞의 성전 구내 건물보다는 성전 뜰 외곽의 회랑이었던 것 같다. 왜냐하면, 예수님 승천 직후 제자들과 성도들이 집단으로 제사장이 있는 지성전 건물 안에서 늘 하나님을 찬양하기는 힘들었을 것이기 때문이다.

따라서 제자들이 늘 하나님을 찬양한 성전은 성전 구내의 솔로몬 행각으로 사료된다. 왜냐하면, 예수님께서도 성전 뜰에 있는 이 솔로몬 행각에서 백성들을 가르치셨기 때문에(요 10:23) 제자들에게는 솔로몬 행각에 가는 것이 익숙했다고 볼 수 있다.

존 스토트도 사도행전 1:2에 나오는 '집'이 여전히 그 다락방인지(행 1:13; 2:46b), 아니면 성전의 많은 방 또는 집회실들 중 하나였는지(눅 24:53; 행 2:46a) 알 수가 없다고 했다.[6] 달라스신학교(DTS)의 스탠리 토우센

---

5 편집부, 『로고스 헬라어사전』(서울: 로고스, 1999), 467, 468.
6 존 스토트, 『사도행전 강해』, 정옥배 역 (서울: 한국기독학생회출판부, 2008), 65

트도 사도행전 2:1의 오순절 날 사도들과 성도들이 모두 한 곳에 모인 장소를 아마 그들은 성전 경내에 있었을 것이다고 했다.[7] 그리고 아세아연합신학대학교의 신약학 교수 허주는 사도행전 2:46의 '성전'을 솔로몬의 행각으로 생각된다고 했다.[8]

예수님 승천 후 제자들이 다락방으로 올라간 사도행전 1:13과, 제자들 및 120여 명의 신자가 맛디아를 제자로 뽑는 회의를 한 1:15 이하의 내용은 시간적으로 조금 차이가 있는 내용으로 보아야 한다. 더욱이 성령 강림 날인 2:1에 이들이 모인 장소도 별개의 시·공간적 개념으로 이해하는 것이 중요하다. 성령 강림은 예수님 승천 10일 후에 일어났다. 따라서 **사도행전 1:13과 2:1 사이에는 10일간이라는 시차가 존재한다.**

그런데 14절에서 **이들 모두가 여자들과 함께** 기도에 전념하고 있었다는 내용은 일회적인 기도가 아니라, 이들이 어디에서 반복적으로 기도에 전념하고 있었다는 내용이다. 이는 누가복음의 마지막 절에 늘 성전에 머물면서 하나님을 찬양했다는 부분과 맥을 같이하고 있다.

그래서 이들은 예수님 승천 이후, 계속해서 13절의 제자들이 14절의 사람들과 함께 모여 성전에서 기도에 전념했다고 보는 것이 합당하고 또 전편인 누가복음의 마지막 절과도 조화를 이루는 해석이 된다. 그리고 모두가 한 다락방에 모여 여자들과 함께 있었다는 것도 유대 관습상 힘든 일이다.

성령 강림이 마가의 다락방에서 일어났다고 보는 것은 사도행전 1:15을 앞의 13, 14절과 시간적 개념이 없이 그냥 연결해서 해석하고, 그래서

---

[7] 스탠리 토우센트, 『BKC 사도행전』, 26
[8] 허주 외, 『HOW 주석 사도행전』 (서울: 두란노, 2007), 137.

사도행전 2:1 오순절 날에 '그들이 모두 한곳'에 모인 장소도 그냥 앞 절과 연결해서 (마가의) 다락방으로 이해한 결과로 보인다.

사도행전 1:13의 다락방은 12:12의 내용으로 미루어 보아 마가 어머니 마리아의 집 다락방이라고 여겨진다. 그렇다고 맛디아를 제자로 뽑은 1:15과 2:1의 오순절 날 아침에도 제자들과 120명의 신자가 성전이 아니라 다락방에서 회의를 하거나 기도를 하고 있었다고 보는 것은 성경을 시간과 공간적인 개념이 없이 그냥 절과 절을 이어서 해석한 것이다. 예수님 당시 다락방에 120명이 모여 맛디아를 뽑는 회의를 하거나 남녀가 함께 기도하기는 다락방이 공간적으로 좁고 유대 관습에도 어긋난다고 보는 것이 합당하다.

시간적으로도 2:1의 날은 1:15과는 분명히 다른 오순절 날이며, 2:1의 '그들'은 1:15의 120명의 신자를 포함하는 것으로 보인다.[9] 따라서 120명 신자 모두가 계속 한 다락방에 있었다고 보는 것은 시간적으로나 공간적으로 무리라고 하지 않을 수 없다. 또 이 120여 명의 신자를 성전에서 며칠을 기도와 하나님을 찬양하는 중에 성도의 수가 증가하여 120명쯤 되었을 것이다.

그런데 사도들이 성전에 모여서 기도한 장소가 솔로몬 행각일 것이라는 간접적인 정황이 있다. 사도행전 3장에 베드로가 날마다 성전 미문에 앉아 구걸하는 앉은뱅이를 일으켜 세우는 이적을 행했다. 앉은뱅이가 나아서 뛰는 것을 보고, 또 이 소문 듣고 놀란 백성들이 **솔로몬 행각으로 달려갔다**(행 3:11).

---

9   아지스 페르난도, 『NIV 적용주석 사도행전』, 102

이와 관련된 사도행전의 내용들을 자세히 묵상해 보면 다음과 같이 생각해 볼 수가 있다. 성전의 미문에서 늘 구걸하던, 마흔 살이 넘은(행 4:22), 태어날 때부터 앉은뱅이인 자(행 3:2)가 치유 받아 뛰는 것을 본 백성들은 심히 놀랐다.

이 앉은뱅이를 치유한 사람이 갈릴리 사람 베드로라는 소문을 들은, 오순절 절기를 지키려고 성전과 뜰에 와 있던, 많은 백성들은 즉시 **제자들이 있는 솔로몬 행각으로 달려갔다.** 이는 그 얼마 전부터 갈릴리 사람들이 솔로몬 행각에 모여 기도하며 하나님을 찬양하던 것을 백성들은 알았다는 것을 의미한다. 그래서 소문을 들은 백성들이 순식간에 수천 명이 솔로몬 행각으로 모여들었다.

당시는 오순절 때라 성전은 로마 제국 여러 곳에서 온 유대인들로 크게 붐볐다. 그 먼저 오순절 날에도 방언을 하는 제자들에게 순식간에 수천 명의 백성들이 모여들었었다. 이런 정황으로 미루어 볼 때 오순절 전·후로 사도들과 120명의 성도들은 다락방이 아니라 늘 성전의 솔로몬 행각에서 모여 하나님을 찬양했다고 보는 것이 정황적으로 합당하다(행 2:46-47).

유대인들의 3대 절기 중 하나인 오순절 날에 사도들과 신자는 다락방이 아니라 당연히 성전(혹은 성전 뜰의 솔로몬 행각)에 모여서 기도하고 있었다고 보는 것이 성경적이며, 또 이들이 늘 성전에 머물면서 하나님을 찬양했다는 누가복음의 마지막 절과도 뜻이 합치된다. 따라서 오순절 날을 기념하기 위하여 사도들과 성도들이 유대 관습에 따라 아침 일찍 성전(솔로몬 행각)에 모여 기도와 찬양을 하는 중에 성령이 강림하셨다고 보는 것이 합당하다.

솔로몬 행각에서 성령의 강림으로 성령 충만하게 된 사도들은 각각 다른 방언으로 말하기 시작했고, 이를 들은 주위의 백성 수천 명이 순식간에 모여들어 그들을 보고 기이하게 여겼으며 혹은 술 취한 걸로 여겨 조롱도 했다. 이에 아침 9시경 베드로가 열 한 제자들과 함께 일어서서 모인 백성들에게 설교를 하자(행 2:14) 그날에만 3,000명이나 세례를 받는 사건이 일어났다. 그리고 그 후에도 사도들을 통하여 놀라운 기사와 표적들이 많이 일어났고 사람들은 두려워했으며(행 2:43), 사도들은 날마다 한 마음으로 성전에 모이기를 힘썼다(행 2:46).

이 구절들의 문맥과 시공간적 개념을 자세히 살펴보면 사도들이 오순절 날 다락방에서 성령 강림을 맞이한 후, 어느 날 갑자기 성전으로 가서 모이게 된 것이 아니었다는 것을 알 수 있다. 성령 강림이 있던 오순설 날은 물론 그 후로도 늘 성전의 솔로몬 행각에 모여 있는 사도들에게 기사와 표적이 많이 일어나자 성전 주위에 있던 백성들이 이를 보고 두려워했으며, 날마다 하나님을 찬양하는 사도들을 보고 백성들은 그들을 칭찬했다. 그리하여 날마다 구원 받는자들이 더하여 갔다(행 2:47)고 보는 것이 합당하고 성경적이라고 할 수 있다.

따라서 사도행전 1:14에서 열 한 사도들과 예수님의 어머니 및 동생들과 신자가 함께 모여 기도한 곳도 솔로몬 행각이라고 보는 것이 타당하다.

만약 제자들이 오순절 날 다락방에 모여 기도하는 중에 성령이 강림하여 방언했다면 이렇게 순식간에 다락방 근처에 수천 명의 백성이 모이기 힘들었을 것이며, 또 다락방은 베드로가 열 한 제자들과 함께 일어서서 설교하기도 힘든 구조였을 것이다(행 2:4, 14). 그리고 예수님 당시 아무리 넉넉한 다락방이라도 백여 명의 성도들이 모여 기도하기는 다락방이 적은 공간임을 우리는 쉽게 짐작할 수가 있다. 더욱이 오순절 날에는 제자들은 당연히 성전에 모여 기도하고 있었다고 보는 것이 유대 관습과 맞고 또 성경적이다.

그리고 우리가 예루살렘 성지 여행 중 답사하는 마가의 다락방은 순례자들을 위해 중세 시대 때 크게 증축한 다락방임을 알아야 한다. 더군다나 그 다락방의 위치는 오순절 날 사도들의 방언을 듣고 수천 명의 백성들이 쉽게 모일 수 있는 위치나 여유 있는 장소가 아니다. 또 다락방이 베드로와 열 한 명의 제자들이 함께 일어서서(행 2:4, 14) 수천 명의 백성에게 설교를 할 수 있는 구조도 아니다.

오순절을 예배하기 위해 로마 제국 각처에서 모인 백성들로 붐빈 성전이 아니었다면 그렇게 쉽게 몇천 명이 모일 수가 없었을 것이며, 베드로와 사도들이 함께 일어서서 방언으로 설교를 하기도 힘들었을 것이다. 따라서 오순절 날 제자들과 성도들은 솔로몬 행각에서 기도하던 중 성령 강림을 맞이했고, 베드로와 열 한 명의 사도들은 **솔로몬 행각의 턱에 늘어서서** 모여든 수천 명의 백성들에게 방언으로 설교를 했다고 보는 것이 지극히 합당하다(부록 2 "4. 예루살렘 성전과 솔로몬 행각" 그림 2 참조).

솔로몬 행각은 성전 바깥 좌측 이방인의 뜰 옆 부분 전체의 회랑으로서, 지붕만 있고 벽은 없으며, 고린도식 기둥이 이중 주열로 있는 회랑이다.[10] (부록 2에 있는 "4. 예루살렘 성전의 구조와 솔로몬 행각"을 보면 우리는 이러한 정황

---

10 케네스 갱글, 『Main Idea로 푸는 사도행전』, 장미숙 역 (서울: 디모데, 2009), 69; 존 스토트, 『사도행전 강해』, 101.

을 쉽게 이해할 수 있다.) 이 솔로몬의 행각과 성전 사이에는 넓은 이방인의 뜰이 있어 오순절 날 성전을 가득 메웠던 백성들이 사도들의 방언을 듣고 순식간에 수천 명이 모일 수 있었다.

또 이 행각에 있다가 성전에 기도하러 가던 베드로와 요한이 미문 앞에 앉아서 구걸하던 앉은뱅이를 고쳤을 때도 놀란 백성들 수천 명이 금방 솔로몬의 행각으로 달려왔고, 베드로의 설교를 들은 백성 5,000명이 구원을 받았던 것이다.

아마 오순절 날 성령이 강림하신 장소를 하나님은 일부러 명확히 하시지 않았을 수도 있다. 이는 모세의 무덤이 어디 있는지 오늘까지 아는 사람이 아무도 없는 것같이(신 34:6), 자칫 우리 인간이 그 장소를 너무 신성시하여 우상화가 되는 걸 하나님은 미리 염려하여 그렇게 하시지 않았을까 하는 생각이 들기도 한다. 그러나 우리는 정확하지 않은 장소를 확신 있게 신자에게 가르치는 것도 재고해 보아야 한다고 생각한다.

참고 문헌

갱글, 케네스. 『Main Idea로 푸는 사도행전』. 장미숙 역. 서울: 디모데, 2009.
버틀러, 트렌트. 『Main Idea로 푸는 누가복음』. 장미숙 역. 서울: 디모데, 2009.
브루스 윌킨슨, 케네스 보아. 『한눈에 보는 성경』. 정인홍 & 곽철호 역. 서울: 디모데, 2006.
스토트, 존. 『사도행전 강해』. 정옥배 역. 서울: 한국기독학생회출판부, 2008.
윌리암스, 데릭. 『성경사전』. 이정석 외 역. 서울: 기독학생회출판부, 2008.
윌킨스, 마이클. 『NIV 적용주석 마태복음』. 채천석 역. 서울: 솔로몬, 2009.
카슨, D.A., 더글라스 무. 『신약개론』. 엄성옥 역. 서울: 은성, 2006.
토우센트, 스텐리. 『BKC 사도행전』. 허미순 역. 서울: 두란노, 2006.
페르난도, 아지스. 『NIV 적용주석 사도행전』. 채천석 역. 서울: 솔로몬, 2011.
편집부, 로고스. 『로고스 헬라어사전』. 서울: 로고스, 1999.
허주 외. 『HOW 주석 사도행전』. 서울: 두란노, 2007.

부록 2 사진

1. 김광신 목사님 사진

| 자매 부대 육군 6사단을 방문한 김광신 목사님, 김영진 사모님.

| 1987년 유럽 선교지에서, 왼쪽부터 김태원 선교사님 부부, 김광신 목사님 부부.

| 13,000명이 참가한 1994년 모스크바 선교 대회 (Grace Festival '94).

| '94 모스크바 선교 대회에서 설교하는 김광신 목사님.

| '94 모스크바 선교 대회.

| '94 모스크바 선교 대회.

| 2016 GMI 세계 선교 대회.

| 2016 GMI 세계 선교 대회에서의 한기홍 목사님(왼쪽), 김광신 목사님.

2. 김태원 선교사님 사진

| 김태원·김성녀 선교사님.

| 김태원·김성녀 선교사 유럽 파송 예배.

| LA 유니언신학교, 유럽 분교 '92년도 졸업식.

| 김성녀 선교사님의 LA 베데스다순복음신학교 졸업. 조용기 목사님이 졸업장 수여.

| 강명도 형제. 김광신·김태원 선교사님의 TD로 은혜를 받고 귀순 결심. 당시는 귀순 전이라 보안상 유철석이라는 가명을 썼다. 은혜로 많이 울어 눈이 부었다.

| 주님을 영접하고 기뻐하는 강명도 형제(왼쪽)와 TD를 함께 수료한 동료들. 그는 귀순 후 지금은 세계를 누비는 복음 전도사가 되었다.

| 노르웨이 은혜한인교회를 개척하고.

| 페루의 영적 열매들.

3. 이인호 선교사님 사진

| 이인호 선교사님 은퇴 2년 전 팔순 연회. 은혜한인교회 한기홍 목사님은 팔순 연회를 크게 열어 주었으며, 한 사모님과 함께 여러모로 이 선교사님을 많이 도와주었다.

| 북베트남 하지양성 선교지에서 이인호 선교사님과 선교용 오토바이.

| 호치민 12구 선교 처소.

| 붕따우성 세미나, 앞줄 가운데가 후에 목사님.

| 랑선성 선교지 세례식.

| 베트남 은혜신학교 2기 졸업식.

| 2017.10. 빌리그레이엄재단 주최 종교개혁 500주년 기념식. 개신교 대표 선교사인 이인호 선교사님(가운데 VIP 명찰), 천주교 대표 필리핀 선교사인 아이삭 신부(오른쪽 끝 VIP 명찰), 나머지 3명은 베트남인 목사 대표.

| 20,000달러로 베트남에 건축한 교회(왼쪽은 교육관). 이러한 교회를 9개 건축했다.

4. 예루살렘 성전과 솔로몬 행각

| 그림 1. 성전의 바깥 뜰과 솔로몬 행각 모형
(https://www.google.com/search?biw=1089&bih=67)

| 그림 2. 솔로몬 행각
(https://www.google.com/search?q=%EC%86%86)